文書と記録

日本のレコード・マネジメントと
アーカイブズへの道

高山正也 [監修]

壺阪龍哉・齋藤柳子・清水惠枝・渡邉佳子 [著]

樹村房

監修者の言葉

　今般，樹村房から「文書と記録：日本のレコード・マネジメントとアーカイブズへの道」が刊行されることとなった。本書はわが国に於けるレコード・マネジメントの先覚者の一人である壺阪龍哉氏に学習院大学大学院アーカイブズ学専攻博士後期課程に在籍していた三人（齋藤柳子，清水惠枝，渡邉佳子氏）がインタビューをして，戦後日本の文書管理（特にファイリングシステム〜レコード・マネジメントの導入経緯）を伺い，博士論文作成の参考とするだけでなく「アーカイブズの世界への入門者向けテキスト」と成り得る本の作成計画をたてたことから始まったと理解している。折から行政や企業経営において明示されるべき文書や記録が，明示されなかったり，残されていなかったり，改ざんされたりという，公文書管理の不適切な事例が明らかになり，この出版はまことに時宜を得た出版となったとも言える。

　公文書に関する不祥事の続出に一部の識者は日本では公文書管理の重要性が理解されていないと言うが，わが国では記録物，文書の取り扱いを諸外国に比較してもかなり古くから行ってきている。これは文書や記録の重要性を古くから理解・認識していたことの証明であるとも言える。

　にもかかわらず，昨今，この文書や記録の管理が等閑にされ，疎かにされているという声が公私，官民のいずれにも少なからずあるとはどういうことであろうか。大事な文書や記録類を一見，等閑にし，疎かにするとは，それらを無視するということではなく，大事であるからこそ，それには「第三者を関わらせないで，自分しか関与できなくしよう」との思いの結果である，ということに思い至れば納得できる。この考え方や行動パターンは，おそらく明治維新よりはるか以前からあり，日本人の考え方や文化の中に深く浸透した，日本の文化そのものとも言えるものかもしれない。

　このような社会的な土壌の中にあって，公的，私的を問わず，文書や記録類の適切な管理体制・アーカイブズの確立を図ることは容易ではないが，アジアの，否世界の先進国である日本が，現代民主主義の基本原理である文書主義体制，なかでも文書の管理体制を整備確立することは避けては通れないし，またそれをしないことは許されない。

　そこで，この文書や記録管理に関心を持つ先人たちが，この日本の反文書主義体制とも言える状況の変革に力を尽くすべく，様々な取り組みを過去一世紀以上にもわたって続けてきたことも事実である。その動きや運動の一端を本書ではそれぞれの時代背景と共に振り返っており，その意味で，文書・記録管理に関する日本初の本格的な専門書であると共に，その理論形成に向けての方向性も示唆している。その意味からも，本書は記録管理や文書管理を学び，それを仕事に応用しようとする人たちに適切で価値ある参考資料になるものと確信している。

しかし，先に述べたようにこの問題はわが国のある種の文化の改革を要する問題でもあり，そう容易に，一朝一夕に片付く問題ではない。しかし，だからと言って，放置することは許されない問題でもある。

　当初，本書の企画は，壺阪氏と齋藤柳子氏，その学友である清水惠枝氏，渡邉佳子氏との討議から始まり，記録管理の現代的な問題を検討し，歴史的に近代からの日本における文書・記録管理の流れを追い，現時点で見通せる将来のあり方にも言及し，基本的概念整理と問題提起に及ぶという構成が検討されたが，昨年来の国会等における公文書をめぐる政局論争の過熱とそれらをめぐっての国会議員はもとより，メディア関係者，識者等の公文書に関する常識の無さを嘆く会合が持たれ，その要旨と提言を齋藤氏により纏めてもらい，序章として収録した。続いて第Ⅰ部で日本のレコード・マネジメントの進化の過程とそこで明らかになった若干の課題を取り上げ，第Ⅱ部で，20世紀から現在に至る日本の実態を把握し，第Ⅲ部でレコード・マネジメントの未来像を描くと共に，理論的な研究のための基礎的な関連概念の整理を行う構成とした。さらに豊富な付録をつけることで，本書がより一層，実務的な参考文献としても役立つことにも配慮した。

　最近の日本でも顕著となった偏向したマス・メディア，大手新聞や地上波テレビ放送等の劣化した言論空間の下，公文書に関する官公庁の軽率な対応やそれに便乗したかのような立法府のお粗末な質疑に加え，民間でも産業界に頻出し始めたモノづくり日本の伝統を揺るがせ，信頼性を欠く技術情報の管理不全問題等，昨今，記録・文書管理に関わる意識や手法，さらには制度の見直しが求められている例は枚挙に暇が無い。

　今や日本において文書・記録の管理の制度的確立や常識水準の向上は待ったなしの状況にある。本書はこれらの問題を基本から考え直す上で総合的な視点の下，貴重な情報が得られる基礎的な文献として一人でも多くの人たちが読み，理解し，実践に役立ててほしい。また文書・記録管理に関心を持つ者にとって必読の専門書でもある。文書・記録管理業務に携わり，またこの分野に関心を持つ人々に本書の一読を強く願い，推奨するものである。

　　2018年6月

前 国立公文書館館長
慶應義塾大学名誉教授　監修者　高山　正也

はじめに

　私の師と仰ぐ三沢仁先生をはじめ，諸先輩の方々は，すでにあの世に旅立たれてしまいました。過去のたどってきた道を確認することは，現在の動向を理解することができ，将来の方向性を予測するうえで，大いに役立つものと考えます。

　このような視点から，わが国における文書・記録管理に関して，私が記憶をたどりながら長年の経験から考察し，実践してきたことを次の世代に伝承したいという願いから，本書の出版企画がスタートしました。

　本書のねらいは，戦前・戦後からの文書・記録管理の歴史を検証し，次のような諸問題の解決に向けて，その糸口を探るための提言を目指しています。

1．最近，森友，加計学園，南スーダン派遣の自衛隊日報問題など，文書管理をめぐるトラブルが多発している[1]。
2．公文書管理法（2011年4月施行）は，国や地方自治体において一部欠落した施策があり，本来の役割を果たせていない[2]。
3．わが国の文書管理システムは，組織展開および認知度の面で世界における後進国であるといえる。電子化が急速に進行する中で，将来の文書・記録管理のあるべき姿が不明確である。
4．後世に伝承すべきアーカイブズ（歴史的資料）が確実に保存・保護されていない。
5．一般的に初等教育からの文書管理に対する実践的指導などが欧米と比較して遅れており，レコードマネジャー，アーキビストなど，専門職の養成も課題となっている。

　したがって，本書は本格的な学術研究書ではなく，文書・記録管理の初学者や関心を持たれている一般の方々にも理解しやすい構成および内容を心がけました。

　そもそも文書・記録の役割は，現在や将来の「参考（リファレンス）」および「証拠（エビデンス）」の両面にあります。すなわち，あらゆる分野で発生している事象の問題解決に役立つだけでなく，次世代の人たちが先人の体験や知恵を共有できるといった利点を挙げることができます。

　しかしながら，わが国においては，文書・記録管理は，業務の標準化や効率アップ，ISO認証，そして情報公開や危機管理などに役立つものというタテマエとしての理解はあ

1　「野党5党1会派　公文書管理法改正案を衆院に共同提出」毎日新聞，2017年12月5日，https://mainichi.jp/articles/20171206/k00/00m/010/018000c，（参照2017-12-11）
2　「省庁間の協議公開　政府　公文書管理の指針厳格化」日本経済新聞，2017年9月20日，https://www.nikkei.com/article/DGXLASFS20H0N_Q7A920C1EAF000/，（参照2017-12-01）

るものの，ホンネの部分では「仕事が忙しいから」「少しも困っていない」などと，無理に理屈をまくし立て，そこから逃げようとしている人たちを多く見かけます。果たして，このような状態でよいのでしょうか。わが国は文書・記録管理の後進国なのです。

　一度立ち止まって，明治，大正，昭和，そして平成と長きにわたる文書・記録管理の歴史を多面的に分析してみようではありませんか。そして，それらの業務を引き受ける職業として，レコードマネジャーやアーキビストが各組織や団体で必要とされ，一般社会でも認知されることを願ってやみません。

　なお，本文中に使用されている「文書管理」「レコード・マネジメント」「記録管理」などの用語に関しては，必ずしも各章間で統一されておりません。第7章の概念整理と問題提起を参考に，読者の方々の間で議論の輪を広げ，理解を深めていただければ幸いです。

　最後になりますが，第1章で私にインタビューを実施された学習院大学大学院アーカイブズ学専攻博士後期課程に籍を置いていた3人の方々（齋藤柳子，清水惠枝，渡邉佳子），およびインタビューに応じていただいた野村貴彦氏，坂口貴弘氏，加藤秀子氏に感謝いたします。とくに最終工程で本書全体のプロデュースおよび編集，典拠調査などを統括した齋藤柳子さん，「監修者の言葉」をいただいた高山正也先生（前国立公文書館館長，慶應義塾大学名誉教授），出版社樹村房の大塚栄一社長に厚く御礼申し上げます。

　　2018年6月吉日

壷阪　龍哉

文書と記録

目次

監修者の言葉　　iii

はじめに　　v

第Ⅰ部　日本のレコード・マネジメントの歩みと次世代の姿を探る

序　章　公文書改ざん問題を考える─────────────記録：齋藤柳子 ─ 2

 （1）問題発生の事実関係　　*2*

 （2）問題点　　*3*

 （3）再発防止のための対策　　*4*

第1章　壺阪龍哉インタビュー記録：レコードマネジャーとアーキビストの

シェイクハンズ─────────────記録：清水惠枝 ─ 9

 1．日本におけるレコード・マネジメントの姿‥‥‥‥‥‥‥‥‥‥‥‥‥‥9

  （1）カナ文字運動　　*9*

  （2）米国の科学的管理法　　*10*

  （3）日本における事務改善の取り組み　　*11*

  （4）米国流を日本流へ　　*11*

 2．記録・文書・情報の関係‥‥‥‥‥‥‥‥‥‥‥‥‥‥‥‥‥‥‥‥‥12

 3．ファイリングという事務手法‥‥‥‥‥‥‥‥‥‥‥‥‥‥‥‥‥‥‥13

 4．文書管理に影響を与えるもの‥‥‥‥‥‥‥‥‥‥‥‥‥‥‥‥‥‥‥13

  （1）経済動向　　*13*

  （2）文化，社会の慣習　　*14*

  （3）法律の施行　　*16*

  （4）電子化推進　　*18*

  （5）災害発生　　*19*

 5．鳥瞰するレコード・マネジメント‥‥‥‥‥‥‥‥‥‥‥‥‥‥‥‥‥20

 6．壺阪龍哉と日本のレコード・マネジメントの歩み‥‥‥‥‥‥‥‥‥‥20

  （1）青天の霹靂，共栄工業に入社　　*20*

  （2）三沢仁に導かれレコード・マネジメントの道へ　　*24*

  （3）壺阪龍哉のレコード・マネジメント論　　*27*

viii | 目次

第2章　現代の記録管理状況と課題を探る対談：壺阪龍哉が次世代の記録感性を探る──────────記録：齋藤柳子──32

1. 電子メールとチャット‥‥‥‥‥‥‥‥‥‥‥‥‥‥‥‥‥‥‥‥‥‥32
2. 議事録‥‥‥‥‥‥‥‥‥‥‥‥‥‥‥‥‥‥‥‥‥‥‥‥‥‥‥‥‥38
3. 電子文書の保存（マイグレーション）‥‥‥‥‥‥‥‥‥‥‥‥‥‥39
4. 公文書の保存‥‥‥‥‥‥‥‥‥‥‥‥‥‥‥‥‥‥‥‥‥‥‥‥‥41
5. 公文書か私文書か‥‥‥‥‥‥‥‥‥‥‥‥‥‥‥‥‥‥‥‥‥‥‥42
6. 日本の記録管理の現状と将来像‥‥‥‥‥‥‥‥‥‥‥‥‥‥‥‥45
7. MLA 連携と専門職‥‥‥‥‥‥‥‥‥‥‥‥‥‥‥‥‥‥‥‥‥‥47
8. 記録管理教育‥‥‥‥‥‥‥‥‥‥‥‥‥‥‥‥‥‥‥‥‥‥‥‥‥50
9. アーカイブズを遺す‥‥‥‥‥‥‥‥‥‥‥‥‥‥‥‥‥‥‥‥‥‥52
10. 電子記録の信頼性の確保‥‥‥‥‥‥‥‥‥‥‥‥‥‥‥‥‥‥‥54

第Ⅱ部　戦前・戦後における文書管理の導入と普及の背景

第3章　科学的管理法の事務管理，文書整理：金子利八郎・淵時智・上野陽一の著作を通して──────────執筆：渡邉佳子──58

1. はじめに‥‥‥‥‥‥‥‥‥‥‥‥‥‥‥‥‥‥‥‥‥‥‥‥‥‥‥58
2. 科学的管理法‥‥‥‥‥‥‥‥‥‥‥‥‥‥‥‥‥‥‥‥‥‥‥‥‥59
3. 金子利八郎の事務管理論と文書整理‥‥‥‥‥‥‥‥‥‥‥‥‥‥61
    （1）事務管理　*62*
    （2）日本の事務管理への批判　*63*
    （3）文書保管事務　*64*
4. 淵時智の文書管理‥‥‥‥‥‥‥‥‥‥‥‥‥‥‥‥‥‥‥‥‥‥‥66
    （1）科学的事務管理と文書整理　*66*
    （2）文書整理部の任務と組織　*67*
    （3）日本の官庁事務　*69*
5. 上野陽一の能率道‥‥‥‥‥‥‥‥‥‥‥‥‥‥‥‥‥‥‥‥‥‥‥71
    （1）能率研究と科学的管理法　*72*
    （2）科学的事務管理の中の文書整理　*72*
    （3）役所と科学的管理法　*75*
6. おわりに‥‥‥‥‥‥‥‥‥‥‥‥‥‥‥‥‥‥‥‥‥‥‥‥‥‥‥76

第4章　GHQ の郵便検閲と記録管理：現場で働いていた経験者へのインタビューからの考察──────────執筆：齋藤柳子──81

1. 研究の動機と背景‥‥‥‥‥‥‥‥‥‥‥‥‥‥‥‥‥‥‥‥‥‥‥81

（1）近代日本における検閲　*83*

（2）占領下における検閲の背景　*85*

2．GHQで働いていた加藤氏へのインタビュー･････････････････････････････*86*

（1）インタビューの場所，時間，記録経過　*86*

（2）インタビュー記録　*87*

（3）インタビュー結果からの考察　*97*

3．検閲の戦略･･*98*

（1）検閲戦略と経過　*98*

（2）GHQ組織図と統治体制　*100*

（3）指令文　*103*

（4）民間検閲支隊司令部（CCD）組織図　*105*

4．郵便検閲の業務フローと管理体制････････････････････････････････････*108*

（1）「（軍＆民生）検閲運用報告書」　*108*

（2）郵便検閲の業務フロー　*109*

（3）検閲対象項目とコメント・シート　*111*

（4）労務管理　*113*

（5）職務記述（Job Description）　*116*

（6）給与　*117*

（7）検閲の終焉　*118*

（8）小括　*119*

5．GHQにおける記録管理と業務の進め方について･･･････････････････････*119*

（1）天然資源局における記録管理手法　*119*

（2）レコードセンターは存在した　*120*

（3）主題別10進分類と指令文No.の結合による記録管理統制　*123*

（4）ファイリング・キャビネットとファイリング・サプライズの国産化　*125*

（5）会議の仕方と議事録　*126*

6．アメリカナイズと隠されたアーカイブズ･････････････････････････････*126*

7．むすびに･･*128*

第5章　アカウンタビリティと公文書管理の改革──────執筆：清水惠枝 ─ *131*

1．はじめに･･*131*

2．廃棄文書という名前の歴史的公文書･････････････････････････････････*132*

（1）公文書館法成立のいきさつ　*132*

（2）公文書館法の内容　*133*

（3）機能しないアーカイブズ制度　*134*

3．社会の変容がもたらす公文書管理への影響 ……………………………………135

（1）高度経済成長と地方の自立　135

（2）公文書公開制度の導入　136

（3）大量の機関委任事務と情報技術の進展　138

4．アカウンタビリティの浸透と公文書に託された役割 ……………………140

（1）アカウンタビリティの浸透　140

（2）情報公開法における公文書　141

（3）情報公開法における課題　142

5．同じ土俵に乗った現用文書とアーカイブズ ………………………………143

（1）公文書管理法の成立　143

（2）コンプライアンス機能の重要性　144

（3）公文書管理の役割　145

6．おわりに …………………………………………………………………………147

第Ⅲ部　レコード・マネジメントとアーカイブズの未来像と概念整理

第6章　アーカイブズの未来のための提言：現用文書におけるコンサルタントの
視点からひも解く ―――――――――――――――― 執筆：壺阪龍哉 ― 150

（1）はじめに：アーカイブズの現状と問題点　150

（2）まず記録ありき　151

（3）専門職による評価選別　152

（4）安全に保存・保護する　152

（5）公開して利用に供する　153

（6）専門職の養成と働く場の確保　154

（7）おわりに：記録管理に対する社会的認知を求めて　156

第7章　文書管理の概念整理と問題提起 ――――――― 執筆：壺阪龍哉・齋藤柳子 ― 157

1．文書と記録 ………………………………………………………………………157

2．ファイリングシステムとレコード・マネジメント ………………………159

3．アーカイブズからレコードキーピングへ ……………………………………161

あとがき　167

附録――――――――――――――――――――――――――――――――――――――*171*

附録1：「年表」日本のレコード・マネジメントとアーカイブズの動向

附録2：戦後の復興とファイル用品・スチール家具メーカーの努力

附録3：日本の民間におけるファイリング要領

附録4：電子メール社内規程（モデル）

さくいん　　*237*

監修者・著者紹介　　*240*

第 I 部

日本のレコード・マネジメントの歩みと
次世代の姿を探る

序　章

公文書改ざん問題を考える

記録：齋藤柳子

　本書の出版準備を進める過程で，財務省における「公文書の改ざん」が判明し，国会での集中審議が行われるなど大きな社会問題となっている。わが国の民主主義という統治制度に対し，大きな不安を抱かせる出来事である。国権の最高機関であり唯一の立法機関である国会に対し，改ざんされた文書が提供されたことは重大な問題であり，再び，同じことが繰り返されないようにするためには，その原因を明らかにし，それを防ぐ手立てを講じる必要がある。

　このような思いから，2018年3月26日（月），14：15～16：30，本書の執筆関係者5名（高山正也，壺阪龍哉，齋藤柳子，清水恵枝，渡邉佳子）が急遽，出版社樹村房に集合し，折から国会で審議中の学校法人森友学園の国有地払い下げに関する財務省関連の公文書の書き換え・改ざん問題等を例にして議論し，日本の文書管理体制の問題点とその改善への展望を探った。財務省元理財局長佐川氏が翌日の証人喚問で何を語るかに注目が集まっていたが，私たちは記録管理の専門家としての立場から，日本における公文書管理のあり方を考え・提示し，行政の現場でそれを根づかせるためには何をすべきか話し合い，それをまとめて序章として本書に掲載することにした。

（1）問題発生の事実関係

　大きな社会問題となっている財務省の「公文書改ざん」問題とは，朝日新聞の2017年2月9日付朝刊で，財務省近畿財務局が森友学園へ不動産鑑定価格9億5,600万円の国有地を1億3,400万円と大幅値引きで売却したことを調査報道されたことに始まる。安倍昭恵氏が名誉校長として同学園で講演や視察をしたことがホームページに掲載されていたことで，「特例的案件」「本件の特殊性」として不当な値引きがあったのでは，と国会で問題になったが，安倍首相は「私や私の妻が関係していれば，総理大臣と国会議員を辞める。」と同年2月17日に断言した。同時に参考人の財務省理財局長（当時）の佐川氏は，価格交渉面会記録の提出を求められたところ，「1年未満保存の規定に基づき，すでに廃棄された。」と答弁した。それ以降，本省理財局がつじつまを合わせるために決裁文書の書き換え＝改ざんという暴挙に走らせたものと疑惑報道されている。同年11月，会計検査院は8億円の値引きの根拠が不十分と報告している。

　2018年3月5日，国土交通省で改ざん前の同文書が存在していたことが判明し，国会に

提出された財務省の決裁文書が6箇所に渡り内容が書き換えや削除されていたことが，官邸へ報告された。さらに佐川氏の国会答弁が混乱を招き，理財局内では連日国会対応を迫られ，同年3月9日には近畿財務局の職員が自殺する事態となったとも一部では報道された。同年3月12日，ついに財務省が決裁文書の改ざんを認め，14件の改ざん前の決裁文書を公表した。このことは，立法機関である国会が行政から欺かれ，議会制民主主義を揺るがしかねない事件として論議されている。「何時，誰が，どのように」改ざんを指示し実行したか，国民も注視している。現在，この事件は，検察庁が捜査中でもある。同年3月27日，佐川氏は，国会証人喚問で「理財局の中だけでやった。当時の局長として重い責任を感じている。具体的な回答は刑事訴追を受ける恐れがあるため，」と具体的な事実関係を述べなかった。判断は司法に委ねられている[1]。

（2）問題点

　　まず1点目は，行政権の執行には公平性の原則から「忖度」があってはならない。恣意的な許認可や裁量は行政の公平性を担保できないことであり，許されることではない。2点目は，官僚は国民の「公僕」であり，上司や政治家のためでなく，国民のために役立つことを行うべきで，国の財産を守るという国民目線の売買交渉の監視が欠如していたといえる。3点目は，公文書は税金を使って作成されたものであり，民主主義政治の基本原則であり，国民の知的財産であり，透明性を保ち原則公開され，説明責任を果たすものであるが，官僚の中の官僚と言われる財務省で決裁文書が改ざんされるという不正が行われたことが明らかになった。4点目は，日本の政治は立法，司法，行政という三権分立で相互に牽制し合う議会制民主主義の枠組みで成り立っているが，近年の類似事件も含めて見てみると，政治家と官僚の関係において，内閣における官僚人事の弊害が見られる。その遠因のひとつとして2014年に内閣人事局が設置[2]され，各省庁の審議官以上の人事が内閣官房に掌握されていることで，行政府における，行政省庁と内閣府・総理大臣官邸との関係に不協和音が生じる状況になってきていると見られている。5点目は，公文書管理法が少なくとも現用公文書の管理について実効性に乏しいことが明らかになった。現制度では，現用の公文書管理の実質は行政省庁にあり，各省庁が独自に行政文書管理規則を設定し，自己申告だけで，現用文書管理の監査実態がない状況であり，公文書の真正性の担保が難しい。各省庁の文書管理上の不正に対し，内閣府公文書管理課や国立公文書館等の専門組織が関与することが現状では難しいと懸念される[3]。

1　「森友問題の経緯」日本経済新聞，2018年3月28日，朝刊8面
2　内閣人事局「幹部職員人事の一元管理」https://www.cas.go.jp/jp/gaiyou/jimu/jinjikyoku/jinji_kanbu_kanri.html，（参照2018-03-29）
3　総務省行政評価局「行政文書管理行政評価監視」平成29年9月20日で点検監査の実施状況は報告されているが，その後の実施フォローはなされていない。http://www.soumu.go.jp/main_content/000507798.pdf，（参照2018-03-29）

（3）再発防止のための対策

　問題解決のために，自民党や各党内において，再発防止のための調査が動き出しているが，国民を代表する立法府において第三者委員会を設置して意見を集約し，徹底した原因究明と改善策を提示することを望む声もある。それらの改善策を確実なものとするために，ここでは，まず次の5つの提言をしたい。

1）罰則規程の設定

　公文書管理法施行5年見直しにおいて，記録管理学会では罰則規程を設けるべきと提案してきた[4]。しかし，国家公務員法第82条で職務上の義務に違反，または職務を怠った場合懲戒を定めており，さらに公文書偽造・変造罪（刑法155条），虚偽公文書作成罪（刑法156条），公文書等毀棄罪（刑法第258条）が定められているという理由で，罰則規定を設けないまま進行してきた。施行後，今回の改ざん問題の発生以前でも，文書の誤廃棄やあるべき文書の不存在[5]，管理の不徹底による情報漏えい，第三者への不正な業務委託[6]等，各省庁における行政文書管理の意識低下による事件が頻発していることに鑑み，公文書管理法と特定秘密保護法等，関連する諸法規を見直し，現用文書の管理状況についても監査する制度と併せて，監査機関には権限を伴うことを追加し，法の有効性を担保するために，罰則規程を設けることを提言したい。監査する機関については，政府の運用に任すことなく，明確に定める必要がある[7]。

2）権限と制度

　公文書管理の不備を指摘するためには，同じ組織内の調整業務を兼務している文書管理課長だけでは実務上，力不足である。また第三者委員会が監査を実施する案では，一定期間終了後，委員会が解散してしまうと，継続性が危ぶまれる。

　そこで第一案として考えられるのは，会計検査院，金融庁と同じような機能と権限を伴った「記録管理庁（仮称）」を創設し，定期的に公文書管理の実態を監査し，将来を展望した最善策を打ち出すことを提案したい。このような特定官庁の新設が困難であれば，第二案として，内閣府公文書管理課の格上げ，または国立公文書館を独立行政法人ではな

4　記録管理学会　公文書管理法研究プロジェクト「「公文書管理法5年見直し」に向けての研究成果報告書」2015年7月15日，p.23，https://www.cas.go.jp/jp/gaiyou/jimu/jinjikyoku/jinji_kanbu_kanri.html，（参照2018-03-29）

5　海上自衛隊補給艦「とわだ」の航泊日誌誤破棄事案について（中間報告）平成19年10月29日，http://www.mod.go.jp/j/press/sankou/report/20071029b.html，（参照2018-03-29）

6　「日本年金機構委託企業，年金情報データ入力作業を不正に中国企業へ再委託」産経ニュース，2018年3月18日，http://www.sankei.com/affairs/news/180319/afr1803190038-n1.html，（参照2018-03019）

7　安藤正人・久保亨・吉田裕「総論」『歴史学が問う　公文書の管理と情報公開』大月書店，2015，p.21-22

く，米国[8]やオーストラリア[9]の国立公文書館の事例を参考に，機能と権限を内閣府から独立させ，国の組織として，方針・計画・運用・施行まで一貫して対応する体制が考えられる。第三案として，会計検査院の予算施行状況の監査を実施する中で，予算執行額と公文書の管理状況を合わせて評価する制度も考えられる。オーストラリアではこの制度を採り入れて，行政機関の会計監査と共に，公文書管理状況も監査することで，成果が上がっている[10]。

　文書記録の大切さについては，平安時代の荘園制度における大田文（土地台帳）[11]や江戸時代の商家の大宝恵（大福帳）に見られるように，日本人は古来，十分に理解し，作成・活用・保存してきた。真正な文書が存在することで「統治」力が発揮されることは，歴史的に明白であり，改めて各省庁で認識されるべきであろう。明治期においても，伊藤博文は大蔵省に「記録寮」を設置し，国民の税金である政府公金の出納の証拠を庫中に保存して後世に知らすことの重要性を述べている。その長である「記録正」を重要な官であると説き，将来開設されるであろう議会での議論，国民への説明責任までも見据え，記録正配置の必要を力説している。しかし，その後，1885年に内閣制が創設されると整備された官僚機構の中で，法律の分析や法解釈の視点で文書をチェックすることの方が優先され，保存を含む文書管理は軽視されていく。文書管理組織の長に高級官僚をあてることに当時の内務官僚から疑義が出されるという状況も生じていた[12]。こうした文書管理軽視の考え方が，現在までも残っているように思える。

　今回の事件は，改ざんなど行われるはずがないであろうと思われた財務省で発生し，公文書への信用は失墜し，国民は欺かれたと感じている。自明のことながら愚直に原則を実行することの必要性をかみしめなければならない。

3）ルール設定

　現在の行政文書管理規則（マニュアル）は，各省庁独自で定めており，運用上の過失については自浄作用に任せているが，それでは実効性が乏しい。今後のルールは，2）で述べた別組織の監査の下，ポリシーを見直し，ルール設定と罰則規定を伴うことで実効性の

8　Michael J. Kurtz 講演録「米国国立公文書館・記録管理庁（NARA）の役割」『沖縄県公文書館研究紀要第10号』2008年3月，p.81，http://www.archives.pref.okinawa.jp/wp-content/uploads/kiyou10_07.pdf，（参照2018-03-31）

9　Steve Stuckey 講演録 "The Role of the National Archives of Australia in Recordkeeping by Australian Government Agency"『アーカイブズ18』2008，p.14-24，http://www.archives.go.jp/publication/archives/wp-content/uploads/2015/03/acv_18_p14.pdf，（参照2018-03-31）

10　Australian National Audit Office（ANAO）では，"Administration of the Freedom of Information Act 1982（情報公開法）" に基づく業務監査を実施。https://www.anao.gov.au/work/performance-audit/administration-freedom-information-requests，（参照2018-03-28）

11　平郡さやか「大田文」『日本古代史事典』朝倉書店，2005

12　渡邉佳子『日本における戦前期統治機構の文書管理の基礎的研究―近代的アーカイブズ制度成立の歴史的前提―』博士（アーカイブズ学）学位論文甲第269号，学習院大学大学院，2017，p.102-103，p.159-162

あるものとする。今回の事件に関係する文書については，「財務省行政文書管理規則」の別表第1「行政文書の保存期間基準」によると，「国有財産の管理及び処分の実施に関する事項」の中で，「国有財産（不動産に限る）の取得および処分に関する決裁文書」の保存期間は，30年となっている。また，佐川氏の国会答弁によると交渉面談記録は1年未満であり，売買契約締結の事案終了後，廃棄したと回答されているが，そのルールが誤りであったことは明らかである。

　今後，運用上の課題を洗い出し，リスクを考慮した公文書管理の運用体制を見直していくべきである。それには各省庁が各業務の流れにそって発生する文書名を洗い出し，その保存期間や原本主管部署を明確にしておかなければならない。例えば意思決定に関する記述を含む決裁書が作成されるまでの過程は，外部の交渉相手や他省庁や地方局との連絡文書（含　電子メール）が発生しているはずで，それらの文書名もファイル管理簿に登録し，原本主管部署の認定および保存期間の設定および期間満了時の処理方法を明らかにし，年1回その設定が適正であったか，移管や廃棄を計画（Plan）・実施（Do）・監査（Check）・修正（Act）する仕組みをつくる。

　また電子メールや保存期間1年未満に設定されている文書[13]は，保存期間を一律で決めるのではなく，案件内容（コンテンツ）の重要性と再現性の難易度を勘案し，期間設定と管理方法を考慮すべきである。

　今回の事件をめぐる決裁文書の書き換え問題に対応して，書き換え履歴が残る電子決裁システムの導入を徹底するよう，安倍首相は2018年3月23日，全閣僚に指示をした[14]。起案⇒承認⇒保存の流れの中で，ボーンデジタル記録の変更履歴が改ざんされないよう，アクセス権限者を当該課の文書管理者のみに限定するのはいいが，その業務は定期的に外部の目で監査が行われる仕組みを，ルールの中に織り込まなければならない。決裁後，施行された文書は，作成者に手戻りすることなく，閲覧のみ可能とするシステム設計が求められる。

　さらに行政を評価する仕組みとして，情報公開でどの程度開示に努力しているか（情報公開文書の黒塗りの箇所と範囲）や行政文書の処理過程も，透明性の確保に繋がる要素として重要であり，評価の中に記すよう，取り入れるべきである。

4）教育

　森友学園の問題のほか，これまでに起きた年金問題，南スーダンのPKO日報問題，加計学園問題，裁量労働制に関わるデータ問題等，公文書管理に係わる各省の不祥事から見

13　保存期間1年未満の行政文書の取扱い　第57回公文書管理委員会「資料2」p.5，2017年9月20日，http://www8.cao.go.jp/koubuniinkai/iinkaisai/2017/20170920/shiryou2.pdf，（参照20180-03-28）

14　「電子決裁で文書不正防ぐ」日本経済新聞　2018年3月24日朝刊，https://www.nikkei.com/article/DGKKZO28487020T20C18A3EA3000/，（参照2018-03-24）

えるものは，官僚の公文書に関するリテラシーと義務感・倫理感の欠如である。

　官僚は公僕であることを自覚し，公文書を作成，決裁，保存，公開し，説明責任を果たすことが義務であることを自覚すべきである。公文書とする範囲は，組織共有文書であったかどうかでなく，重要案件（コンテンツ）であれば，個人メモであっても廃棄は許されない。そのような判断をトレーニングするために，行政文書管理の重要性について，公務員採用試験や採用後の研修においても具体的に採りあげる。また，国民に対しても「民主主義の礎」と公文書管理法が定めているところの公文書管理の重要性を，初等教育や大学における授業科目として教えられる人材を養成することが必要であると思える。

　文書管理とは，地味で着実な継続が求められる仕事であるが，重要でない業務といえるであろうか。決してそうではない。大きな組織に所属していると，自部局の業務は知っていても，他部局がどのような業務を実施し，どこに課題が潜んでいるかまではなかなか理解が及ばない。それを組織全体の各業務の発生文書から分析し把握することで，自ずと全体の活動が俯瞰できる能力が身につく。それは，文書作成・閲覧・保存利用とは，業務活動の基本であるからである。どのような文書管理がベストであるか，文書管理責任者になり検討してみると，大局的な見方が身につく。このように文書取扱いのリテラシー向上を促進する活動は，学生時代や社会人の初期段階から育まれるようなカリキュラムが設定されることが望ましい。さらに（公）文書についてのリテラシー（主権者として公民《informed citizen》の常識）の向上策として，国や自治体の公文書にアクセスして，マスメディアやジャーナリズムで取り上げ，話題になっている課題の真相を把握できる基礎的能力（Literacy）を向上，発展させる教育についても，今後，一層強化する必要があるだろう。

5）予算

　公文書管理の制度の確立と人材（レコードマネジャーやアーキビスト）の育成，特に運用にあたる人材配置に対する予算計上が必要である。

　現在，電子決裁システムの導入は，各省庁横断的な統一されたシステムではないし，導入状況が省庁で格差が見られ，電子決裁を行える端末が限られている等の，初歩的な資本投下が民間よりもはるかに遅れている[15]。さらにセキュリティの厳しいクラウド[16]やサーバ等，施設設備の整備はもちろんであるが，現在，国立公文書館の常勤職員数は48名（平成28年度）[17]と，海外の公文書館と比較して極端に少なく，人手不足である。もしスタッフ

15　電子政府の総合窓口（e-Gov）「平成28年度　政府における電子決裁の取組状況」http://www.e-gov.go.jp/doc/pdf/denshikessai.pdf，（参照2018-03-29）

16　総務省「クラウドサービス提供における情報セキュリティ対策ガイドライン」平成26年4月，http://www.soumu.go.jp/main_content/000283647.pdf，（参照2018-04-03）

17　平成28年度行政執行法人の常勤職員数に関する報告（平成28年1月1日現在），http://www.soumu.go.jp/main_content/000405651.pdf，（参照2018-03-31）

の増員は財政圧縮で見込まれないのであれば，具体的業務の執行は，経験豊富な指定管理者に委託をして推進する等の方法も考えられる。これらの制度の進め方として，短期的には内閣府公文書管理課が掌握して各省庁へ文書管理の専門家を割り当てる方法も考えられる。

　一方，もし各省庁の文書管理課長が「兼務」で運用面まで担当すると，他業務優先で対応が後回しになりかねない。それをサポー

座談会の帰路：左より，高山，渡邉，清水，壺阪，齋藤

トする体制として，専門的資格を持ったレコードマネジャーやアーキビストが存在する仕組みをつくる必要がある。彼らが記録管理の専門家として公平な立場で業務を行うためには，前述で述べた記録管理庁（仮称）（または指定管理者）の傘下で横の連携を保ち，情報交換をしながら公文書の処置業務を進めることができる権限を伴うことが求められ，そこで行われた業務の報告書は国民に公表されるべきである。

　予算計上が必要なものをまとめてみると，運用にあたる人件費，移管文書の受入施設の設備費，保存環境整備費，システムの導入と維持費，文書や情報管理に関する意識向上を促すリテラシー教育費等である。

第 1 章

壺阪龍哉インタビュー記録：
レコードマネジャーとアーキビストのシェイクハンズ

第 1 回：2012 年 7 月 13 日（金）14:00〜16:15　場所：壺阪先生自宅（鎌倉市）

第 2 回：2013 年 11 月 16 日（土）9:30〜11:30　場所：喫茶室ルノアール大船店

インタビュー：齋藤柳子，清水惠枝，渡邉佳子

記録：清水惠枝

1．日本におけるレコード・マネジメントの姿

（1）カナ文字運動

　私が共栄工業に入社した時，三沢仁先生にサインしてもらった『ファイリングシステム』[1]の本がここにありますが，これは古いんですよ。初版が昭和 25（1950）年で 800 円だ。三沢先生からお手紙でもハガキでもいただくと必ずカナ文字でした。三沢先生は，必ず「様」もカタカナにして横書きでした。

　これは伊藤忠商事の伊藤忠兵衛さんが行っていたカナ文字運動によるものです。大正 9（1920）年 11 月に「カナモジカイ」ができたのです。山下芳太郎という方も参加していました。なぜカナ文字を勧めたかというと，日本の文字は，漢字・ひらがな・カタカナがあって，それを全部覚えなければいけません。すると学習時間があまりにも長くなるということと，タイプライターにのりにくいということでした。アルファベットは 26 文字で，その組み合わせで意思を伝えることができますが，日本の場合は，漢字・ひらがな・カタカナを覚えるのにすごく時間を割かれています。そこでひらがなを止めて，漢字とカタカナを混ぜて使えば時間が短縮できて，その余裕ができた時間を他の教育の時間にもっと向けられるのではないかという発想だったのです。

　それに共感していたのが上野陽一という日本能率学校（後の産業能率短期大学）を開設された先生です。上野先生は帝国大学卒業後，産業心理学を通じて米国のギルブレスを知り，能率の道に入ります。昭和 22（1947）年には GHQ の要請を受け，人事院の創設に参加します。そして昭和 26（1951）年まで人事官として活躍されました。

　一方で三沢仁先生はもともと技術者でしたが，人事院に入られて標準課の責任者とし

1　三沢仁『ファイリングシステム』日本事務能率協会，1950

て，人事院におけるファイリングシステムの企画に当たられていたのです。そして三沢先生は上野先生の秘書になり，産業能率短期大学を舞台に，事務能率やファイリングシステムの普及に大きく貢献されました。

上野先生は能率学や科学的管理法に関心が深かったので，カナ文字運動の趣旨に共鳴されました。それを近くで見ていた三沢先生が，刺激を受けたのでしょうね。それで自分が書く手紙だとか文章の中で，漢字とカタカナを混ぜて仮名文字を書くようになったのだと思います。だから三沢先生からいただくお便りは必ずカナ文字でした。これはカナ文字運動が能率を象徴するひとつの表れだったのですよ。

この運動はマイナーだったと思います。まあ今でいう文部科学省や日教組（日本教職員組合）とか，教育委員会とかが大きく取り上げなかったからじゃないでしょうか。よくわかりませんが。カナ文字運動は1961年以降，消えてしまいました。

（2）米国の科学的管理法

1880年代にテーラー'Frederick Winslow Taylor'が「科学的管理法」を打ち出します。これは工場における生産作業の合理化につながり，それが端緒となって事務作業にも波及しました。事務に関していえば具体的には，タイプライターの発明，ファイリングキャビネットの考案，オフィスレイアウトの設計，文書の帳票化などが挙げられます。テーラーの科学的管理法の典型的な姿は，禁酒法時代の1920年代，T型自動車（T型フォード）という黒いマッチ箱みたいな自動車があるんですが，そのフォード自動車の「ベルトコンベアシステム」に見ることができます。

また事務というのは，必要だけど改善することなんて何もないと考えられていました。ところがテーラーの主張によって，やはり事務も科学的に管理されなければいけないということになってきたのです。そこで事務の科学的な管理のためには何が必要かというと，ファイリングキャビネットの開発がまずひとつありました。1876年，ボストンの図書館の人たちが，索引カードの木箱からヒントを得て，バーチカルキャビネットの原形をつくります。それを1892年にシカゴで開かれた万国博覧会に出品したのです。その前年には，ローズノー博士という図書館の人だと思うんですけど，その人がフォルダーやガイドを立てたりして使い方を見せるわけです。これを使って事務をすればテーラーの科学的管理法にあるような事務能率，事務効率を上げるものになると。

それから2番目にオフィスレイアウトがあります。執務環境も考えられるようになりました。3番目にフォームマネジメントといって，その代表的なものは帳票類です。レコード・マネジメントの中でもいわゆる書式管理ですね。少なくともこれら3つがテーラーの考えていた事務の管理でした。まだその時はあるべき姿とかシステムとして，という考え方はなくて，個別的な手法というものが出てきて，それを担う職業としてファイリングクラークが生まれたんです。当時，女性の社会進出第一号で1900年代始めのいわゆる花形職

業となったわけです。日本語で「事務管理」と初めて訳したのは金子利八郎氏です。

（3）日本における事務改善の取り組み

　日本でＡ４カット紙やキャビネットを初めて使ったのは三菱商事です。今でいう三菱重工業ですが，長崎に三菱の造船所があって，そこで金剛という名前の戦艦がありました。アメリカのアートメタルという会社から，標準化した机や椅子，キャビネットを，将官クラスの全部の部屋にセットしまして，そこで将官クラスの人がタイプライターを打ったりしていたのです。日本海軍の事務は進んでいたのですね。それで昭和の初めごろ，スチール家具のことをアートメタルと呼んでいました。

　Ａ４カット紙（コンピュータから出力される用紙）も三菱商事が先鞭をつけたのです。トイレットペーパーのように長々と出す連続伝票用紙よりも，カット紙の方が効率いいと。三菱は標準化，事務効率，能率の面ですごく進んでいたのですね（付録３参照）。

（4）米国流を日本流へ

　アメリカの記録管理は行政体が元なのです。なぜ行政体かというと，1934年に国立公文書館，NARA 記録管理局（National Archives and Records Administration）が設置され，ここから記録管理が始まるんです。最初，アメリカから日本に入ってきた分類は業務分類で，ワークタイプとワークフローを中心にして縦軸と横軸を碁盤の目のように表現した方式だったのです。縦に書類の形式があって横に業務の種類を置いて，それに番号をふって，００は総記とか名前をつけていました。ファイリング製品はアメリカのレミントンランド社がいちばんポピュラーだったので，これをレミントンランド方式とも呼んでいたようです。

　でもそんなにうまくいかないわけ，実際の書類の分類は。分類に当てはめてもぽつんぽつんと歯抜け状態で書類が分けられるけど，こんな分類方法は利用するのに役に立たないといって三沢仁先生がツミアゲ方式を考えるわけです。

　ツミアゲ方式というのは実際にある書類から，KJ 法（川喜田二郎氏考案）のように似たもの同士を集めて，これにタイトルをつける。そしてタイトルがたくさんできてきたら，またさらにその上のタイトルを集約してつける。これは，実際に書類を作ってそれを利用するその部署で行うこととしたのです。そうしてできあがった結果は，書類が体系化されているかもしれないと。三沢先生はこのようなツミアゲ方式を考えたわけです。この方式の基本は何かといえば，その書類を利用する人たちが探しやすく，使いやすいようになっていればよいということであって，会社全体で体系づけられていなくてもよいということでした。

　ワリツケ方式が便利なのは共通の書類などです。銀行や会社，工場の本社や事業部はいろんな仕事があるので，書類の分類はツミアゲ方式でしなければならないでしょう。でも

支店であれば，どこの支店も同じ書類があります。そしたらひとつの支店をモデルに作った分類を他の支店にも当てはめましょうと。このようにツミアゲとワリツケの組み合わせというのができたということです。

　それから置換えとか移換えなどもまた，三沢先生が作った言葉だと思いますが，トランスファー‘transfer’と英語でいえばひと言ですけど，ストレイジ・イン・オフィス‘storage in office’というのが執務室での保管を表します。ストレイジ・イン・レコードセンター‘storage in record center’というのが文書庫での保存です。

　三沢先生は人事院の標準課におられたときにGHQからキャビネットの使い方を教わりました。それは日本で当時いちばんポピュラーだった，レミントンランドというアメリカの会社の製品でした。そして三沢先生はこの使い方を日本流にし，昭和25（1950）年に日本事務能率協会から『ファイリングシステム』という本を出版されたのです。

　時代は下って，電子と紙の場合ですが，電子文書から見れば紙文書はアイテム数が少ないですね。そして紙の場合は複数の文書が集まってひとつのファイルを形成しています。ところが電子の場合は作成あるいは受理した時の標題名がひとつずつファイル名（＝アイテム名）になり，ものすごい数になります。だから今後，電子の特徴を活かした分類方式でないと難しいのではないかと思っているんです。

2．記録・文書・情報の関係

　まずね，記録，文書，情報があります。これらがどんな関係にあるかというと，私の理解では富士山みたいな三角形でたとえると，8合目か9合目ぐらいから上に記録があるのです。その下，真ん中あたりには文書があります。そしてすそ野に情報があると。これは私の考え方ですよ。情報には文書化できないものもあります。イメージ，匂い，色とか。これなかなか形式知にできないですよね。その中で電子媒体やフィルム媒体，紙媒体になるものを文書といい，その文書の中で，長期保存して説明責任を将来果たすものがあります。「こんなことが昔あったんだよ」と示せるいわゆる歴史的価値のある役割を果たすものが記録というふうに考えているのですよ。レコードキーピング・システム‘recordkeeping system’がありますね。このレコードキーピング・システムに載っている文書が記録であり，そうでない，もうちょっと範囲の広いものが文書。さらにもっと範囲が広がるものを情報というふうに考えているんです。

　それから文書管理とか，記録管理とか，情報資産管理とか，最近盛んに内部統制が叫ばれ「管理」ということがよくいわれますが，この管理というのは，PDCA，Plan-Do-Check-Actのサイクル上に乗るもので，対象が文書であり，記録であり，情報資産であると，こういうことだと思うのです。

3．ファイリングという事務手法

　ところがですね。オフィスワークは，ドキュメントワーク，コミュニケーションワーク，ナレッジワークという３つから構成されています。今は事務という言葉はあまり使いませんが，このドキュメントワークというのが「作業事務」です。作業事務はファイリング技法などがあり，文書管理の一部を担っているわけです。ナレッジワークは「判断事務」です。経営者とか管理者が意思決定をすることです。事務と呼ばれているものには，意思決定からファイルをどのように作って，どのように保管・保存して廃棄するかということが含まれているのです。そしてファイリングというのはファイルをどう作ってどのように保管してどのように捨てていくかという ing をくっつけた動名詞です。ファイル＋ing でファイリングという。要するに「メンテナンス」のことですよ。

　なぜこんなことを言うかと言いますと，アメリカではファイリングのことをメンテナンスというのです。ここに書類がある。または電子メールが届いた。それをどう処理するかというスキルなりテクニックが，ファイリングという行為ですね。ファイリングにシステムという名前くっつけちゃったから，ファイリングシステムと文書管理が並んであるように見えますが，私はそんな理解ではないのです。ご飯を食べる時のお作法や道具のことで，お箸やお茶わんの使い方であり，洋食の時のナイフやフォークのようなものです。ファイリングはツールにしか過ぎないですね。

　ご飯を手づかみで食べても，それでいいという人が多くいれば，意識が低い高いというけれど，間に合っているならそれはそれなりにいいですね。だからファイリングはとても大事なことだけど，みんなバカにはしないんだけれども，学問的に研究しようとか，それを評価しようなどという気にはならないんです。

　文書の管理であれば Plan 計画があって，Do 実施して，それを Check 点検して，そして Act 見直すというような，そういう流れが必要です。ファイリングは技法というか文書管理の中の手段にしか過ぎない，というのが私の考えです。

4．文書管理に影響を与えるもの

　次に，これは話がとても長くなるんですが，歴史的にみると記録管理や文書管理というものは，経済の動き，国際的な文化とか社会の慣習，それから法律。そして電子化や不幸にして災害に影響されていろんな姿が生まれています。

（1）経済動向

　経済からお話ししますとね。経済というと日本の場合，昭和39(1964)年は東京オリンピ

ックが開かれた年です。新幹線が東京から新大阪まで走り，それからカラーテレビが本格的に家庭に入り出した頃です。ホストコンピュータ（アメリカの IBM 製の商品）が日本に黒船のようにどんどんやってきたのが，昭和39(1964)年から昭和40(1965)年にかけてなんですね。そこから日本の情報化社会，コンピュータ社会が始まるわけです。というのはこの時期は日本の経済発展が始まりました。それが文書管理にどのような影響があるかといいますと，経済が成長すると同時に，情報が多く出まわるようになり，そしてそれが紙媒体中心でしたから紙が氾濫し始めたわけです。そうするといかにその書類を捨てるかという，「捨てる技術」が求められるようになったのです。

それ以前であれば紙はもったいない，とっておこうとしていました。ですから整理整頓などといいましても，整理という言葉の内容には捨てることを意味しているのではなくて，きちんと書類を保有しておくことだったのです。

ところが経済成長とともに情報化社会が到来し，オフィスに書類が氾濫し始めると書類を捨てるということにお金を払ってでも何とかしようとしたのです。捨てる技術がファイリングに求められたわけです。そうすると捨てる技術ですから，ファイリングじゃなくてステリングだと冗談を言う人もいましたね。私が「ファイリング・クリニック」という会社を興した時には，かなりのお金がいただけました。捨てる技術がお金になったのです。

それが昭和50年代になって，今度は減速経済にガラッと変わりました。そうすると書類を捨てるだけじゃなくて，手元にあるものをどうしようかということが求められていくようになります。そうすると分類をどうしようとか，管理のルール化とかライフサイクルをきちんと決めましょうとか，考えられるようになったのです。ですから知っておいていただきたいのは，文書管理に経済というものが深く関係しているという事実です。

（2）文化，社会の慣習

それから文化，社会の慣習というものですけど，明治 1 (1868) 年は明治維新ですが，それ以前は多分に中国の文化の影響を受けているのです。しかし明治に入ると，伊藤博文の一行がヨーロッパの政治の形を学びに行きましたが，イギリス，フランスとかドイツですね。このヨーロッパの影響を日本の文書管理は受けています。

例えば具体的に言いますとね，バインダーが導入されました。金具がくっついているバインダーをご存知だと思いますが，もともとスリーリングといって綴じる穴が3つあるのが普通なんです。でも日本の場合は，ツーリングといって，2つ穴なのです。バインダーが日本に入ってくる前は，簿冊という形式で，和紙でこよりをより，書類に畳屋さんみたいにキリで穴をあけて，そこをこよりで綴じ，棚に積み上げて配置しておくんですね。そうすると表紙が見えないので下小口部分に細い筆でタイトルを書くわけです。こういうやり方は中国から教わってきた文化です。

それから昭和の初めごろになると，当時の行政が紙の規格をＡ４とＢ４に決めました。

Ｂ４というのはね，和紙の大きさです。Ａ４は西洋から入ってきた紙の大きさ。和紙と洋紙を理屈づけしましょうというのが，Ａ判とかＢ判という規格ですね。そういう洋紙やバインダーが日本に入ってくるとどうなるかというと，これまでいちいちこよりをよって綴じていたのを，なにも抵抗なくバインダーに綴じてしまおうということになったわけです。このように日本は書類を綴じる文化をずっと続けてきたわけです。

ところが戦争で日本が負けます。その少し前あたりから，日本の海軍や三菱系の企業などがファイリングという技法を学んで，外国製のキャビネットを導入するところも少しずつ出てくるようになります。例えばイギリスのロネオ社のキャビネットがありました。だから三菱商事で，もうお辞めになったようなお年を召した方は，バーチカルキャビネットのことをロネオって呼んでいたのですよ。「ロネオ，ロネオ」というので，何ですかとお聞きすると，キャビネットのことなんです。これより前に日本海軍の船に装備されていたのはアートメタルでした。スチール製の家具を総称してアートメタルと呼んでいたようです。

マッカーサーが厚木基地に下りたった時に，軍属をたくさん連れてきました。軍の事務管理をする部隊ですね。その人たちが持ちこんだのが，レミントンランド製のキャビネットであり，フォルダーであり，それからガイド板であり，ファイリングのやり方だったわけです。その当時，ポピュラーだったのが，たまたまレミントンランドでした。私はレミントンランドのカタログを集めていまして，ここにいっぱいありますよ。

今までの話をまとめてみますと，太平洋戦争の終わりぐらいまでは中国やヨーロッパの影響を受けた書類を綴じ込む方式でいたわけです。ところが戦後ＧＨＱが進駐したのでフォルダーやガイド板を使って，書類を立ててバーチカルキャビネットに収納するというファイリングが普及しました。要するに垂直式の整理方法が広まったのです。

ところがこれが全然，日本の事務の現場になじまないんですよ。なぜかというと，ここが大事なのですが，アメリカの文化というのは消費文化なんです。これはいらないものはなるべく早く捨てようとするのです。そうなると書類をさっと捨てるためには，ファイルになんでもかんでも綴じ込んではいけないということになるんですね。本当に大事な文書だけを最後の製本とか，バインディングして綴じればいいという思想なのです。

日本は消費文化じゃないんですよ。来る書類，来る書類をなんでもかんでもパンチで穴を開けて，時系列に綴じて，いっぱいになると２冊目，３冊目，その１，その２，雑綴り１，２，３とかそういうタイトルを平気でつけるんです。本来，バインダーには書類をしっかり整理して綴じるのですが，日本に入ってきたらなにも整理しないで綴じ込む。簿冊がバインダーに代わって使われるようになるんです。

ファイリングというのは，捨てやすくするために書類を綴じないアメリカの消費文化の象徴なんです。日本には消費文化とそうでない文化，または挟む文化と綴じる文化が混在しているんです。どっちがいいとか悪いとかではないんですけど，書類を捨てやすくする

ためには，同じ内容のものはなるべく同じところに入れるようにして，一緒に捨てられるようにしましょうと言ってるのですが。私が言いたいのは，こういう違いというのは，今もって日本に定着しないで，フォルダーを使いこなせないでいる会社が多いのです。なかでもバインダーとフォルダーの中間に位置づけられるものが，フラットファイル（薄手でプラスチックの綴具がくっついているもの）ですが，私たちがコンサル時に，そういうものを使うのはやめなさいと言っているんですけど，なかなか難しいですね。

　今，申し上げたのは文化というものの影響です。書類を整理しないで何でも綴じ込んでしまい，アメリカから入ってきた方法をなかなか受け入れようとしないんですよね。フォルダーは中身が落ちてしまうのではないかと，心配でしょうがないとか，持ち出せないとか，おかしな理屈をたくさんくっつけてね。

（3）法律の施行

　次は法律ですよ。これで文書管理にきちんと取り組むだろうと期待していたのにそうならなかったのが，PL法という法律なんです。プロダクト・ライアビリティ'Product Liability' という製造物責任法が，平成7（1995）年にできたのですが，やっぱりみんな角突き合わせて訴訟まではいかないで話し合いして和解しちゃうんですよね。

　それから民事訴訟法の改正です（平成11（1999）年）。裁判所には文書提出命令権があります。その文書提出命令権が出されたら，文書を提出しないと敗訴する可能性が非常に高まるということなのですが，じゃあ普段からきちんと文書を整理するようになったかといえばそうはならなかったですね。

　まあ平成13（2001）年，小渕恵三元首相の遺物といわれている情報公開法の施行は，一番効果がありましたね。「文書管理をやらなければ」という気に一回はさせたのではないでしょうか。

　そして平成15（2003）年に個人情報保護法ができます。これはあまりにも解釈が度を越えてしまった。個人情報がたくさん入っている文書をどう扱うか，もう少し整理するかと思ったら，あまりされていない。名簿も作らない。例えば，どんな家にどういう状態のお年寄りがいらっしゃるのかわからない。今まで見ることができたものも見せてくれなくなりました。

　電子文書関連の法律の場合も電子帳簿保存法（平成10（1998）年）やIT基本法（平成12（2000）年）があります。10ぐらいの条件があって，こういう条件を満たせば電子媒体の文書を認めますよというものです。その延長上で，電子文書法という法律ができましたが，それもうまくいっていない。

　e文書法ともいいますが，電子文書法（平成17（2005）年施行）というのを経団連（一般社団法人日本経済団体連合会）が作ろうと言い出したのです。紙文書を1年間保存しておくのに3千億円かかっているというんです。この3千億円は無駄じゃないかと。そこで紙

文書を PDF 化するなり，電子媒体のまま保存ができるように，法律を作ろうとしましたが，国税庁が反対しました。脱税を心配して3万円以上の領収書を電子化することはだめだと譲らなかったのです。そうすると役所のすることはおかしなもので，3万円以下の領収書なら電子のままでいいですよということになったのです。マイクロフィルムの場合も，7年保存する書類があったとして，その7年間の始めからマイクロフィルムに撮影するなりしてそれで保存できるとか，電子媒体で作成したものをマイクロに変換するCOM（Computer Output Microfilm）のような方法で保存できるというのならわかるんですよ。ところが最初4年間は紙で保存しなければいけなくて，その後3年間はマイクロでもいいとか，法律によっては始めの5年間は紙で保存し，あとの2年間をマイクロでという，誰もそんな手間がかかることはしないですよね。だったら紙のまま保存しておけばいいじゃないかということになりますね。法律ができるたびにいろんなことが議論されます。

　土地バブルは昭和61（1986）年から平成3（1991）年の5年間ですが，この時期「ニューオフィス推進協議会」というのが設立されまして，私もお手伝いしましたけれども，バブルの申し子みたいな団体なんですよ。そして平成7（1995）年から平成17（2005）年までの10年間がIT バブルです。そのおしまいのところでライブドア事件が起きるわけです。

　そういうことで金融商品取引法（平成18（2006）年）という法律ができました（証券取引法を改正して成立）。また起業家がどんどん会社をつくることができるように，起業家を伸ばしていこうと会社法もつくります。わが国の商法は，明治時代にドイツを参考にしたものだったのですが，会社をつくるときには何人が必要だ，資本金はいくら必要だとか，もう，がんじがらめな内容でした。

　金融商品取引法と会社法は何が影響しているかというと，アメリカの SOX 法（Sarbanes-Oxley Act）です。これは2001年のエンロン事件がきっかけです。公認会計士と会計事務所，監査法人がグルになって不正な会計処理をしたのです。それで翌年，アメリカは対応が早いですから，内部統制が大事だということで，ポール・サーベンス 'Paul Sarbanes' 上院議員とマイケル・G・オクスリー'Michael G.Oxley' 下院議員が法案を提出しまして，2人の名前から法律の名前を付けました。これの日本版が会社法であり金融商品取引法ですが，まだいろいろな会社で問題が起きているわけです。

　次に公文書管理法というのが平成23（2011）年に施行されました。これが今のところ文書管理に関係する最後の法律です。

　公文書管理法はご存知の通り，歴史資料をわれわれの子孫に対して説明責任が果たせるように長期に保存するという意図ですね。この法律では行政だけじゃなくて，独立行政法人，公益法人，特殊法人といった法人格のある法人文書も全部含めています。しかしこれと文書管理というのが，またどうも結びついていないのです。

　最近，議事録が作成されていないことが問題になっていますね。あの管直人首相の時に東京電力の福島原発の事故とかいろんなことが起きているのに，その議事録を作っていな

い。後から個人のメモを集めて作文するというお粗末なことです。

　ですから記録に残すということがまず出発点です。記録が作られていなければ保存もへったくれもないわけです。その次に記録は活用するという2番目の役割があります。そして3番目が保存でも保管でもいいですけど，要するに保有しておくことです。そして廃棄。この4つの分野があります。どうも私が思うには，文書管理なり記録管理の議論はしっぽの方ばかりが議論されていて，いちばん肝心の最初に記録を作るということね，この記録の残し方というのが日本人は上手ではないですね。口頭で伝達はするんだけど，記録は自分が使うか使わないかの判断で物事が考えられてしまっています。

（4）電子化推進

　もうひとつ大切なのは電子化ですよ。ITの歴史というと，連続伝票用紙がいっぱい出てくるホストコンピュータ時代からOA時代になります。OA時代は15年ぐらい続きましたが，ワープロそして光ディスクの時代に突入するわけです。追記型ディスクは検索システムがまだ不十分で，光ディスクの円盤が剥離によるエラーが起きて，使いものにならないということがありました。しかもスペースをものすごくとって，1台導入すると机の広さぐらい必要になったのです。

　私のセミナーでよく申し上げたのは，全国で生産量1万台ですよ。東芝がいちばん最初で「トスファイル」，リコーは「リファイル」，それから日本電気は「ネオファイル」とか，富士ゼロックスは富士フィルムでしたが，これらを「Dファイル」と呼んでいたんですけれども，それら全部合わせても生産量1万台で終わっちゃったんです。

　次にネットワーク時代に入ります。ねずみみたいなマウスはアメリカのゼロックス社が開発したものです。そしてマッキントッシュはマウスでアイコンを操作することを考え出しました。それらを全部いただいちゃったのがマイクロソフトです。そしてシリコンバレーから売り出したのが1995年，Windows95という基本ソフトです。そこからネットワーク時代，いわゆるインターネット時代が始まりました。

　電子化に対していちばんの問題は長期保存です。公文書館には電子文書がどんどん送られてきます。「紙でちょうだい」というわけにもいかない。電子文書を拒否もできない。公文書館などが非常に困っている問題のひとつであるのです。

　そうでなくても民間会社で，私もコンサルやっていまして，例えばパソコン上のファイルは結局はね，ブラックボックスですよ。フォルダーの分類体系は何階層にしなさいとか，保存期間は何年にしなさいとか，点検はこういう項目でしなさいとかいっても誰もしないですよ。なぜかというと，要は見えないからです。「机の上に書類を置いて帰るな」とか，「机の下には足が入るように空けなさい」というのは見えているからできることです。

　この間提出したあの書類，ちょっと私のパソコンに送ってよって，よくあることです。

公私をはっきり分けなさいといっても，自分のパソコンに自分の奥さんや子供の写真を画面に出して仕事している人がいっぱいいるわけですよ。これを公私混同といえばそれまでですが，都合が悪いといえばぱっと消すこともできてしまうのです。

　だから電子の世界は，デスクトップやハードディスクの個人領域をあまり規制すれば仕事の邪魔になるかもしれないし，そうかといって全部きちんと組織のサーバーの中へ入れなさいといっても誰も見ちゃいないんだから。

　こういう話を聞いていると，何も規制しなくていいのかといえばそうではなくて。決裁を経た正式な文書とか，何かあった時に証拠となる文書だけに絞って，それだけはきちんとしておいて，あとは個人がどのような分類の階層を作っていようが，自由をもたせた方がいいんじゃないかなって私は思っているわけです。紙文書であれば実態調査から始まって，削減するルールを作り，切り替え作業をしてという流れがありますけど，電子の場合はそのまま当てはまらないような気がします。

　私ははじめ，「電子文書の世界でも紙文書の分類をそのままで当てはめる」と言っていたのですけど，それには強い抵抗が出て，私も実際に合っていないんじゃないかと思うようになりました。これは私の悩みでもあり，迷いでもあります。

（5）災害発生

　最後は災害です。関東大震災では10万人ほど亡くなっています。関東大震災では「非常持ち出し書類」という言葉ができました。今も新宿にある高層ビルに行くとね，非常持ち出し書類というキャビネットあるんですよ。これ何ですかと聞くと，いや何が入っているか分からないけど，昔から置いてあって，捨てるわけにもいかないしと答えるのですね。今ではその言葉だけが先にあって，中身は考えられていないようです。

　阪神淡路大震災が平成7(1995)年1月に起きました。これをきっかけに内閣府が中心になって，BCP（Business Continuity Plan）という事業継続計画，あるいはBCM（Business Continuity Management）などが作られました。災害が発生した時，行政でも民間でも事業が継続できるような形をつくり出そうと考えたのです。

　今回の東日本大震災ではですね，やっぱり危機管理意識というか，リスクマインドというのが日本人全体に芽生え始めつつあると思います。ビジネスや事務管理の世界で日本はリクスマインドが非常に低いですよ。それが阪神淡路の地震から今回の地震において，基幹となる大切な書類，バイタルレコードなんていうものをどうしようとか，あるいは分散して置いておこうとかですね。免震耐震ができている保存センターに預けようとか。そういう意識が出てきました。そして今使っているもの，あるいは使わなくなったものをきちっと整理しておこうと。災害によって文書の管理が要求されてきたというわけです。

5．鳥瞰するレコード・マネジメント

　私は基本的にレコード・マネジメントでも，情報管理でもファイリングシステムでもね，すべてはムダ・ムラ・ムリをなくす3ム主義というか，能率のためにあると思っています。今，働いている人たちにとって効率がいいこと，例えばすぐ書類が見つかるとか，オフィスを広く使えて動きやすいということも大事です。けれどももっと大事なことは，もう少し高所に立って鳥の目で見てね，残された書類が訴訟とか，認証，監査とか事業を継続していく上で役に立つとか，あるいはもっというと後世にノウハウとして，ナレッジとして役に立つ，あるいはこういうことを昔はしていたんだよという，そういう証跡というか，証拠となるというのがいちばんじゃないかなって思っています。

　災害があった時には，わぁっと騒ぐけど，議事録さえも作っていないような状態でね。危機意識なんてまたすぐ消えちゃいますよ。日本の場合，その根本が自分自身にとって役に立つもの，自分が必要でなくなればもうどうでもいいやとなり，人事異動や退職の時でも，あとの人に書類を残しても使わないだろうと，そういうことがあるんじゃないかなって思います。書類をきちんとしていたらあの人は変わり者だ，ヒマだからしているんだ，ということぐらいにしか評価されないわけですよ。それでいいということではありませんが，根本にあるその考え方がネックになっていることは事実です。

　だから価値のある書類をアーカイブズの領域にきちんと流れるようにしなければいけないのですが，現実に仕事している人でそのような見方をしている人がどれだけいるのか疑問です。

6．壺阪龍哉と日本のレコード・マネジメントの歩み

（1）青天の霹靂，共栄工業に入社

1）ゼミの先生，森五郎

　私は慶應義塾大学の経済学部で，3年生の時にどこのゼミに入るかを決めるのですが，マーケティングに行きたかったんです。そこでマーケティングの鈴木保良先生や村田昭治先生のところに並んでいたのですが，あまりにも希望者が多いんですよ。もうこれはしょうがないと思って，森五郎先生の方へ行っちゃったのですね。この先生は日本の労務管理研究では草分けみたいな存在でした。森先生は慶應義塾大学を出て，法政大学の先生をしばらくしておられたのですが，また慶應義塾大学に戻ってこられたのです。

　森先生から受けた影響というのが2つあります。ひとつは何でも物事の過去や歴史をしっかり勉強しなさいと言われたことです。例えば，オフィスだったらオフィスの歴史を勉

強しなさいということですよ。それからもうひとつは，ターム 'term'，用語の定義をはっきりさせることです。オフィスなんて言うと，どんなオフィス？　自分の会社のオフィスなのか，アメリカの会社のオフィスなのか。オフィス全般のことをいうのかとつっこまれるわけです。給料といっても，職務給と職能給の区別をしっかりしろ，とかですね。労働時間に対しても，実労働時間と総労働時間の違いとかね。もうたいへんでした。このふたつはとことん教え込まれましたね。私がセミナーで話す時も，今でもそういうことを意識して話をしますが，ちょっと理屈っぽくなっちゃうんだよね。もう体で覚えちゃったね。

　私の専門は労務管理，人事管理です。最初は鐘紡という会社に入りました。いやもう，鐘紡での生活は心理的に圧迫があって。女子寄宿舎の舎監という仕事で，朝5時から夜12時まで365日休みなしという仕事でした。工場が3交代制なので，遅番の人たちが夜10時に帰ってくるんですよ。それから2時間ぐらいみんなは風呂に入ったりして寝付くまでが私の仕事でした。その間に放送で詩を流してあげたり，音楽かけたり，風呂場から何から全部見まわって，その日の仕事が終わるのは夜12時過ぎでした。そして女子寄宿舎から帰るのはもう12時半でしたね。すると今度は早番が朝5時から始まるんです。その前に行かなければいけない。当時はそれを切り抜けないと出世できないんですよ。「係長になって，課長になり，次は工場長になり，本社の部長になる」という出世コースがあったわけ。その最初の方で挫折しちゃいました。

　当時の日本で，鐘紡はいい会社だったと思います。当時は電化製品の分野も始まったばっかりで，松下電器が出てきて，やっと自動車分野でホンダやトヨタがという頃で，繊維がいちばん王様だったわけ。東洋紡，鐘紡とかね。日清紡とか。これが3大紡績です。

　鐘紡を辞めた時がひどい不景気で，それで困っちゃってね。そこで私のゼミの先生，森先生が鎌倉の西御門におられたので先生を訪ねて行ったんです。「先生どこでもいいから飯食えるようにして下さいよ，もう身体こわしちゃって」と言ってね。そうしたら森先生が，私が経営家庭教師をしている共栄工業という会社がある。キャビネットを作っている東京の大森にある会社だって。工員さんから入ることでいいかって。それで共栄工業に入っちゃった。たまたまね。それが人生の岐路になりました。

２）共栄工業に入社

　体をこわし鐘紡を退職し，昭和36(1961)年12月共栄工業という町工場に入社しました。もう青天の霹靂というか。鐘紡の給料は月給でしたが，共栄工業では日給月給になりました。しかも最初はとても長い実習期間があってね。2年半ぐらいは現場の工程を全部一つずつ実習するんですよ。コイル状の鉄板をプレスでカットして，ベンダーという機械で曲げて。そして今度は電気溶接をして。それから塗装をして，組み立てて，キャビネットができるわけね。えらいつらかったなー。当時は安全なんてことはあまり言われていなくて，指をひどく怪我したベテランがいてさ，そういう人から仕事を教わるんですよ。「お

前やってみろ」って。でも怖くてね。バシャーンとくるでしょ。足でプレスを踏んでドーンと。繊維とは違うそういう世界に入ったんです。

それから他にも私は何をしていたかというと，社訓を作らされたんです。私が作っちゃったんです。今でいうと何ていうのか社会的責任？　英語でいうとコーポレート・リスポンシビリティ'Corporate Responsibility'。これは今も共栄工業に残っていると思います。

3）共栄工業創業

共栄工業の社長，高橋保元さんは，もともと高島屋デパートの高島屋木工所というところに勤めていたんです。その高橋さんは，東京亀戸の町工場で旋盤工をしていた清水善之助さんといっしょに，昭和21（1946）年に会社を興したんですね。共栄工業になるのは昭和23（1948）年なんですけど，個人事業のようなところから始めたわけ。高橋さんはまあ木工だから，家具に関心が深かったんだろうと思います。

昭和20（1945）年が終戦だから，21年ということは周辺が焼け野原みたいなときですね。でも最初からキャビネットを作ったわけじゃないんですよ。キャビネットを作り出したきっかけというのは，当時占領していたGHQがアメリカ仕様のスチール家具を日本で作らせるようになってきたことなんです。

昭和25（1950）年の朝鮮戦争を境に，それが急に増えてくるわけ。あの当時はティーテーブルといって，お茶を飲むための組み立て式のテーブルとかなのですが，GHQがアメリカ仕様のインチ単位でどれも大きい，レミントンの机や椅子とかキャビネットを日本に発注するんです。アメリカから取り寄せていると高いので。フォルダーやバインダー，ファイルの用品も含めて日本で作らせたんです。日本側も軍需産業が成り立たなくなったので，それにうまく乗っかったわけです。

キャビネットを最初に作ったのはイトーキです。イトーキという会社は伊藤喜十郎という人が明治23（1890）年に始めた金庫屋さんなんです。また他にも当時は広島にある熊平製作所があって，これも金庫をつくる会社なんですね。ずっとあとには熊本の金剛や，またそのあとに日本ファイリングとかが関わってきます。要するに棚とか金庫をつくっていた会社が戦後，GHQの発注する仕様でスチール家具を作り出したんです。その時くろがね工作所が大阪の寝屋川にあって，もともとは自動車かなんかの会社だったと思うんですけど，そこがキャビネットの先行馬になるんですよ。それを追い付け追い越せで，共栄工業ががんばるわけ。

軍の仕様ですから，スチール家具に戦車や飛行機の色を塗らせたんですよ。その色というのは専門用語で5GYっていうんですけれど。私は共栄工業で2年間ぐらい5GYの塗装をやった経験があります。役所に行けば今でもネズミ色の古いキャビネットを置いているところがありますね。あの色はどこからきたかというと，アメリカ軍の5GYというミリタリーカラーなんです。

それからキャビネットの前にね，共栄工業はビジブルレコーダというのを作っていました。キャビネットの前身だね。あれを最初にアメリカの仕様で作りまして，それからイトーキなどから注文をもらってキャビネットを作り出すわけ。ファイル用品は日興産業というところに請け負ってもらっていました。机も椅子もあったけど，共栄工業は個人事業で出発している町工場だから，キャビネットに集中することにして，くろがねに負けないように，追い付け追い越せでやろうって決めたんです。そこには高橋社長の先見の明があったわけです。

4）共栄工業の OEM 戦略

共栄工業は日本のキャビネットを OEM（Original Equipment Manufacturer）によって8割も作っていたんです。OEM というのは，同じベルトコンベアの上にデザインや塗装の色を変えて複数の納入先の製品が流れてくるのです。共栄工業はキャビネットだけに関して，性能も材質も，引き出しのサスペンションというスライド部分も同じなんだけど，イトーキ，オカムラとかコクヨ，内田洋行，文祥堂といういろんなところから注文を受けて，共栄工業の設計部門でデザインや色を変えて流すんです。そしてくろがねを追い越して日本のキャビネットの8割を作るようになりました。

結局，共栄工業は会社が小さく資本もあんまりない，知名度もない。だったらキャビネットに集中しようと OEM 戦略に目を付けるんです。営業に社員を割くよりも注文をもらっていい品質のものを出荷すれば必ず売れると。大量に作ればその分安くできる。それがうまくいったから良かったんだと思います。

鉄板でいえば，これまでは切り板といってキャビネットの構造に合わせて八幡製鉄から安宅産業を通じてカットした鉄板を仕入れていたわけなんだけど，大量に使うから鉄板をトイレットペーパーみたいなコイルにして自分のところで処理するようにしたんです。鉄板をコイルで仕入れると何がいいかというとコストが安くなるわけ。そして大量に鉄板を使うためにいろんなお客さんから注文をもらわなきゃいけない。そうして事業を広げていくわけです。だけど注文のたびに個別生産をしていたのでは儲からない。それでキャビネットだけに関して標準化をしたんです。机や椅子にも手を出していたら失敗していただろうね。鉄板を大量に使えば，八幡製鉄からの信頼も厚くなるし，第一銀行からの支援が八幡製鉄の紹介で受けられたんです。安宅産業も非常に共栄工業をかってくれていました。

経営家庭教師のアドバイスも役に立っていたと思います。先生たちにいろいろ相談していたと思う。そういうときに三沢仁先生に出会いました。週に1回ぐらい来られていたかな。

5）共栄工業の経営家庭教師

共栄工業には経営家庭教師制度があって，経営家庭教師という顧問の先生方がいらした

んです。小さな町工場なんだけどいろんな分野で10人ほどいらっしゃって，社長がいろいろ先生方に教わるわけです。その中に三沢仁先生がおられました。

　三沢先生は共栄工業とどういうご縁か分かりませんが，私が入社したときにはもうおられたんですよ。それからマーケティング部門では，慶應義塾大学の村田昭治先生や片岡一郎先生がいらっしゃいました。経理，財務の分野にも顧問がおられたし，人事労務担当は私のゼミの先生，森五郎先生でした。

　よくも10人近くの顧問料を支払っていたと思うんです。高橋社長は，自分は大学も出ていない，昔の中学校，今でいう高等学校しか出ていない。だから会社を経営していく以上いろいろな人から学ぼうという意欲があったんじゃないですか？

（2）三沢仁に導かれレコード・マネジメントの道へ

　三沢仁先生に初めて会ったのはいつ頃かというと，まあ共栄工業に入ったのと同じ頃で，私が実習をしている時，先生がご覧になっていて，あいつを仕込んでやろう……と思われたんでしょうか。私のことを社長に話したと思うんです。そして時々，三沢先生に呼ばれるようになり，ついには「等々力にある産業能率短期大学へ週に1回はおいで」と言われました。「本当にキャビネットを売りたいならきちんと勉強しなさい，共栄工業の中だけでなく実践を積みなさい」と。さらに三沢先生は私に，「共栄工業の中にファイリング見学コースを作って，お客様や短大の学生たちが見に行けるようにしなさい」とおっしゃったんです。

1）三沢仁の弟子たち

　私が週1回等々力に通っていた産業能率短期大学の前身は，上野陽一先生がつくられた日本能率学校です。ここでファイリングの講座を開講していました。ほかにも経営や事務管理の講座がありました。そこには東政雄さんや八板信夫さんがいました。三沢先生のお弟子さんになった方たちです。この二人は同じような経歴を持っているんですよ。在日米軍のレコードセンターで働いていたんです。元住吉だとか，厚木の周辺にそれがあったんです。だからファイリングがお得意というか，二人にとってファイリングは仕事をする上で切っても切れないものだったんです。そこで三沢先生はご自分の弟子として，産業能率短期大学の先生として二人を呼んだんです。

　そういう関係もあって，共栄工業にその二人が顧問で来られるようになり，特に東さんは私の先生でもあって，一緒に行動するようになりました。そうしていたらイトーキが，東さんをファイリングの推進者にしようと引き抜いちゃったわけです。すると今度はくろがね工作所が八板さんを引っ張っていってしまった。三沢先生の手足となる人がいなくなってしまったんですね。外のお弟子さんというのは，私とか廣田傳一郎さんなんですよ。私も三沢先生に引き抜かれるかと思ったこともありますが，三沢先生とはその頃にはある

程度疎遠になっていましたから。そこで有賀秀春さんをお弟子さんにしたんですね。たぶん私の記憶が正しければ，有賀さんは郵政省かどこかの役所の方です。三沢先生にとって3人目の内弟子です。

　そうこうしているうちに，私はキャビネットを見よう見まねで開発するようになったり，オカムラやイトーキやコクヨに対してどのように販売すればよいかなんて，いろいろ偉そうに教えたりやりだしたわけです。共栄工業には見学者が続々と来られて，キャビネットを買ってくれるようになりました。見学者には自分が作ったパンフレットを配りました。昭和36年に共栄工業に入り，もう無我夢中に勉強しました。三沢先生のおかげですね。こんな門外漢の私がね。飯食うためだからしょうがないね。

2）キャビネットの売り出し盛況

　私はスライドも作って，オカムラだとかイトーキだとか，いろんな会社に行って営業マンを集めてその前でキャビネットの使い方や売り方の話をしました。私がしたキャビネットの研修で，今いちばん印象に残っているのは忘れもしない，コクヨという会社です。コクヨは「国の誉」と書いてコクヨと読みます。創業者の黒田善太郎という方は富山県の薬売りだったんです。富山大学に黒田善太郎さんの銅像があります。コクヨは紙製品や文房具で事業を展開していくんですけど，スチール家具に参入してくるのが昭和38（1963）年でした。

　私，コクヨの黒田善太郎さんに呼ばれたんです。キャビネットを売りたいと。キャビネットを売るために，キャビネットの使い方を社員に講義して欲しいと。それで泊り込みで講義しましたよ。そしてコクヨは初めて全国にスチール家具を売るんです。コクヨという看板がかかった代理店があるでしょう。その当時は，コクヨの手形をもらうことのできた店はもう，日本銀行からそれをもらったぐらい信用が高くなったんです。それからコクヨは代理店にキャビネットの販売本数を割り当てるんです。成績がいいとダイヤモンドクラブとか何とかのクラブというのがあって表彰されるんですよ。代理店はそれが欲しくて，一生懸命キャビネットを売るんです。そうすると共栄工業のキャビネットの出荷数もわーっと伸びるんです。キャビネット部門への参入は，イトーキがいちばん最初でそれからオカムラ，内田洋行，文祥堂，プラスというこの辺でした。コクヨが最後の参入でしたが，そのコクヨがすごい販売力を見せたんですよ。

　共栄工業は机も作るようになりました。物置のイナバで有名な，稲葉製作所が内田洋行の下請けで机を作っていましたが，これを共栄工業で作るようになったりしました。椅子については，スイスの会社でジロフレックスという会社がありました。5本脚のいい椅子で，これを日本で作りたいと私は手紙を出すんですよ。ジロフレックスには日本電気から出向していた藤村盛造さんというデザイナーがいらして，私はその方をたまたま知っていました。その時，コトブキという会社もジロフレックスの椅子を作りたいと言っていたの

で，共栄工業に話がくるよう手紙を出したんです。結果，共栄工業が作ることになったんですが，椅子の布張りができる職人がいないのです。それで宮内庁へ天皇陛下がお座りになる椅子を納めるような職人を呼んだりしました。

3）インフォーマコ社との出会い

昭和40（1965）年ですけど，キャビネットがこんなに売れてきたので，だったらアメリカに輸出したらどうかと，とんでもないことになったんです。なぜ私がアメリカに行くように言われたかというと，その前に，オカムラが中近東にノックダウンという組み立て式のキャビネットを輸出していたんです。そこでアメリカで，「そういうタイプのキャビネットを買ってくれたり，組み立てたりしてくれる会社を探して来なさい」と言われたんです。アメリカには２回行くんですが，１回目はそうね，１ヶ月弱くらいでした。

アメリカの安宅産業を訪ねることになりました。昭和40（1965）年，羽田空港から「バンザーイ」といって見送られて，パンナムに乗りました。とたんに飛行機が故障して，無国籍のところに入れられてしまいました。

サンフランシスコ経由でデトロイトに行きました。オハイオ州デトロイトは自動車産業で有名なところで，デトロイト周辺にスチール家具のメーカーがたくさんあったんですよ。安宅産業の社員に連れられて，通訳も兼ねてもらって，まあ話をするんだけど，けっきょく失敗しちゃうのね。なぜかというと，日本からキャビネットを運ぶには船しかないじゃない。アメリカの東海岸へ行くにはパナマ運河を通るんですよ。ものすごく時間がかかる上に潮風にあたってキャビネットがさびてしまうんです。やっと現地に着いてもアメリカの組み立て方は荒っぽいんだよね。性能テストどころか，引き出しが開かなくなってしまったり，かといって現地で生産するお金はないですから。

そうこうしているうちに昭和53（1978）年に２度目のアメリカ出張をしました。この時，部下でニューヨーク通の市浦さんと一緒に行ったんですが，ニューヨークでインフォーマコ 'INFOMACO,INC.' という，レコード・マネジメントのコンサルタント会社の会長と社長と出会ったんです。それで話をしていて，こちらのファイリングシステムっていう言葉が全然通じないんですよ。「何だ？」って聞き返されて。英語ではメンテナンスというんです。レコードキーピング・システムとかね。へーっ，いや弱ったなって思いました。ファイリングシステムというのは三沢仁先生の造語だというとおかしいけれど，日本でファイリング，ファイリングっていっている言葉が通じなかったんです。

インフォーマコ社と巡り合えたいきさつは，市浦さんが探してきてくれたのがきっかけであったと思います。インフォーマコ社のグレスコ会長とレゾリック社長が，「日本もこれから必ず記録管理の時代が来る」って言うんですよ。それで「私たちと組んで仕事をした方がいい」というふうに話がとんとん拍子に進みました。そしてライセンス料はいくらでと言われまして，私は日本にいる高橋社長に国際電話をかけました。するとそこは社

長，太っ腹なんだな。「いいだろう，彼らはどんな実践をしているのか。まず日本に彼らを呼びなさい。」といってきたのです。

それから東京品川のパシフィックホテルでお披露目をし，インフォーマコ社の方たちと一緒に，その後昭和56-57(1981-82)年，大手町の新日鉄3,000人のところと，神奈川県の日本ビクター，デザイン部門の100人を対象にコンサルを始めました。そうして向こうの人はどういうふうにコンサルしていくのか勉強をしたんです。

なぜ新日鉄のコンサルをすることになったか。その時の社長斎藤英四郎さんは歯が痛くて，社内にある診療所に行こうとしていたんですよ。診察までに時間があったらしくて，オフィスの中を見て歩いたそうなんです。「汚いオフィスだな，何とかしなさい」ということで総務部長が呼ばれたんです。社長の意識というのはオフィスがきれいか汚いかだけですよ。総務部長はその何とかしなさいの一言で何とかしなきゃと，いろんな部門から課長を連れてきて7人の事務局をつくるんです。その後ろに共栄工業が付いて，その後ろにはインフォーマコ社がいて，コンサルのノウハウを提供してくれたんです。

こうして新日鉄と日本ビクターという大きな会社をインフォーマコ社といっしょにコンサルしたんです。それが認められて会社をつくったらどうだと言われて，ファイリング・クリニックという会社を，共栄工業の資本でつくり，ファイリングのコンサルを始めたんです。

（3）壺阪龍哉のレコード・マネジメント論

1）オフィストレンド

昭和30年代に入ると通産省の主導で，標準化の一環としてまず机からJIS規格をつくっていくんですよ。始めはアメリカ仕様のレミントンだったんですけど，日本もだんだん自分たちの仕様を作り出していきました。机の次は，引違の書庫のJISができます。そしてキャビネットのJISは昭和35,6(1960-61)年にできました。それから自治省や通産省が主導して，自らも率先してJIS製品を導入していくんです。まず役所が取り入れたら，次は民間もそれにならえと，どんどん導入が進んでいったんです。

GHQが使っていたものは5段キャビネットでしたが，あの当時の自治体のキャビネットは3段キャビネットです。5段キャビネットはかなりの量が入るんだけど，やっぱり高さに問題があったのね。また2段のものでは机の高さと同じになるけど，それでは収納能力が足りないんですよ。ですから3段のキャビネットというのは日本人の背丈に合ったものでした。

昭和45,6(1970-71)年の頃に，今度はラテラルキャビネットといって横型のキャビネットに変わるんです。私はそれを開発したというか，開発なんていうと大げさなんだけど，製品化に携わりました。オフィスのレイアウトの問題で，バーチカルキャビネットは奥行きが長くて使いにくいと。長い引き出しを手前に引っ張り出すよりも，キャビネットを横

長にして奥行きを浅くしたわけ。

　続いて昭和60年代は土地バブルの時代に入っていきます。その時のオフィスでは，同じ容量ならあんまり場所をとらないようなキャビネットが必要とされました。そこで壁面仕様のキャビネット，ウォールキャビネットというのを開発しました。そうすると動線が極めて悪くて使いにくくなるんですよ。だって壁は一定方向にしかないから。キャビネットは机のそばにあった方がいいんですね。そういう時代になって，塗装色はオフィスグレーからだんだん肌色に近い色に変わっていきます。椅子は5本脚になります。

　ニューオフィスという概念もこの時代に生まれ，執務環境に関心が向けられていきました。

2）ファイリング・クリニック

　日本レコードマネジメントが，三井物産の大手町移転をお手伝いするんです。そこの山下貞麿社長は，日本レミントンランド大阪支社の営業所長だったんですよ。私と違って商売がうまい人です。私がアメリカに行っていた時期とだいたい同じ時期に，山下さんも三井物産の山田課長とアメリカに行くわけです。アメリカから帰った山下さんは日本レコードマネジメントをつくるんです。イトーキの紹介で最初の仕事は，東京電力の新潟にある柏崎刈羽原子力発電所のレコード・マネジメントに関わるんです。それが日本レコードマネジメントのビジネスの基礎になりましたね。そこから東京電力，関西電力，中国電力，北海道電力も。各電力会社のレコード・マネジメントの代行業務をすることになったのです。

　日本レコードマネジメントは，お客さんが嫌がる仕事，面倒なことを全部，私たちが引き受けますという方針なんです。現地で部屋をもらって，常駐して仕事をするんです。私のビジネス方針は違います。ファイリング・クリニックは簡単に言いますと，ファイリングのお医者さんです。だからお客さんが嫌がろうと「こういう薬を飲まなきゃ，こういう手術を受けなきゃ，治らないよ」っていうやり方をするんです。だからすごく抵抗されるし，良くなるまで時間かかるんです。日本レコードマネジメントに頼んだ会社は，作業を全部やってくれて，ああ楽になったと思われる。どっちのやり方が良かったのか分かりませんが，結果を見ると，日本レコードマネジメントの方が企業規模は大きくなりましたね。

3）ファイルボックスの開発とツールを使ったコンサルティングの功罪

　もうひとつ。アメリカでレコード・マネジメントを学んで帰ってきた時に，ファイルボックスを開発したんですね。バーチカルファイリングからもう少し汎用性のあるものにしていこうと考えたんです。アメリカの製品は側面の幅が5インチ（127mm）でしたが，JIS規格の保管庫の棚幅内寸は860mmであるので収納効率が悪いため，側面を100mm幅

にして三富産業で試作し，それを理想科学を通して売り出しました。そこにオカムラが乗り出し普及させ，ヒットしたもので，その後，コクヨ等，他メーカーも参入してきました。ボックスファイリングと称してファイルボックスを立てる道具として紹介したのがオカムラでありコクヨなんですよ。今もってオカムラとコクヨはファイルボックスを使った手法でコンサルを続けています。

　日本の文書事務は，綴じる文化として中国からの簿冊とヨーロッパからバインダーが入ってきた流れがひとつ。もうひとつはアメリカから入ってきているバーチカルファイリングの流れです。バーチカルファイリングを推進しているのが，廣田傳一郎さんとかくろがね工作所やイトーキです。

　日本の場合，ファイリングツールから文書管理が始まってきているわけですよ。重要な書類をきちんと残しましょうというところから考えられていないんです。今使っている書類をどうにかしようというだけの話から出発しているわけです。道具の方にどうしても偏ってしまって，ファイリングの道具をつくっている会社やキャビネットメーカーが販売促進の一環として収納効率を叫び，コンサルめいたことをして済ませているんです。

　中国からの影響，ヨーロッパからの影響，そしてアメリカ軍が持ってきたものと，これらがちゃんぽんになって，それぞれの整理ができないまま，意識が定着しないまま，今日に至っているということです。そこへ内部統制だ，電子文書だ，情報資産管理だなんて，いろいろな要素が出てきて，一体何なのって混乱してしまうんです。だからまだまだ必要悪なんですよ。現状に不都合がなければこんなものやる必要はないと思われている。

　それからもうひとつ厚生労働省の責任もあるのです。厚労省が女子事務員採用の「一般事務」はセクハラ用語にあたるとして「ファイリング」という名前に置き換えたんです。それがたいへん面倒なことで，ファイリング枠で企業が採用するとね，「私は一般事務のつもりで来ました。」といって，ファイリングの技術も何もできないスタッフがいるわけですよ。

4）アーキビストとレコードマネジャーのシェイクハンズ

　事務の電子化が進んだり，オフィスの趣向が変わったり，法律が変わったり，不幸にして災害が起きたり，なにかきっかけがあると文書管理を見なおす気にはなるんだけど，一過性でヒューッと消えてしまう。また元の木阿弥。日本は文書管理や記録管理の意識が低いというよりも，根本が全く違うんですね。欧米では最初に大統領の仕事をきちんとトレーサビリティ'traceability' できるように，記録を管理しておこうと考えますが，日本の総理大臣の記録なんて残っちゃいないですよ。

　もっと違うのは，アメリカの国立公文書館です。1934年にNARA記録管理局ができて，そのあと9年後の1943年に記録処分法（Federal Records Disposal Act）ができます。これがライフサイクルの基本になる法律です。大事な記録はきちんと残すようにし

て，NARA の館長の権限ってものすごく強いんですよ。

　日本の国立公文書館の館長にはそんな強い権限はないです。内閣府の一機関だった頃はまだよかったんですが，独立行政法人になってしまったからです。いろんな省庁に対して，文書管理のやり方とか，重要な文書はちゃんと公文書館に移管しなさいとか，そういうことを言える権限がないんですよ。

　またアメリカでは連邦記録法（Federal Records Act）が1950年にできるんですね。アメリカの歴史，連邦政府のアーカイバルレコードから出発している。そこに現在の記録を処理するレコード・マネジメントという手法が生まれた。こういう意識が日本にはないんですよ。考えてみれば，日本はそれでもやってこれた幸せな国なんですけどね。アメリカでは16年たってね，1966年情報自由法（Freedom of Information Act）ができました。日本では逆なんですよ。情報公開法の方が先にあって，そのあとに公文書管理法っていうのが2011年にやっと，国として公文書を扱う法律が施行されるというレベルなんです。

　アメリカで1947年にフーバー大統領が招集したフーバー委員会というのがあります。行政改革のためのいろいろな調査をしているんですが，オフィスにある書類は，5割は捨てることができて3割を書庫で保存して，2割を執務室で保管すれば大丈夫という調査結果があります。またナレムコの統計というものがあります。仕事で参照する書類の99％が1年以内に作られたものだとかね。つまり，よく見る書類は1年以内のもので，1年を超えた書類は，100回に1回の割合で見るにすぎないということです。

　また，私が考えていたアーカイバルレコーズというのは，言ってみれば，一度捨ててしまって，捨てた中から拾う書類というものでした。ずうっと後世のためにミイラじゃないけれども，記録をアルコール漬けして大事に取っておくという意識があったんですね。日本全体にそんな考え方があった。それは間違いなんですよ。

　そうじゃなくて，これからはレコードマネジャーとアーキビストはシェイクハンズしなきゃいけない。1人の人が両方の資格を持つことができるのなら，もちろんそれでいいし，持っていなければ，両方から歩み寄りシェイクハンズする。要するに一体論，レコード・コンティニュアム 'records continuum' [2] です。

5）ネセサリー・インポータント・バイタル

　廃棄かあるいは歴史的文書かという線路が2つ用意されています。そのどっちの線路に行くかというのをできるだけ早い段階で決めることと公文書管理法には書いてあります。文書を作った担当者が判断するといっても，担当者としては自分が今使っているから大事

2　現用段階，非現用段階といった記録保存に時間の区別を設けているライフサイクルと比べて，レコードコンティニュアムは，記録のコンテクスト保持を重視するので，レコードマネジャーとアーキビストの統合した協力体制が必要になる。the Society of American Archivist Home, Publications, Glossary of Archival and Records Terminology, Browse Terms. https://www2.archivists.org/glossary/terms/r/records-continuum，（参照2018-05-07）

だと思うでしょう。ネセサリー‘necessary’ということと，インポータント‘important’,
バイタル‘vital’というのは大きく違います。

　海外は契約社会で記述や定義やらが当たり前に行われて，これでもかこれでもかとどん
どん項目を盛り込んで厚い書類ができます。日本では年金手帳のことでも，自分の年金手
帳どこだったっけ，会社に預けているなんて呑気なこと言ってるレベルです。もっと端的
なのは，私がここで仕事している間はきちんとしているから，私を信じなさいという，外
国の社会は性悪説なのに対して，日本では性善説で仕事をしているんです。そして何か起
きれば，まさかうちの社員が，みたいな。いい人だったとか，想定外なんて言葉が必ず出
るんです。こういう意識の世界では，記録を作る必要があるというと，仕事の仲間や相手
を信じていないみたいに受け取られてしまうのです。

　日本のこういう感覚で，グローバル社会の中できちんとやっていくには，少なくともこ
れだけはやるという限定版じゃないとだめだと私は思っているんですよ。正式な文書であ
り証拠となる原本であるとか，これは歴史資料として，これは BCP（Business
Continuity Planning 事業継続計画）の書類としてなど，これだけは何があっても残るよ
うな形にしようと。そしてその分野に関してだけは，分類体系や保有期間のルールを作っ
てきちんと管理するといった方法が有効であると考えています。

第2章

現代の記録管理状況と課題を探る対談：
壺阪龍哉が次世代の記録感性を探る

実施日：2017年8月3日（木）18:00〜20:50
場所：慶應義塾大学三田キャンパス南校舎「社中交歓 萬來舍」
インタビュイー：野村貴彦，坂口貴弘
インタビュアー：壺阪龍哉／情報提供者：高山正也
記録及びコーディネーター：齋藤柳子

1．電子メールとチャット

（18:10）

壺阪：本日はお忙しい中お集まりいただきまして，ありがとうございます。記録管理に関して私が探りたい次世代の記録感性を伺いたい[1]という主旨で，この場を設定させていただきました。

　はじめに，情報通信メディアの発達とともに活動をされてきた過程で，記録管理の現状と将来像をどのように展望されているか，ざっくばらんに話していただきたいのですが，中でも是非伺いたいのは，毎日大量に発生する電子メール[2]の処理はどうしているか，毎日，その処理に時間をとられてしまいますね。果たして仕事の効率につながっているのか，次に，信頼性を確保するための電子媒体としてのハードディスクやソフトウェアは，公文書管理法でアーカイブズとして扱われる30年を経過した長期保存のデータに対して，現存して機能していくものなのか，さらに最近はやりのTwitterなど，SNS[3]における無責任な発言と思われるつぶやきなどは，保存する意味があるのだろうか，それらを日常どのように処理しておけばいいのかというご意見を，ご経験上から伺いたいのです。

1　野村氏は1970年，坂口氏は1980年生まれ。小中学生時代はファミコン，またはスーパーファミコンの全盛時代，また野村氏は社会人初期段階で，坂口氏は大学学部時代からWindows95を使い始めた，という世代である。

2　電子メールの言い方は，以下すべて「メール」に置き換える。

3　SNSは，ソーシャルネットワーキングサービス（Social Networking Service）の略で，登録された利用者同士が交流できるWebサイトの会員制サービスのこと。ある程度閉ざされた世界にすることで，密接な利用者間のコミュニケーションを可能にしている。多くのSNSでは，Webメールと同じようなメッセージ機能やチャット機能，特定の仲間の間だけで情報やファイルなどをやりとりできるグループ機能など持っている。出典：総務省「安心してインターネットを使うために，国民のための情報セキュリティサイト　SNSの仕組み」http://www.soumu.go.jp/main_sosiki/joho_tsusin/security/basic/service/07.html，（2017-09-07）

野村：メールの保存管理は重要ですが，企業によって対応はばらばらの状況です。

そこでJIIMA[4]では，2017年10月にメールの運用管理に関するモデル規程を提示する予定です。[5]

ただし，最近，成長の速い企業やベンチャー企業の社内では，メールよりも，チャット[6]で情報の共有が増えてきています。メールは，構造的に情報の仕分けがしにくいのですが，チャットではひとつのテーマで管理しやすいことがその要因の一つです。私もメールで介するコミュニケーションは効率的でない，と個人的に思います。チャット形式のコミュニケーションでは，参加者みんなが閲覧できるので，情報の透明性，証拠性があるといえます。メールの添付ファイルを開いて参照するのではなく，クラウドに保存したデータサービスを利用している人が増えてきていますが，そうかといってそれが電子文書保存の解決策であるという確証がまだできているわけではないのです。また社外とのコミュニケーションに対しては，まだ悩ましいところで，過渡期といえます。

壺阪：それは，メールの発展型であると捉えていいのか，それとも，全く別のものとして扱うのですか。

野村：別なものと考えた方がいいと思います。最近の若い人は，変な話，メールを使い慣れていないのです[7]。社内で使おうとすると，「件名をつけて発信する」というメールの作法から教育しなければなりません[8]。そのような作法を教えるよりも，一定のグループ内で話の決着をつけるという方法としてのチャットが，一般的になる傾向が見られます。ある会社の例ですが，社内ではチャットを使い，社外に対しても，重要な情報のやり取りはそれぞれのセキュリティが強化されたビジネス向けのデータ転送サービスなどが機能してい

---

4 公益社団法人日本文書情報マネジメント協会。

5 2017年，eドキュメント・ジャパンでJIIMAが政策提言として発表（詳細は本誌「附録4」参照）。

6 チャット（chat）とは，インターネットを介してリアルタイムに会話をする仕組みのことである。
　「電子メール」と似ているが，メールはリアルタイム・コミュニケーションを重視していないのに対し，チャットは短い文章を頻繁にやりとりするため，感覚的には会話に近い。最近ではSNSにチャット機能が付いていることが多く，用事がある相手にSNS経由でチャット用のメッセージを送り，チャットが開始されることが多い。
　ビジネスにおいても利用されており，社内SNSにチャット機能が搭載されている他，個人が手軽に使えるものに対して，ログ管理やアクセス制限などの管理者による一元管理やセキュリティなどを強化した「ChatWork」や「Slack」など，ビジネスチャットと呼ばれる専用サービスも登場し，メールに代わる社内のコミュニケーション・ツールとして，IT企業やスタートアップ・ベンチャー企業などを中心に，採用され，拡大してきている。出典：「ITトレンド　IT用語集　チャットとは」http://it-trend.jp/words/chat（参照2017-09-07）

7 「10代と20代はSNSを利用してコミュニケーションを取る人がほとんどで，10代ではメールの行為者率は25.2％にまで減少している。」平成27年「情報通信メディアの利用時間と情報行動に関する調査〈概要〉」総務省情報通信政策研究所，2016年8月

8 LINEを始めとするSNSでの連絡を主とする若者は，メールを使わなくてもコミュニケーションが取れてしまうため，メールをチェックする習慣がなく，メールのマナーが分からない。件名を入れる，署名を用意する，挨拶文を入れる，届いたメールに対して24時間以内に返信をする……などのルールは，基本である。しかし，SNSでのやりとりでは件名も不要，名乗ることをしなくても「誰からのメッセージか」が一目で分かり，そのため，「件名」や「署名」という概念がない。http://grapee.jp/49969，（参照2017-08-05）

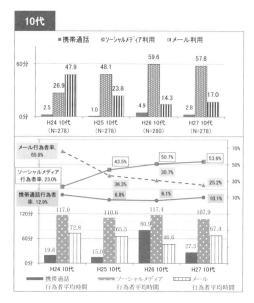
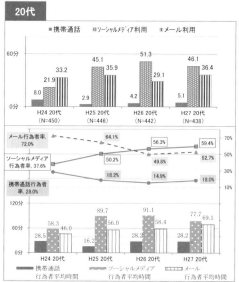
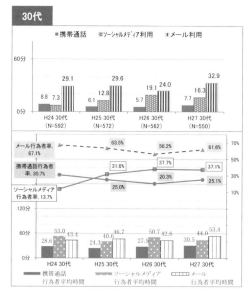

図2-1　コミュニケーション系メディアの比較②（年代別：10～30代）
出典：平成27年「情報通信メディアの利用時間と情報行動に関する調査〈概要〉」総務省情報通信政策研究所，p.11，http://www.soumu.go.jp/iicp/chousakenkyu/data/research/survey/telecom/2016/01_160825mediariyou_gaiyou.pdf，（参照2017-08-05）

ました。メールを使うのは，打ち合わせの日時を知らせる等，証拠という意味では重要かもしれませんが，議論を要するような重要なコミュニケーションでは使わないようになっています。

高山：今のお話の中で，SNSについて触れられましたが，SNSを国際的に標準化しようという動きはありますか。技術的指針はどこの国でもまだ出していないのではないですか。

野村：それはまだだと思います。SNS 各社のポリシーに合わせて，専用のチャットを選んで使っています。例えばビジネスでの利用であれば，"LINE WORKS[9]" のような専用のチャットを使い，セキュリティに配慮をしている段階ですね。

高山：私が国立公文書館にいた頃の話ですが，ICA（国際公文書館会議）の会議では，この SNS の取り扱いをどうするかが問題になりました。常に国の機関としてセキュリティ基準を考えなくてはならないという時期でした。その後，SNS について，何か決まったのかなと思ったわけです。

SNS については，まだ手をつけていない分野[10]ではないでしょうか。IT ソフトの大手では，ユーザーを対象にセキュリティが絡まない分野で標準化していけるものなのか，領域設定がなかなか悩ましいと思いますが，どのようにバランスをとっていくのでしょうか。

野村：あまり詳しくないのですが，例えばチャットサービスについては，専門の提供会社もあれば，グループウエア・ベンダーやマイクロソフトなども提供しています。そのため，国や自治体でも徐々に利用が進んできていると思いますが，すでに取引のあるそれらの会社が持っているチャットサービスをばらばらに選ぶことになります。そうなると，該当組織をいったん離れると使えなくなってしまうというような状況になるのではないでしょうか。SNS の使い方も同様に各省庁でマチマチではないでしょうか。

壺阪先生のおっしゃるメールの保存の問題は難しくて，グーグルのビジネス向けサービスでは30GB までは無料で預かっています[11]。画像，動画をはじめ，ファイルを多数やりとりするような人だと，あっという間に容量ぎりぎりになってしまうため，古いメールや大きなメールを削除してその場をしのいでいるようです。

壺阪：お役所では紙に捺印があれば，その文書の証拠能力を保っていますが，メールのエビデンスとしての証拠能力というのはどのように考えればいいのですか。例えば，契約の内容記述資料を添付しても，決裁をもらった結果の資料が添付されたメールかどうか，わからないですよね。

野村：メール自体の証明力に加えて，添付ファイル自体の証拠の保全というか，それを証明する仕組みが必要ですね。社内だけの証明としてですが，申請・承認業務を効率化して

9　ワークスモバイルジャパンが提供するビスネス利用を想定した「企業向け LINE」で，社員にアカウントを付与し，情報セキュリティに配慮した設計となっている。IT リテラシーがそれほど高くない従業員がいても，ユーザー・インターフェースは使い慣れた LINE そのままの感覚で仕事に使える。『LINE ビジネス活用の極意100』日経 BP 社，2017，p.28-29

10　中川裕志「プライバシー保護技術の概観と展望」（「IT の進展から派生する諸課題に関する学術シンポジウム」2017年 8 月 9 日，日本学術会議講堂）https://www.slideshare.net/hirsoshnakagawa3/it-78784457，（参照2017-08-14）

11　クラウド上の容量は，G Suite 使用の場合，ユーザーあたり最大30GB のファイルを無料で保存できる（無償版の G Suite や一般ユーザー向けのアカウントでは最大15GB）。この保存容量は Gmail，Google ドライブ，Google フォトで共用される。出典：G Suite 管理者ヘルプ「保存容量に関する制限事項」https://support.google.com/a/answer/1186436?hl=ja.（参照2017-08-05）

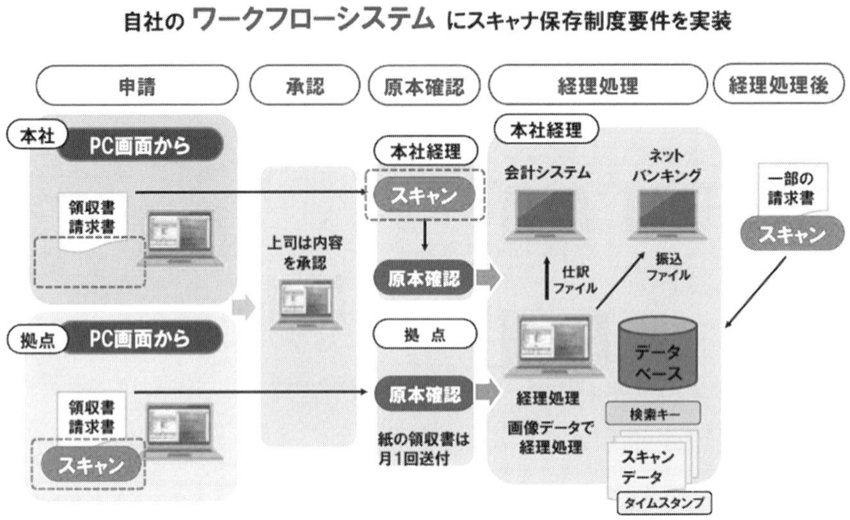

自社の ワークフローシステム にスキャナ保存制度要件を実装

図2-2　自社のワークフローシステムにスキャナ保存制度要件を実装[13]　事例紹介

くれるワークフロー・システムを使うとか，きちんと証明する仕組みの設定がメールの添付ファイルでも必要ですね。例えば，電子署名・タイムスタンプとか[12]。

壺阪：やはりライフサイクル管理がメールにも必要かもしれないですね。バックアップもなければ，「記憶にない，記録もない，消去した」と言われてしまうとアウトですよね。電子上の長期とは，30年，50年，100年後のことを考えると，マイグレーションが必須であるのですが，そこで「紙と電子の使い分けや，紙のよさがある」と私などが発言すると，「古い」と言われてしまいますけれども，長期保存と絡ませて，どのように考えますか。

野村：紙の強みは変わらないと思います。記録媒体の大容量化が進み，議事録を全て保管するのは簡単にはなっていますが，比較的長寿命の磁気テープでさえ，50年後でも証拠能力があるかというと疑問で，紙のほうが保てるよさがあります。他方，電子データの増加に対しては，同内容のスキャニングした画像，磁気テープを存在させ，「あえて紙を参照することは，もう終わりにしよう」とするけじめをつける時期がきているように，私は思います。

齋藤：話は戻るのですが，チャット利用のメリットについて，もう一度伺います。

野村：チャットのデータ保存は，クラウド上にあることが多いですが，一定期間終了後，その組織内のサーバーに保存される場合もあります。チャットのデータは何人のメンバー

12　総務省「電子署名・認証・タイムスタンプ，その役割と活用」2009年3月．http://www.soumu.go.jp/main_sosiki/joho_tsusin/top/ninshou-law/pdf/090611_1.pdf．（参照2017-08-05）

13　アルファテックス株式会社「自社のワークフローシステムにスキャナ保存制度要件を実装」『月刊IM』2017-12月号．p.11．http://www.jiima.or.jp/wp-content/uploads/2018/03/2017_02.pdf．（参照2018-04-02）

がいても1本であり軽いので，メールよりもその分長期間保管できますし，検索もしやすいです。また，セキュリティは利用される空間，例えば職場のパソコンからだけの発信とかで，仲間が限定されるので，なりすましから守られます。しかし，メールの場合は，アドレスを間違うと届きませんし，また3人に同報すれば，メールサーバーのデータ保存量は3倍になってしまい，さらにウィルスに感染する危険性もあります。

齋藤：ということは，働き方改革[14]におけるテレワークの推進には，セキュリティ上もチャットが使われる[15]ことが好ましいのですね。

　ところで，ビジネスチャットの場合，交換したコミュニケーションの記録はすべてクラウドに保存されますが，別のテーマ，別のプロジェクトに移る場合，新たに，チャットグループを形成して開始すると思われます。それらのグループがどんどんそのクラウド環境内で増えて行った場合，クラウド内の情報管理は，どのように実施されるのでしょうか。単なる日付順，グループ名のアルファベット順等，それらがどんどん増殖していった場合の整理方法はどのように考えますか。それとも整理などしなくても，キーワードで検索できれば問題ないとするのか。

　しかし，どこかの時点でクラウド上から別媒体に移管する時期があるように予想されますが。例えば，契約していたクラウド事業が撤退する前とか，クライアントとの共同利用後に，取引停止となったり，したりする場合などです。

野村：紙と比較しますと，グループ等でチャットを立ち上げたら，それが一つのファイルということですので，基本的にはそれ毎にどんどん蓄積され，あとはご指摘のとおりで，日付，グループやタスク名，本文や添付ファイル等で検索を行う方法があると思います。したがって，もともとある文書管理規程に代わる「チャットの運用ルール」や「グループを立ち上げる際の基準」などを定める必要があります。

　クラウドから別媒体に移すという件は，ほとんどの会社はまだそこまで行きついていないと思います。「A社のクラウドで保存しているから大丈夫だ」，くらいの意識なのではないでしょうか。ただし，他社のサービスに移行する場合，古いデータはどうするのかといった問題はあります。これはメールの移行でも同様な課題であるのですが，チャットになると，添付ファイル管理機能で自分がアップロードしたファイルは，すべてアップロード日付順に一覧で表示される仕組みがあるので，それを失う問題は大きいと思っています。クラウド事業者が保存やバックアップを保証しているといわれていますが，利用者側も定

14　山崎紅「働き方改革の推進で基本となるのが，文書管理体制の構築である。文書資料の機密性から判断し，社内LANに接続されたファイルサーバと，クラウドシステムへ格納するものに使い分けを行い，フリーアドレス，モバイルワークや在宅勤務の導入と同時に，必要な情報が必要な時と人にすぐアクセスできることが大前提である。」『企業が生まれ変わるための働き方改革　実践ガイド』日経BP社，2017，p.68-69

15　総務省テレワーク導入支援事例集「作業・コミュニケーションのシステムでは，クラウドサーバに，スケジュール管理，タスク管理，チャット，ウェブ会議のシステムがセットでインストールされている。」平成27年度テレワークの普及促進に向けた調査研究に係る請負，平成28年3月，http://www.soumu.go.jp/main_content/000426476.pdf，（参照2017-08-10）

期的にバックアップをとることや，サービス停止になった場合の対応も想定しておくといったことはリスク管理上，必要ですね。

2．議事録

壺阪：議事録の公正さについてですが，IC レコーダーや iPhone などのスマートフォンで録音した音声データを自動的にテキスト化する機能があります。どこかで証拠性の意味が代わる可能性を感じています。テープ起しなんて，やがて必要ないのでは？

齋藤：ところが，音声データを自動テキスト変換するには，諸条件があるのです[16]。

野村：さらに，まだ日本語の壁があるように思います。議事のはじまりと終わりの認識はできそうですが，全文テキスト化は日本語の壁もあり，すぐには難しいですね。

壺阪：議事録を作成する時，個人差が出ますね。森友や加計問題にしても，忖度が働くこともあり，そのプロセスをどこまで示せるか，とおり一辺の議事録ではなく，今後どうなるのでしょうか。

野村：紙の議事録を見て，途中のやりとりはメールで確認するとか，録音データで発言内容をチェックするなどの必要はありますね。

壺阪：個人メモは，個人の都合で関心がなければ，いつでも消してしまうことができます。メモすることは記憶の手段ではありますが，それ以上追跡すると「ある，ない」の水かけ論になってしまいますね。

高山：私の個人的な思い出ですが，会議の議事録を取ることで，新入社員が訓練されていた時代がありました。会議の運営については，会議開始前にそれ以前の議事録を確認していました。しかもその確認は極めて厳密でした。しかし，色々な記録媒体が発生したことにより，近年ではそんなことはしなくなり，すぐに「レコーダーで記録をとります」とか前回の会議内容を配布資料上で確認をするだけで，「異議があれば会議終了時までにご意見を」などと，最近は議事録の確認過程を省略して会議が始まってしまうようなことが多くなりました。議事録をどうとるかについて現在，教育もしていなければ，重視もしていないのに，一方で「記録は大事だ」と言っている。矛盾していますね。

野村：そういう余裕が現代ではなくなってきていますね。その現場に新入社員が，毎回張り付いていなかったりするし，議事録の取り方を誰も教えようともしなくなりました。

高山：東日本大震災による福島原発事故の発生時，菅内閣の記録がないことが後に判明し，問題になりました。「緊急を要する時に議事録なんてとっていられない」ということ

---

16 音声認識ソフトが正しく認識される条件：複数人の声を入れない。マイクからの距離が遠いと認識しない。句読点「。」は発音しておく方が後々，編集がしやすい。特殊な内容を入力する場合は，こまめに辞書登録をする（特にカタカナ用語）。必ず USB マイクを接続し，3センチの距離で行う。出典：「iPhone の音声入力だけで記事を書くブログ」https://beauty-bible.net/2016-05-26-604.html，（参照2017-09-09）

で，記録が残されていなかったのですが，世の中，世知辛くなって，少しでも会議時間を短くしようとして，議事録等の記録類の作成を極力，省略しようとしているというようなことも言われますが，そうも言ってはいられないわけで，重要な決断の説明責任や記録の管理強化を追及される状況になってきていますね。

野村：例えば15分で会議の結論を出すようにいわれている会社があります。ワークフローを持っている部署やプロジェクトチームは，会議の後，議事録とセットで保存するという運用のようですが，それがみんなの承認を得ているのかどうか，疑問ですね。意思決定を速めるという意味では意義があることは確かなのですが。

3．電子文書の保存（マイグレーション）

壺阪：話は飛びますが，長期のマイグレーション[17]の技術面の課題はありますか。

野村：ひとつの技術を何十年も保つのは，技術的にはなかなか難しいと思います。例えばクラウドサービス企業がいきなり事業の閉鎖をしたりすると，データの継続は難しくなります。それに対し，文書やデータを預かる事業者のW社では，以前経営危機がありましたが，何十年前のものでも継続して保存管理しているという実績が評価され，顧客の多くは継続して取引してくれたそうです。この技術を使えば大丈夫というよりも「この会社に任せれば安心」という信頼感を顧客に抱いてもらうことが大事だと感じます。

壺阪：公文書管理法では，歴史資料になるまで30年と決めているので，市町村合併の時，それまで保存してきた文書を収容する書庫が足りないという現象がよくありました。紙保存に対しては，スペースの限界が生じますね。ですから費用がかかっても電子化して，その都度，進歩したマイグレーション技術で保存していかなければならないのですが，国とか大手の企業しかそういうコストはかけられないので，長期保存に対応するには，やはり紙の存在は重要であると思います。海外のアーカイブズでは，いまだ記録媒体としてマイクロフィルムが活用されていますね[18]。さらに電子媒体保存についての課題はありますか。

高山：いろいろな記録媒体があると，そのマイグレーションが必要になりますが，技術が

17　マイグレーション（migration）とは，データを記録している媒体の寿命がきた，ハードウェアのOSが変更された，プログラムがバージョンアップした時などに，データを新しい環境で使用できるように移行，変換すること。OAIS（Open Archival Information Systems）は開放型記録保管情報システムと呼ばれるもので，デジタルデータの長期保存についてISO 14721として制定された技術標準である。OAIS技術標準における，デジタル情報の長期保存のためのマイグレーションの定義は，以下のようになる。
　●すべての情報内容の保存に焦点を当てる。
　●新たに実装可能となった情報技術で古い情報技術をおきかえる。出典：「JIIMA文書管理用語辞典」，http://www.jiima.or.jp/glossary/%E3%83%9E%E3%82%A4%E3%82%B0%E3%83%AC%E3%83%BC%E3%82%B7%E3%83%A8%E3%83%B3/，（参照2018-04-02）
18　「デジタル文書の長期保存戦略　"デジタル文書の保存のベストプラクティスは何かを考える"」〈コンピュータとマイクロフィルム〉JIIMA大阪2008，p.25，http://www.jiima.or.jp/wp-content/uploads/pdf/Best_practice.pdf，（参照2018-04-02）

発展していく中で，互換性がないとそのマイグレーションするコストは馬鹿にならないです。例えば，文書の記録がフロッピー・ディスクからCDへの変換や，PCのメモリーに記録されて保存されている場合に各メーカー間の互換性の無かった時代のPCから，ワードなどの標準化されたソフトで作られた文書作成ソフトによる記録が一般化し，記録媒体相互間で互換性[19]が確保された時代になり，時代や技術を越えた互換性を確保したマイグレーション技術が無いと，本当に該当情報を残していかなければならない場合に残せなくなり，現代社会の基礎が崩壊します。例えばビジネス文書について，マイグレーションのコストはどこが負担するのかということが，問題になります。記録管理の上ではマイグレーションの対象が明確に絞られれば，マイグレーションの対象を限定することがいいとも考えられるかもしれません。公文書の場合は，公的費用でマイグレーションのコストを負担できますが，私文書，ビジネス文書では費用対効果が求められることもあり，その結果，コスト負担に限りがあるため，「特定の内容に限定した文書のみ保存」という考え方に至るのかもしれません。

壺阪：日常業務に過去の資料を役立てるのに，3年，5年，10年保存文書の範囲で参照するのはありえますが，30年後を頭に描きながら仕事をしている人は少ないと思います。誰がどの時点でアーカイブズとして評価選別をしたらよいか，例えばコンテンツが，外交，戦争，災害であるから長期保存だと，理論的には発生段階で判別するのがいいといわれますが，現実にはそんなことを考えて仕事をしている人は少ないはずです。しかし，今までのように廃棄文書の中から評価して拾い集めるという考えではダメで，もっと早めの段階で，レコードマネジャーとアーキビストの仕事は緊密な関係を持たなければなりません。現実には，そのような体制はできていないですね。

野村：公文書については，アーキビストが時々介入して，歴史的資料とはこうだと指導する必要があります。または集中管理をしておき，歴史的資料とはこうだと示す必要がありますね。民間の場合，それは難しいですが，電子で全て保存し，構造的に分類することは難しくても，電子上で検索システムにより，キーワードからなんとか探すことは今の技術ではできるようになってきています。

壺阪：そこで国の文書については，中間書庫を設置してみようという考えで，一時，W社の本社の一角で，国立公文書館保存の文書を有利な条件で預かってみたことがありました。しかし残念ながらそれらの文書がほとんど利用されなかったので，その仕組みは廃止されましたね。

19　互換性とは，ハードウェアやソフトウェアのいずれかを別のものに置き換えても，元あったものと同じように動作したり処理を行える，機能の共有性を示す言葉。旧いバージョンのソフトウェアで作成したデータが新しいバージョンのソフトウェアでも利用できることを「上位互換性」といい，新しいバージョンのソフトウェアで作成したデータが古いバージョンのソフトウェアでも利用できることを「下位互換性」という。出典：「インターネット用語辞典」http://www.ocn.ne.jp/support/words/ka-line/8CDD8AB790AB.html，（参照2017-09-29）

野村：でもそれらが電子文書であれば，どこかのサーバーに貯めておけますよね。

高山：記録管理学上の責任でもあるのかもしれませんが，自動的に記録管理，文書の移管等が行えるシステムの開発ができておりません。例えば，作成された文書の情報内容にタグ付けして，長期保存文書の候補を始めから自動的に選別して，自動的に時間の経過と共に移管，廃棄，保存の仕分けができるようなシステムが自動的に行える基準が組み込まれたシステムができればいいと思います。一度にそこまでいかないとすれば，システム内で自動的に分析し，長期保存にすべきか否か，廃棄すべきか否かをおおざっぱにまず選別し，その後，ある一定のものだけを専門家が詳細に見て，評価選別をするという方法はどうでしょうか。

野村：確かにワード，エクセルの文書であれば，スキャンしてPDFに変換してOCR[20]をかければ検索してくれる精度は高くなってきていますね。

高山：適合条件に合わせた検索ができた後で，専門家がその検索された資料を評価選別すればいいですね。

4．公文書の保存

齋藤：W社が省庁の文書を中間書庫として預かっていても，利用されなかったのであれば，むしろ国立公文書館の指導で各省庁内に設置されている書庫内から整理を始めたほうがいいように思いますが。

高山：そのとおりなのですが，残念ながら，日本の現状ではそれはできません。日本の現状における公文書管理法の運用体制は，内閣府の公文書管理課が頭で，国立公文書館は手足だからです。国立公文書館は独立行政法人であって，行政当局から見れば民間，執行機関であって，手・足みたいなものですから，国立公文書館は頭に相当する内閣府の公文書管理課の命ずるままに動かざるを得ないので，そこまで踏み込んだ活動ができないという組織の限界があるのです。この基本的なことが不思議なことに，日本では公文書管理やアーカイブズの専門家を自任するほとんどの人でも理解していないのです。なぜ専門家がわからないのかといえば，要するに，日本の現行制度では専門家の常識やアーカイブズの理論となっている世界の常識に基づき公文書館の現場に命令できる「頭」となる部署が欠けているからです。

20　スキャンしてデータ化されたものからテキストを抽出できれば，再利用が容易になることで資料作成などの作業がはかどる。これから新たに文書をスキャンするのであれば，スキャナ側の設定でOCRをオンにしておけばよいし，すでにスキャンした後であればOCR機能を持つソフトを用いてあらためて処理する方法もある。いずれの方法も使えない場合，オンラインサービスを使う方法もある。OCR機能を持つオンラインサービスといえば，かつては日本語に対応しないケースがほとんどだったが，最近では日本語固有の縦書きも認識できるなど，高い実用性を備えたサービスが増えつつある。出典：「CNET　Japan」，https://japan.cnet.com/article/35088018/，（参照2017-09-07）

壺阪：話題になった南スーダンの日報の保存年限ですが，1年ではなく，米国では同種の文書は永年で設定されています[21]。なぜならそこへ派遣された隊員の家族が，自分の父，夫，息子または娘の消息を，後年，閲覧できるように設定するからです。保存年限を定める基準，保存年限の順守，文書存在の有無，説明責任の問題が，今回，日本で混乱して報道されており，さらに同種類の文書でも各省庁バラバラの保存年限で，標準化されていないのが問題なのです。

高山：今回の問題では，日報という文書が文書管理上どのように位置づけられるか，法律上の扱い方が明確になっていないことに加えて，陸・海・空の自衛隊で，保存年限の設定が異なっていることも明らかになりました。同じ防衛省，自衛隊の中で保存年限が異なっているというのは，どうなのかなと思います。つまり，文書管理の考え方の教育がまさに必要なのです[22]。以前，人事院では，キャリア組の研修の一部に，文書管理研修を取り入れてくれました。しかし研修日や時間割の設定が悪く，ほとんどの参加者が前日までの研修で疲れ果て，受講者の疲労度が極限に達する時期に座学での講義の時間枠が設定されていたという不運もありました。換言すれば，このような疲労が極大化する時期の研修はどこもやりたくないので，研修枠が空いていたということでもあるのですが，そのため効果的な研修ができなかったのが残念です。防衛省についていえば，防衛大学校でも文書管理研修に相当する教育が必要でしょうね。公文書管理法の制定に貢献し，今回の組閣で再任された上川法務大臣が，今後，この法律の見直しにも貢献されることを期待したいものです。

5．公文書か私文書か

壺阪：次に伺いたいのですが，公文書と個人文書の相違点は何だと思いますか。公文書とは組織が認めた文書であり，ファイル管理簿に登録済のものです。事後登録でも認められます。ところで，1990年頃より普及し始めたメールは，公文書になりえるのでしょうか。役所のパソコンを使って作成または取得し，職員間で取り交わし，組織的に利用されたメールは，そもそも論の視点に立てば，すべて公文書（国では行政文書）になると考えられます。

21　U.S. Department of State Records Schedule, Chapter 24: Arms Control and International Security Records, PERMANENT. https://2001-2009.state.gov/documents/organization/91886.pdf，（参照2017-08-08）

22　「防衛省は公文書管理の自己点検で，4年間に5万件以上の不備を見つけた。同省は陸海空の自衛隊を束ね公文書数が多いこともあるが，公文書管理法とは別に独自の内規を設けて体制を強化している。省庁の中で突出しているのはその成果といえる。背景には，海上自衛隊補給艦の航泊（航海）日誌破棄問題などで批判を浴びた過去がある。」出典：「公文書管理　ずさんな点検　「知る権利」ぜい弱　保管審査，21人で260万件」毎日新聞，2016年12月11日　東京朝刊，https://mainichi.jp/articles/20161211/ddm/003/010/052000c，（参照2017-08-05）

表2-1　都道府県，政令指定都市，中核市の計115自治体を対象に，全国市民オンブズマン連絡会議（事務局・名古屋市）が文書でアンケート（2017年9月）[23]

職員が複数の職員に送ったメールは公文書にあたるか？

		都道府県		政令市	中核市	計
公文書にあたる	13	岩手県，秋田県，福島県，茨城県，群馬県，東京都，長野県，岐阜県，大阪府，鳥取県，山口県，徳島県，沖縄県	7	札幌市，さいたま市，横浜市，新潟市，京都市，大阪市，熊本市	22	42
あたらない	0		0		3	3
その他	34	北海道，青森県，宮城県，山形県，栃木県，埼玉県，千葉県，神奈川県，新潟県，富山県，石川県，福井県，山梨県，静岡県，愛知県，三重県，滋賀県，京都府，兵庫県，奈良県，和歌山県，島根県，岡山県，広島県，香川県，愛媛県，高知県，福岡県，佐賀県，長崎県，熊本県，大分県，宮崎県，鹿児島県	13	仙台市，千葉市，川崎市，相模原市，静岡市，浜松市，名古屋市，堺市，神戸市，岡山市，広島市，北九州市，福岡市	23	70

※全国市民オンブズマン連絡会議調べ

注）「その他」は，文書の内容次第で行政側が公文書かどうかを判断する余地があるという回答

　しかしながら，国や自治体では解釈が分かれ，メールの内容によるなどと，公文書の範囲を狭めようとする傾向が見受けられます。公文書に当たらないと判断されれば，情報公開の対象にならないことになってしまいますね。

齋藤：全国市民オンブズマン連絡会議が行ったアンケート「職員が複数の相手に送ったメールは公文書に値するか？」の調査結果を参照してください。

　115自治体のうち，3％が「公文書に該当しない」，37％が「公文書に該当する」，60％が「文書の内容次第で行政側が公文書かどうかを判断する余地がある」と回答しています。日常，メールは行政執行上利用されているはずなのに，そこで作成された記録が公か否かについての判断は，自治体によりぶれが見られます。これは公文書管理の運用上のルールが未整備であり，職員の都合で判断され，記録は市民への説明責任のためという，法の意義が浸透していないことを示しています。

高山：現在の公文書管理法は，記録され公開すべき情報の種類，個人情報保護法上，非公開とすべき情報，国民の知る権利としてのマスコミ等の自由な調査活動等，情報の秘密やセキュリティの確保策と情報管理の関係，情報関連の諸活動との整合性が立法時には十分

23　都道府県や政令市，中核市の4割弱が，職員が複数の同僚に送ったメールについて，情報公開法の開示対象となる公文書（行政文書）に「該当する」と考えている。出典：毎日新聞，2017年9月7日，https://mainichi.jp/articles/20170907/k00/00e/040/176000c，（参照2017-09-08）

に検討されたといえるのか，疑問です。

野村：私はかつて国の機関にいましたが，とにかく最後に辻褄あわせで文書を作成する方法[24]で仕事を進めることを学ばされました。特に契約日の設定等です。そこでは，「公文書等」というあいまいさがあったと思います。

齋藤：今おっしゃった「公文書等」というあいまいさについて，もう少し詳しくお話いただくことはできませんか。

野村：役所ではご存じのとおり，行政文書作成時の日付を空欄にしておくことがあたり前です。例えば民間が行政機関から補助金をもらうことになると，契約日以後の書類しか証拠書類として認められません。もちろん，契約書や請求書が契約日前というのはありえないことですが，補助金申請する前に見積書を作ってもらっておいて参考にする，なんてことはあり得ると思います。でも行政管理上，そんなことは認められませんので，結局，民間企業に対し，すべて日付は空欄にしておき，確定したら日付を入れるように指導するわけです。そうすると，行政からみると，書類上の辻褄はあっていますが，実際に行政と民間，あるいは民間企業同士の取引の記録とは，整合性がとれないわけです。

　ある補助事業を立ち上げるときの話です。事業を立ち上げようと，経済産業省や財務省に働きかけたのですが，結局認定されなかった事業の資料は，保管する必要がない文書として，当該年度終了時に大半を廃棄することになりました。予算要求をした資料そのものは残した記憶がありますが，民間企業の方々にヒアリングした生の声や，根拠となる参考資料等はすべて失われました。これらは後年の事業の参考資料となったはずですが，廃棄してしまったのはもったいない話です。当時，その事業に対して熱っぽく語ってくれたある企業の社長さんの顔は，いまだに忘れられません。単純に「廃棄」ということになったのは，とても残念に思っています。

齋藤：民間企業側は，その苦い経験を後の参考資料として保管しているはずです。もし，行政機関の職員がその経過資料を保管していたとするなら，それは個人文書扱いということになるのでしょうか。

壺阪：そういう問題は，監査で対応しなければいけないのに，内閣府は公文書管理運用過程の違反や諸問題に対処が甘く，課題の掘り下げもしていない状況です。

野村：国立公文書館は，いわば日銀のような独立性を持てるといいですね。また，会計検査院で業務監査も合わせて実施してもらいたいですね。

高山：オーストラリアでは公文書監査は会計検査院が会計検査と一緒に行っていて，会計監査の完了には会計上の監査だけでなく，公文書の保存・廃棄・移管が完結していなけれ

---

24 「決裁の日付をさかのぼって記入」とか「不在者のハンコを押印」，あるいは「契約相手方からの請求書に事実と異なる日付を職員が記入」などして書類のつじつま合わせをすることが見られないでしょうか。出典：大阪市「コンプライアンスハンドブック」p.19，http://www.city.osaka.lg.jp/somu/cmsfiles/contents/0000011/11523/handbook5.3.pdf，（参照2017-08-31）

ば，会計監査そのものが完結できないことになっています[25]。

壺阪：昔，行政管理庁[26]があったように，日本でも記録管理庁，記録管理大学校があれば
いいですね。

高山：その記録管理大学校というアイディアは，菊池国立公文書館長[27]時代に提言はした
のですが，実現できませんでした。公文書館の新施設完成時に，再度提言するとよいと思
いますが，果たして今の国立公文書館や内閣府にそのような関心があるでしょうか？

6．日本の記録管理の現状と将来像

（19：20　坂口氏が到着）

壺阪：今まで，日本の記録管理の現状と将来像を語っていただいていました。日本では記
録管理の認知度が低いのが問題で，記録管理学会がもっと提言をすべきだと思います。今
日の公文書の扱いにおける各種問題が生じている中で，学会に問合せが来てもいいもので
すが，依頼は来ませんね。そこで記録管理の教育の現状はどうなのでしょうか。アーキビ
スト養成の問題にも触れてほしいのですが，まず初等教育の問題からお願いします。

坂口：最近はコンピュータ・リテラシーについては，小学校で学ぶ[28]時代になっており，
そういう意味で電子記録に対する教育は行われているといえなくもないのですが，記録を
整理して管理することについては，きちんと教えられていないのが現状だと思います。

壺阪：ところで創価大学で担当されている科目は何ですか。

坂口：私は「自校史教育」を担当しています。大学の歴史についての教科の一部です。最
近，クラウドの利用があたり前になっていて，メールやハードディスクのデータ保存につ
いては，学生の考え方が変わってきていますね。ただ，クラウドの利点と欠点の実情が明
確にわかっていない段階で，利用することは無防備だと感じています。

25　Australian National Audit Office（ANAO）では，"Administration of the Freedom of Information Act
　　1982（情報公開法）"に基づく業務監査を実施。https://www.anao.gov.au/work/performance-audit/
　　administration-freedom-information-requests，（参照2017-08-08）

26　1948(昭和23)年7月1日，行政調査部や行政監察委員会を前身に，総理庁外局として設置。管理部が行政機
　　関の機構や定員，及び運営に関する総合調整を担当し，監察部が行政運営に関する監察を担当した。1949
　　(昭和24)年6月1日，総理府の設置により，総理府外局となった。1952(昭和27)年8月1日，経済調査庁，
　　統計委員会の機能を統合し，管理部，統計基準部，監察部の三部と，地方支分局としての管区監察局を置い
　　た。また，1952(昭和27)年8月1日，行政管理局，統計基準局，行政監察局の三局と，地方支分局としての
　　管区行政監察局の体制に改めた。1984(昭和59)年7月1日，総務庁の発足により廃止された。出典：国立公
　　文書館アジア歴史資料センター「アジ歴グロサリー」https://www.jacar.go.jp/glossary/term1/0110-0010-
　　0030-0010-0060-0040.html，（参照2017-08-08）

27　菊池光興氏，74歳（元国立公文書館長，元総務事務次官），2017年10月7日に逝去された。毎日新聞，2017
　　年10月12日

28　文部科学省「学習指導要領（平成20年告示）の改訂のポイント（情報関連）　小・中・高等学校段階を通じ
　　て，情報教育に関する内容を充実。」http://www.mext.go.jp/component/a_menu/education/detail/__
　　icsFiles/afieldfile/2012/06/15/1322132_3_1.pdf，（参照2017-09-12）

46 | 第Ⅰ部　日本のレコード・マネジメントの歩みと次世代の姿を探る

表2-2　クラウドのメリット，デメリット[29]

	個人向けクラウド	
メリット	バックアップの必要がない	オンラインストレージを利用すれば，このバックアップ作業はサーバ側で自動的に行ってくれる
	どこからでもアクセス可能	インターネットに繋がりさえすれば複数の端末・ユーザー間で共有が可能となる
	インストールや更新作業が不要	ソフトウェアの更新等はサーバー側で行ってくれるので，更新作業に伴うシステムの不具合はない
デメリット	メールなどの内容が分析されている可能性がある	無料のクラウドサービスの大半は広告収入によって運営されているため，メールの内容などが機械的に収集・分析されている
	永久に利用できる保証はない	一定期間ログインしないとアカウントが削除されてしまったり，利用者が減少するなど，最悪の場合サービスそのものが途中で終了してしまうケースもある
	団体向けクラウド	
メリット	初期費用が少ない	イニシャルコスト（初期費用）は，クラウドにおいては，小規模のシステムを運用する場面ではその割合は小さい。
	無駄のない従量制課金	一般的に日割りや月単位での料金設定であり，使った分だけ支払う無駄のない料金設定である。
	保守・管理コストの低減	OSのアップデートやアプリケーションの更新作業などは管理会社が請け負ってくれるため，結果的に保守・管理コストの削減が期待できる。
	いつでもどこでもデータにアクセス可能	いつでもどこでもアカウント一つで同じデータにアクセスが可能になる。複数の端末間での煩わしい同期作業も必要ない
デメリット	カスタマイズが難しい	システムやアプリケーションがパッケージ化されているため，自社で保有する場合に比べて細かな修正に対応できない
	セキュリティに対する不安	クラウドではその性質上，様々な企業の重要機密や個人情報を保存しているため，ハッキングの攻撃対象となりやすく，これらデータの流出リスクがつきまとう
	依存しすぎるとリスクが大きくなる	リスクとリターンとをよく考慮した上で自社管理とのバランスを考えていく必要がある。システム障害やサービス会社の倒産などが起こると，依存度に比例するようにリスクも大きい。

---

29 「クラウドのメリット・デメリット」とはサーチ，から表形式にまとめたもの。http://www.toha-search.com/it/cloud-merit.htm，（参照2017-08-07）

齋藤：今の小学生がコンピュータ・リテラシーを学んでいますが，坂口さんの子どもの頃はどうでしたか？

坂口：私の子どもの頃は，カセットテープからCD，MDへ移行の時代です。コンピュータは高校生になってやっとさわりました。学校に数台置いてあった記憶があります。コンピュータ時代の始まりの頃だと思います。カメラはデジカメではなく，インスタントカメラの全盛時代でした。

野村：私の時代はまだ貸レコード屋がありましたね。

齋藤：坂口さんは，いつから，どのように記録管理に目覚められたのですか。

坂口：自分の大学の歴史について資料を収集・保存する部署でアルバイトをしていた時，過去の記録が残っているか否かで，歴史に記される内容のレベルが大きく異なることを実感しました。しかも，部署別に記録の残し方がバラバラで差があったのです。資料が使いやすい部署とそうでない部署があったので，その時，記録をきちんと整理して残すべきと痛感しました。

齋藤：すでに，アーカイブズという言葉はご存じでしたか。

坂口：歴史の先生から，アーカイブズという分野があることを聞きました。それで駿河台大学大学院で安澤先生，高山先生や壺阪先生に出会い，アーカイブズや記録管理の世界に目覚めました。その後，学習院大学大学院アーカイブズ学専攻に進んだのです。勉強して行く中で，資料整理の正しいやり方を実践してきたつもりでも，実はもっといいやり方があるということがだんだんわかってきて，これはしっかり学問的に研究してみる価値があると認識しました。

　アーカイブズの世界は，日本では未成熟な段階で，これから開拓していかなければならない部分が多く，大事な仕事だと思います。一口にアーキビストといっても，アーカイブズの現場は多様なので，どのようなスキルが求められるかは一概には言えませんが，少なくとも現代の記録を扱うアーキビストは，記録管理の基礎について学んでおく必要があるでしょう。同様に，記録管理に携わっている人たちに対しても，アーカイブズの考え方に対する理解を深められるような教育・研修の場を増やすべきではないでしょうか。

7．MLA連携と専門職

壺阪：高山先生に伺いたいのですが，図書館司書，アーキビストやレコードマネジャー，学芸員の三つの資格を持ってコンサルタントとして働くことは可能でしょうか。それとも三者がコラボして働くほうがいいのかどうかですが。

高山：いわゆるMLA連携[30]ということですが，MLA連携はMLそしてAも三者ともに記録されている情報の蓄積・検索サービスをするという共通性を持っているので，連携が可能と見られています。検索要求された情報の提供に際し，適合性追求と検索サービスを

提供するという共通項があるということで連携したほうがいいと言われていますし，私もそう思います。連携したほうがよいという前提には司書や学芸員というプロフェッショナルと呼べるエキスパートが社会的に必要で，その効果的な教育が求められます。

　一方，日本の社会ではそれが可能かというと，日本は人事管理において，ジェネラリスト志向が求められ，特定の分野に埋没する仕事，例えば学芸員，司書，アーキビストにしても光のあたる職業ではないといわれています。光があたらない，世間によく知られていないので，ある政治家に「学芸員はがん」[31]と批判されたり，いわゆる「きつい，きたない，低賃金」職場といわれたりしています。しかし，司書や学芸員は女性にとって人気のある職業で資格取得希望者が多く，司書の有資格者は毎年約1万人ずつ増えているのですが，雇用先が見つからず，非正規の派遣社員になって図書館にかかわっている人も多いのです。そこで，司書のイメージを刷新することで，図書館のイメージも刷新しようとして，慶應義塾大学図書館・情報学科の卒業生の中には，ユニフォームや化粧やら，ファッション等の外面性の向上等を手段として，図書館を明るい夢のある職場イメージに創り変えて，司書という職種のイメージをより魅力的に創り変え，社会的理解を深め，その職業を3Kから脱出させ，労働条件の飛躍的な向上をも図ろうとする提言をしている人もいます。

　要するに，今ある図書館，博物館，文書館やレコード・マネジメントといった文書・記録関連の仕事のイメージを，もっと魅力的で，若い人がそれに従事することに憧れるような方向に変えていくことが必要ではないでしょうか。

齋藤：問題は，それらに従事している人の中には，資格とキャリアを持ちながらも，非正規雇用で3年おきに転職を余儀なくされている現状があります。学芸員，司書，レコードマネジャーやアーキビストという仕事を志向しようとしても，安定した正職員のポジションを得るまでに，不安定な生活をどれだけの期間，重ねていかなければならないか，頭を悩ませている人は多いです。アーキビストに関しては，公文書館法[32]の附則第二項の「当分の間[33]，地方公共団体が設置する公文書館には，第四条第二項の専門職員を置かないこ

30　博物館（Museum），図書館（Library），文書館（Archives）の間で行われる種々の連携・協力活動。2008年，IFLAとOCLCからMLA連携についての報告書が出されたのを契機に関心が高まっている。日本でも博物館，図書館，文書館は元来，文化的，歴史的な情報資源の収集・保存・提供を行う同一の組織であったものが，資料の特性や扱い方の違いに応じて機能分化した一方で，施設の融合や組織間協力を続けてきた。近年，ネットワークを通した情報提供の伸展に伴い，利用者が各機関の違いを意識しなくなりつつあることを踏まえ，組織の枠組みを超え，資料をデジタル化してネットワーク上で統合的に情報提供を行うための連携・協力などがなされている。出典：『図書館情報学用語辞典　第4版』丸善，2013，p.20

31　山本幸三・元地方創生相が16日，観光振興のために文化財を活用することについて「一番のがんは学芸員。この連中を一掃しないと」と発言したことが波紋を広げている。翌日撤回されたが，発言について「理解がない」と嘆く関係者がいる一方で，「もっと市民に向き合わないと」との意見も出た。出典：朝日新聞デジタル，2017.4.26，http://www.asahi.com/articles/ASK4S6RD1K4SUCLV026.html，（参照2017-08-09）

32　公文書館法（昭和62年12月15日法律第115号，最終改正：平成11年12月22日法律第161号）http://law.e-gov.go.jp/htmldata/S62/S62HO115.html，（参照2017-09-07）

とができる。」という項目が撤廃される時期が切に待たれます。

　この項目は，昭和62(1987)年施行時，運用上の課題が多かった[34]ので，附則として置いたと聞いています。これに対し，日本学術会議史学委員会は，2008年に次のように提言しています。「平成16(2004)年4月には日本アーカイブズ学会が設立され，平成19(2007)年5月には，国立公文書館を中心に「アーカイブズ関係機関協議会」が創設された。さらに，平成20(2008)年度には文部科学省によって大学院課程におけるアーカイブズ学専攻が認可されるなど，周辺環境は少しずつ進展してきている。その中に専門職員養成を位置づけることが十分可能であると考えられる人材育成の大学院もスタートした。公文書館法の附則第二項の暫定措置「当分の間（中略）専門職員を置かないことができる」を廃止し，公文書館法立法の趣旨に則り公文書館に専門職員を配置するよう，法改正を行うこと。」[35]平成23(2011)年には，公文書管理法が施行され，ずさんな公文書管理の運用上の問題について世論が高まりつつある現在，アーキビストという専門職員が存在すべき[36]という方向性が明確になりつつあります。

高山：おっしゃる通りですが，法律の文言をいじるだけでは現実は変わりません。先ほど申し上げたように，日本ではアーキビストという専門職は，特に現状の公務員の世界では存在できないのです。もし，今の状態のまま，アーキビストという専門職を公務の世界に導入すると，また国務大臣から「アーキビストは文書管理の"がん"」などと言われかねません。だから，MLA連携等の方策を用いたり，レコードマネジャーを兼務し現用文書の管理まで言及できるよう，アーキビストの職務範囲と環境を改善・強化することが先決なのです。こうなるためには，まず，アーキビストなど，記録の管理に関わる人たちの処遇を改善する必要があるわけで，正規雇用が良いのか，指定管理者制度[37]を導入するのかも含めて検討が必要でしょう。公文書館ではセキュリティを確保するために指定管理者制度は無理だと言う人がいますが，そんなことはないです。民間企業にとっても，文書管理と情報セキュリティの維持は重要ですが，立派に外部委託化が進んでいます。アーキビストや記録管理の専門職を正規職員の待遇で導入しようとすれば指定管理者制度の導入しか，現状の法制下ではあり得ないと考えます。

33　「当分の間」とは，「将来にわたって一定の臨時的措置をとりあえず維持することを示すもの」であるため，当該規定が削除されない限り，いつまでもそのまま効力を有して残ることになる。出典：大森政輔・鎌田薫編『立法学講義』商事法務，2006，p.391

34　岩上二郎「アーキビスト養成や，図書館・博物館と公文書館の位置づけ，公文書館の技術的な構造などどうするのか，公文書館未設置に対する普及活動，これらに伴う財源確保の問題を含めて，具体的に検討し，実践を図るべき課題が待ち構えている。」『公文書館への道』共同編集室，p.109

35　日本学術会議史学委員会「提言　公文書館法とアーキビスト養成」要旨，2008年8月28日，http://www.scj.go.jp/ja/info/kohyo/pdf/kohyo-20-t62-5.pdf，（参照2017-09-09）

36　内閣府「公文書等の適切な管理，保存及び利用のための専門職員等の確保　2004年4月」http://www8.cao.go.jp/chosei/koubun/kako_kaigi/kondankai/160419/haifu/haifu1.pdf，（参照2017-09-07）

37　(1)指定期間と雇用の関係「指定管理者制度の現状と今後の課題」財団法人地方自治総合研究所　全国地方自治研究センター・研究所　共同研究・指定管理者制度，2008年4月，p.15

8．記録管理教育

壺阪：坂口さんは米国の図書館司書の教育のあたりから博士論文のテーマを深められましたね。私が米国へ行った時，観察して感じたことですが，初等教育で，ファイルするものは何でも「立てる」ことを基本に教育されていたことです。つまり教室の教壇の前には，ワゴン式のハンギングフォルダーが吊してあり，そこへ生徒は各々の提出物を入れ，書類の整理方法を実務として体験しているのです。さらに米国の会社員は，日本のように源泉徴収ではなく自分で確定申告して納税しなければならないので，領収書を自分で保管することや，契約書は日付を記し，契約者双方でサインする必要があること等を，各家庭で親が子どもに教えます。日本ではパソコンの使い方については学校で教えていますが，坂口さんの博士論文の中では，その辺りのことをどのように記していますか。

坂口：米国の初等教育でファイリングを教えてきた歴史を調べ，一章を使い記しています。第二次世界大戦以前から，ライブラリアンがオフィスワークの中にも入って情報整理を行った中で，ファイリング・サプライズの業界のシェアが拡大していき，オフィスにそれらの製品を売り込むだけでなく，学校にもミニチュア版のファイリング教材を売り込んで行ったという経緯を調べました[38]。

壺阪：職場ではファイルの集中管理システムが進められ，各部署へファイルを運ぶセントラル・ファイリング方式があり，そこで働くファイリング・クラークが求められ，女性の社会進出を促したのです。

高山：セントラル・ファイリング方式の導入で標準化が徹底され，全体的にそこで働く人を見ていると，科学的管理法[39]に準拠した動作と繋がり，ファイリングツールの開発・供給が促進していったということですが，図書館カードシステムを開発したメルビル・デューイ（Melvil Dewey）のライブラリービューロー社が，やがてレミントンランド社へ発展し，このレミントンランド社が，ENIACコンピュータを開発した2人の技術者が作ったエッカート・モークリ社と合併し，その思想はさらにUNIVACコンピュータ[40]の開発に繋がっていったというわけですね。坂口さんはこのように，とてもいいことを博論[41]で

38　坂口貴弘「米国型文書整理法の普及と教育」『アーカイブズと文書管理　米国型記録管理システムの形成と日本』第2章，勉誠出版，2016，p.70-106

39　科学的管理法（scientific management）とは，アメリカ人機械技師のテイラー（Taylor, Frederic W.）が20世紀初頭に考案した工場管理のシステムおよびその思想のことで，テイラー・システムともよばれる。一般的には諸科学の科学的方法を利用して管理を行うことを意味する。しかし，この言葉は，主にテイラーの考案した管理システムである「課業管理」（task management）を意味するものとして，20世紀初頭の多くの国々に普及した。出典：基礎経済科学研究所「WEB政治経済用語辞典」http://kisoken.org/webjiten/kagakutekikanrihou.html，（参照2017-08-08）

40　J. Presper Eckert and Mauchly John, Center for Computing History. http://www.computinghistory.org.uk/det/2576/J-Presper-Eckert-and-John-Mauchly/，（参照2017-09-29）

言ってくれているので，このテーマでビジネス向けに，資料整理のノウハウや記録管理のあり方を書いて欲しいものです。

野村：民間企業でも，派遣社員はファイリングなど，部署内の仕事の下支えをしていたのですが，2008～2009年のリーマンショック後，派遣切りをしたので，いままでの資料整理の運用体制が消えてしまったという経緯があります。その辺りの日本の実情も含めてビジネス本が書けるといいですね。

高山：壺阪先生は，ビジネス向けに本をたくさん出されていますね。

壺阪：あれはどちらかというと，文書管理のやり方，作法を書いたものです。小さい時から，記録の整理の考え方を子どもにも習得させるべきです。

齋藤：坂口さんが大学で教鞭をとられている中で，記録管理上の課題について何か感じていらっしゃいますか。

坂口：最近，電子媒体の記録が大多数を占める中では，ハードディスクあるいは，クラウドの中の記録管理をどのように設定するかが課題ですが，紙媒体の文書を含めた記録管理の基本が身についていないとうまくいかないように思います。そもそも，日本でも整理術の本がこれだけ出版されているのに，なぜ定着しないのかわかりません。

壺阪：それは，日本では実務よりも精神論が先んじるからだと思いますよ。ものを捨てる際に，例えば人形供養，針供養があり，ご飯をいただく時のあいさつ，箸の上げ下げ等，子どもの時から精神論で教えていかないと身に付かないものが多すぎます。片づけコンサルタント山下秀子氏の断捨離の考えは，ヨガから発想したそうですね。整理整頓の習慣が身に着くと，気持がスッキリしてシンプルに生きられるという精神論はもちろん大切ですが，そこから先の文書の「分類や保存期間とは」の話に入ると，理解されなくなってしまいます。その考え方を初等教育に加えた方がいいと思います。

野村：小学校でこれから始まるプログラミング教育[42]の中に，入れられるといいですね。

壺阪：米国では，子どもにノートでなく，カードを使わせるそうです。しかも表側だけ使う，裏側には書かせないという使い方を教えるそうです。その考え方は，図書館の検索カードや，やがてレターサイズ[43]のフォルダーの使い方の考えに繋がっていくのです。日本のように何でも綴じたりしないで，挟んで整理するのです。一方，ヨーロッパでは順番が狂わないように，バインダー[44]で文書を綴じています。日本では昔からこよりや絹糸によ

41　坂口貴弘「文書検索システムの模索と図書館界」『アーカイブズと文書管理　米国型記録管理システムの形成と日本』第1章第3節，勉誠出版，2016，p.43-47

42　文部科学省プログラミング教育に関する有識者会議「小学校段階におけるプログラミング教育の在り方について」2016.6，http://www.mext.go.jp/b_menu/shingi/chousa/shotou/122/attach/1372525.htm，（参照2017-08-13）

43　レターサイズとは，主に米国で用いられている用紙サイズで，8.5×11インチ（約216×約279mm）のサイズのことである。国際標準的に使用されている用紙サイズのA4判に比べて，レターサイズは幅が6mmほど広く，縦に18mmほど短い。出典：weblio「IT用語辞典バイナリ」

る「和本の綴じ方[45]」がありました。これらさまざまな紙媒体の整理方法が日本のオフィスでは混在し，混乱しているのです。

高山：しかし，捨てることを教えてはいないですね。日本官庁用語では，「整理」と言う語は捨てることと同義のようです。私は若い時に「大事な資料だから整理しておく」と言ったら，「大事な資料だから整理するなどもってのほか」，と言われたことが忘れられません。官庁用語で整理すると言うことは捨てる，処分することと同意味のようです。ところが最近，モノを整理して廃棄する業界が伸びているようですね。いわゆる「終活」のひとつかもしれないのですが，廃棄業が盛んです。ただ，モノを評価してその結果として，廃棄，処分となって捨てるのならよいのですが，ほとんどの場合，それはできないので，適当にそこにあるものをひとまとめにして，エイヤで捨てられてしまいます。

9．アーカイブズを遺す

壺阪：終活の整理は，残される家族のためにもやっておいたほうがいいですね。

齋藤：しかし，その廃棄・処分される中にも，アーカイブズになり得るものが存在するわけです。古い襖の下張りから古文書が発見される，というようなこともあるのですから。

野村：来年，「明治150年[46]」といわれていて，各家庭に眠っているお宝も掘り出されなければなりませんね。

高山：でも本や冊子になっていると，どこもなかなか引き取ってくれないのです。オリジナル資料なら貴重なものとして，求められるのですが。本や冊子になると，コピーして同じものや複製があると思われるからでしょうか。

齋藤：坂口さん，公文書管理に関する昨今の問題について，ひとつご意見をお願いします。

坂口：制度の問題もありますが，日本では，公文書管理制度の運用方法が普及していないことが問題だと思います。文書管理をめぐる最近のスキャンダルは，それなりの背景があったわけですが，公文書管理法の趣旨の定着をどのように進めるかが重要です。記録管理の問題を抱えているのは政府だけではありませんので，国民全体で取り組む必要があると

44　LEITZ（ライツ）社は，創立120年以上の長き歴史にわたり，高品質な製品を製造・販売するドイツのステーショナリーメーカーである。その評価はドイツ国内にとどまらず，ヨーロッパ中に高級ブランドとして認知されている。また，ヨーロッパでは定番となっているレバーアーチ式のファイルを発明した会社としても有名。ライツ社の製品は，現在，世界120ヶ国に輸出されている。http://stylestore.jp/search/brand/B01732．（参照2017-08-09）

45　ハッピーレインボー「和本の綴じ方」http://world-tradingcenter.com/pdf/wahon_tojikata.pdf．（参照2017-08-09）

46　「明治150年」アーカイブ関連施策に関する各府省庁連絡会議　平成29年7月28日，http://www.kantei.go.jp/jp/singi/meiji150/index.html#archive_renrakukaigi，（参照2017-08-09）

思います。

壺阪：公文書と個人文書，メモの関係はどう考えますか[47]。公文書はどういうものをいいますか。米国では，公文書の定義はどうなっていますか。

坂口：米国国立公文書館（NARA）では，メモさえもフォルダーに保存されていて閲覧できます。

壺阪：個人情報保護法に抵触しないのですか。

坂口：そういうものでも一定の期間が経過すれば，開示対象となる場合があります。

高山：公文書管理法と情報公開法は車の両輪として考えるべきです。非公開の箇所は黒塗りすればよいというのではなく，公文書管理法の中で，整合性をとるような条文が必要なのですが，日本では法律の作り方が他の関連法との関係を考えずに，バラバラに行われてしまったのですね。

野村：そうなるとこわくなって，アーキビストは開示の際に，安全の方向へ逃げてしまいますね。

高山：法律を作る過程で，「こうすると誰が得する，誰が損する」という考え，いろいろ忖度して作るから問題なのです。ポリシー（理念）が足りないか，はじめからポリシーが無いと言ってもよいのです。

齋藤：米国では，社会的利益を優先させるという視点で，個人情報保護法を扱っています。たとえば，犯罪人の刑期が終わり出所してくると，保護観察で生活を始めますが，その人の住まいのコミュニティ全体で行動を見守る体制をとります。それは，個人のプライバシーよりも地域住民の安全が重視されるという社会的利益を優先しているからです[48]。

高山：日本では，地域社会の安寧秩序を維持するための情報を警察までは知らせることになっているのですが，これは暗黙の前提で，そのことを明示的に教育されていないわけです。言い方を変えると，一般には個人情報の保護のためには，具体的に何と何は個人の情報だから公開してはならないということで教えてくれないし，議論もしない。その結果，社会が情報を共有すれば防げた犯罪が情報が共有されていないばかりに起こり，また被害者が出る。善良な個人を保護するためには，犯罪予備者になりうる個人の利益は犠牲にしてでも，善良な多数の個人の利益を守るのが民主社会の基本です。ところが今の日本では多くの人の社会的利益を守ることよりも，犯罪者または，犯罪予備者の個人的利益を優先している。犯罪者の個人情報が社会的に共有されないばかりに同じ種類の犯罪が繰り返さ

47　文書主義の原則「職員が自己の執務の便宜のために保有している写し（正本・原本は別途管理）は行政文書には当たらないが，このような個人的な執務の参考資料は必要最小限のものとすべきである。また，職員が起案の下書きをしている段階のメモも，一般的には行政文書には当たらないが，当該メモに行政機関における法律立案の基礎となった国政上の重要な事項に係る意思決定が記録されている場合などについては，行政文書として適切に保存すべきである。」行政文書の管理に関するガイドライン（平成23年4月1日内閣総理大臣決定）

48　例：カルフォルニア州メーガン法，http://www.meganslaw.ca.gov/index.aspx?lang=JAPANES，（参照2017-08-10）

れる。これは日本の民主主義の未熟さ，個人情報保護の理解の未熟さ，法解釈の誤りの結果です。いずれにせよ，現状のままでは現行の個人情報の保護等の推進は言葉狩りや情報探索の拘束等を通じて新たな課題を生み出し，これを推進しているいわゆる人権派の有識者と呼ばれる人たちなどは，口では「言論の自由」を言いながらも，実際に行っていることは"言論空間"を狭めることに専念して，自由で豊かな情報・表現を奪おうとしています。この問題は公の場で大いに議論を深めるべきでしょう。

左より，高山，齋藤，壼阪，坂口，野村

10. 電子記録の信頼性の確保

齋藤：次に電子記録の信頼性を確保する対策について，お話を聞かせてください。

坂口：電子記録の場合は，エンドユーザーだけではその保護はなし得ないのです。電子記録管理の仕組みは，IT 業界，クラウド事業者全体で標準化を図るべきで，信頼性の確保の要件を明確にしていく必要があると思います[49]。

齋藤：クラウドの事業者についてですが，外資系と国内系の信頼性の差はどうでしょうか。

野村：日本国内にサーバーがあるか否かは，意識したほうがいいと思います。以前聞いた話ですが，アメリカでも，国外にはデータを出さないことで，米国内の BOP[50]事業者を選ぶ傾向にあるようです。

　また，EU の個人情報保護は，EU 圏外に持出しはできないというようになりました[51]。日本の事業者は，孤立してしまわないかどうか懸念されます。放っておくと EU 内にデータを留めるしかないわけです。

齋藤：これに対して，経済産業省では指針を出していますか。

---

49 「電子記録の正しさを保証する技術：一方向関数・公開鍵暗号・PKI・タイムスタンプ」デジタルエビデンスの最前線，セイコーソリューションズ株式会社，http://www.seiko-sol.co.jp/digital-evidence/list/no-003/，（参照2017-09-29）

50 BPO（Business Process Outsourcing）とはアウトソーシングの一種で，自社の業務プロセスを外部企業に委託すること。出典：アイティベル「IT Koala Navi」http://it-koala.com/bpo-1300，（参照2017-09-07）

51 あらたに一般データ保護規則（GDPR: General Data Protection Regulation）が採択され，個人データのEEA 域外への移転には，2018年5月より当該個人からの同意が必要となる。出典：「EU 一般データ保護規則（GDPR）」に関わる実務ハンドブック（入門編），日本貿易振興機構ブリュッセル事務所海外調査部欧州ロシア CIS 課，2016.11，p.22，https://www.jetro.go.jp/ext_images/_Reports/01/dcfcebc8265a8943/20160084.pdf，（参照2017-08-08）

野村：改正個人情報保護法[52]が５月に施行されましたので，これから日本企業の実効性をEUに認めてもらうような動きになると思います。

齋藤：イギリスがEUを離脱したことも影響していますか。

野村：それはありますね。

　ところで，大学のアーカイブズのデータは，どのように保存していますか。

坂口：クラウドを利用する方向性はありますが，まだ試行錯誤の段階のようです。

野村：大学でもデータ蓄積が大切ですね。民間ではお金がないので大変です。

高山：予算の問題があっても，コストがかかっても，例えば入試関係のデータなどはクラウドには出さず，自分のところのサーバーで管理したほうがいいと思いますし，現実にはそうなっています。セキュリティ確保にどれだけのコストを割くかという問題になります。

壺阪：どうも日本では，専門家を使わず，自前でやろうとしますね。

野村：ベネッセやリクルートでは，かなりのビッグデータを持っていますが，それらの情報を活かして[53]，大学の就活へのアドバイス事業に利用できればいいですね。

高山：ビッグデータの活用ということですね。

壺阪：最後になりましたが，わが国では依然として記録管理や文書管理に対する社会的な認知度がきわめて低いと思われます。そこで初等教育はもちろんですが，高校，大学のカリキュラムの中に「ファイリング技法」や「記録管理」が取り込まれる必要があります。そろそろ時間ですので，ここで終了したいと思います。ありがとうございました。

[インタビュイー略歴]

坂口貴弘（さかぐち・たかひろ）

創価大学創価教育研究所講師。学習院大学大学院人文科学研究科アーカイブズ学専攻博士後期課程単位取得退学。博士（アーカイブズ学）。国文学研究資料館アーカイブズ研究系機関研究員（2007〜10年），京都大学大学文書館助教（2011〜16年）を経て，現職。日本アーカイブズ学会登録アーキビスト。

野村貴彦（のむら・よしひこ）

株式会社ボウラインマネジメント代表。中央大学大学院戦略経営研究科戦略経営専攻修了。経営修士（MBA）。政府系特殊法人，国内最大手の情報管理企業等を経て，民間企業の依頼で各種の事業立ち上げや業務改革を推進した後，2017年同社を設立し，現職。（公社）日本文書情報マネジメント協会理事。

52　「個人情報保護法の基本」個人情報保護委員会事務局，https://www.ppc.go.jp/files/pdf/28_setsumeikai_siryou.pdf，（参照2017-09-04）

53　「リクルートのビッグデータ活用基盤とデータ活用に向けた取組み」2016.2.24，https://www.slideshare.net/recruitcojp/ss-58636898，（参照2017-08-08）

第 II 部

戦前・戦後における文書管理の導入と普及の背景

第3章

科学的管理法の事務管理，文書整理：
金子利八郎・淵時智・上野陽一の著作を通して

執筆：渡邉佳子

1．はじめに

　科学的管理法やその事務管理（Office Management）については，主として経済学や経営学の分野で論じられてきており，文書管理やアーカイブズに視点を置く立場から書かれたものは少ないと思われる。しかし，この科学的管理法による事務管理や文書整理は，戦後に本格的な展開を見る文書整理の手法，ファイリング・システムやレコード・マネジメントに繋がるものであり，文書管理やアーカイブズとも関係してくるものである。井出嘉憲は，科学的管理法が文書事務にも新しい「管理」の概念と技法をもたらしたとしている。

　日本では，古代の律令制の時代から文書を手立てとして行政が行われてきた。中世，近世においてもそれは変わらず，民衆の生活の中でも文書が果たす役割は大きかった。明治維新により日本の近代化は始まるが，その過程でも文書は重要視された。

　特に，明治時代の前半の太政官制の頃は，政府の中枢機関や各省庁に記録部局が設置され，そこに文書が集められて類聚等の編纂と合わせて，保存が図られた。しかし，行政組織の拡大や行政整理の中で，文書管理の手法が変化していく。一連の行政整理の過程で記録部局が廃止され，類聚等の編纂も中止される中で，文書の滞留，堆積が問題となる。それを解消するため，文書の分類や保存年数の設定等の方策が実施されると共に，当時の歴代内閣は，声明や訓示を出して「官紀粛清」，「行政事務刷新」等の必要を強調した。

　そうした中，明治末から大正にかけて，アメリカで生まれヨーロッパにも普及した「科学的管理法」が日本にも紹介される。日本ではこの科学的管理法の考え方がどのように紹介され，どのように取り入れられて行ったのだろうか。

　科学的管理法は，工場での生産管理を合理化しようとするシステムであったが，やがて，それは事務管理の中にも取り入れられて，その中で文書整理についても科学的管理の考え方が提供されることになる。

　この章では，科学的管理法，特にその事務管理において提唱された文書整理の考え方，組織の位置づけ，その役割，手法，そして，アーカイブズ的な視点はどうであったのか等について，科学的事務管理の紹介者である，金子利八郎，淵時智，上野陽一の著作を通し

て，それがどのように説明されていたか，当時の日本の事務管理の状況がどのように捉えられていたかについて述べることにしたい。

2．科学的管理法

科学的管理法の父といわれるテイラー（Frederik Winslow Taylor）は，1903年『工場管理』を著わし，1911年に『科学的管理の原理と方法』（Principles and Methods of Scientific Management）の論文を発表した。「科学的管理は，19世紀後半，アメリカにおける産業革命の終焉とともに確立したところの現代的経営，すなわち工場制度を母体として誕生した。」とされている[1]。

科学的管理法は，テイラー・システムとも呼ばれ，仕事を客観的に分析し，作業現場における，生産や時間の管理，組織形態等の基準を設けることにより，生産性を高めようとする経営管理の分野で取り組まれた理論であった。

科学的管理法の定義は，第一は，工場レベルで製造工程に適用される技術的手法，第二は，労働者として最適—最大ではない—の生産性を上げさせるため，労働の人間的条件の科学的研究，第三は，特定の産業および国民経済全体にわたって繰り広げられる合理化運動や無駄排除運動などとされている[2]。

この科学的管理法は，第一次世界大戦の前後にヨーロッパ諸国に普及し，日本にも明治末から大正初めにかけて紹介された。1913（大正2）年には，テイラーの著作"The Principles of Scientific Management, 1911"を加島銀行取締役の星野行則が翻訳した『学理的事業管理法』が，1921（大正10）年にはテイラー・システムを「小説体に綴った」池田籐四郎の著作『無益の手数を省く秘訣』等が刊行されている。

日本において科学的管理法は，「現実的には能率増進運動として展開されていったものであった。」[3]とされている。佐々木聡・野中いずみ「日本における科学的管理法の導入と展開」[4]によると，昭和恐慌と呼ばれた日本経済の不況の時期，その生産性を挙げるための方策として，政府が打出した産業合理化政策の中で普及展開し，民間においても能率普及機関の連合組織により，活動が続けられていったとされる。各種能率研究団体が設立され，専門誌が刊行される状況の中で，「1920年代末になると政府や財界でも，科学的管理法について認識を深めるようになった。」[5]といわれている。

1　山本純一『科学的管理の体系と本質』森山書店，1959，p.1，p.94-95
2　原輝史編『科学的管理法の導入と展開—その歴史的国際比較—』昭和堂，1990，p.4（1927年に国際連盟，国際労働局によりに公表された「ヨーロッパにおける科学的管理法」の報告書による）
3　高橋衛「大正〜昭和初期における能率増進運動推進の組織」『広島経済大学経済研究論集』第11巻第2号，広島経済大学経済学会，1988，p.26
4　佐々木聡・野中いずみ「日本における科学的管理法の導入と展開」原輝史編『科学的管理法の導入と展開—その歴史的国際比較—』昭和堂，1990，p.258
5　前掲4，p.258

1930（昭和５）年６月２日，臨時産業合理局官制が公布される。同局設置の「理由書」によると，内閣に置かれた臨時産業審議会で決定した方策を「迅速ニ徹底シテ実行スル」機関とし，事務分担として「科学的管理方法ノ実施」が記されている[6]。臨時産業合理局は，常設委員会の一つとして，官・民企業における科学的管理法の担い手を含めた「生産管理委員会」を組織し，科学的管理法の普及・徹底を図ろうとする。「産業合理化政策のなかで，各業界の組織再編によって経済計画の効率的運用を図る産業統制の側面こそが，政府官僚の主たる関心の注がれるところ」であったとされる[7]。翌年，日本工業協会が設立される。

この臨時産業合理局は，1937（昭和12）年５月１日の統制局設置により廃止される。「商工省産業統制局ノ組織概要」には，「統制局ニ統制，合理，金融ノ三課ヲ置ク。」とされ，合理課の分掌として，「科学的管理方法ノ実施ニ関スル事項」が掲げられていた[8]。

一方，政府主導とは別に，民間の能率研究団体を母体に，1927（昭和２）年11月，日本能率連合会が結成され，各地域に能率協会，能率研究会等能率研究の専門機関の設立を促進した[9]。「能率増進」という言葉は，政府の行政刷新，事務刷新の施策にも取り入れられて行くことになる。そして，こうした動きは，生産管理の分野のみでなく，事務管理の一環として文書整理の分野にも取り入れられていく。

もともと工場の生産管理に適用されていた科学的管理法が，事務管理にも影響を与え始めたのは，「統制事務」の増加によるものであったとされる。日本では，能率思想の啓蒙と科学的管理法の普及の中で，能率研究の専門団体によって，生産管理にとどまらず販売管理，事務管理へと適用の対象が広がって行った。

科学的管理法が日本に紹介されたことにより，「新しい『管理』の概念が産業・経済界はもとより，行政＝官公庁に対しても，少なからぬ衝撃を及ぼし，（中略）『科学的な管理』の実現を目指す努力が，日常的な行政の場にも試みられ始めるのである。文書事務もむろんその例外ではなく，新しい『管理』の概念と技法の導入による，文書事務の改善・合理化の努力がくりひろげられる」とされている[10]。

この科学的管理法による事務管理は，米国でその影響を受けた先駆者たちにより，日本に紹介される。金子利八郎の『事務管理』[11]や『事務管理総論』[12]，淵時智の『文書整理法の理論と実際』[13]，上野陽一による『能率概論』[14]や『事務必携』[15]『能率ハンドブック』[16]等

---

6 「臨時産業合理局官制ヲ定ム」，国立公文書館所蔵『公文類聚・第54編・昭和５年・第４巻・官職３・官制３』，類01701100
7 前掲４，p.250-251
8 「商工省官制中ヲ改正ス・（統制局記置）」，国立公文書館所蔵『公文類聚・第61編・昭和12年・第13巻・官職11』，類02016100
9 前掲４，p.252
10 井出嘉憲「行政における文書管理─『生きた施設』の理念と現実─」東京大学社会科学研究所編『社会科学研究』，第35巻第５号，1984，p.78
11 金子利八郎『事務管理』厳松堂書店，1925
12 金子利八郎『事務管理総論』千倉書房，1931
13 淵時智『文書整理法の理論と実際』同文館，1932（増補改訂版，同文社，1939）

が刊行された。これらは，科学的事務管理を目指して書かれたもので，事務の能率化と大きく関わるものとして文書整理についても述べられている。

このような考えは，民間の企業のみでなく，官庁においても行政整理の一環として「事務刷新」の流れの中で取り入れられていくことになる。陸軍三等主計正であった石原通が『官庁事務能率増進法の研究』[17]を，当時の改革的な内務官僚であった横溝光暉が『第一線の行政事務刷新』[18]を著し，この中でも事務の能率化に関連して文書整理について記述している。

金子によると，19世紀末に米国に生まれた能率研究は，1910年，科学的管理法として各国に伝えられ，欧州戦後は米国における無駄排除運動より，一転してドイツで産業合理化となり，産業の経営又は政治の行政に対しての，新たに「統制事務」なるものを必要とするに至ったという。そして，「経営又ハ行政組織内ニ於ケル事務管理ハ，各分担機関ノ活動ヲ統制シ，及協力ヲ図ル経営活動ノ一部トナッタ」とする。「事務ハ経営内部ニオケル，各種活動ノ統制及協力ヲ図ル経営ノ一部ナリ。」とアメリカにおける事務管理論の代表的論者であったレッフィンウェル（W. H. Leffingwell）の言葉を引用している[19]。

科学的管理法が導入される中で，科学的事務管理論を展開した金子利八郎，科学的事務管理の視点から文書整理について本格的な検討を試みた淵時智，科学的管理法の手法を「能率学」，「能率道」という学問として提唱した上野陽一のそれぞれの著作を通じて，科学的事務管理の中で述べられる文書整理について紹介して行くことにする。

3．金子利八郎の事務管理論と文書整理

1925（大正14）年，古河鉱業会社に在職していた金子利八郎が『事務管理』を刊行した。社命で渡米し，米国鉱業会計制度の調査を行った帰国後のことであり，米国滞在中に金子は科学的管理法の影響を受けたと考えられる。その後，南満州鉄道会社と満州鉄道会社の事務管理改善に携わり，その時の事務管理調査の研究をもとに，1931（昭和6）年，先に刊行した『事務管理』に手を加えて『事務管理総論』を刊行した。この間，経営能率雑誌「マネジメント」にもいくつかの論考を寄せている。「我が国の事務管理論は1925年（大正14年）金子利八郎によって著わされた『事務管理』をもって嚆矢とする。」[20]とされている。

14　上野陽一『能率概論』同文館，1938

15　上野陽一編『事務必携』同文館，1934

16　上野陽一編『能率ハンドブック』同文館，1941

17　石原通『官庁事務能率増進法の研究』マネジメント社調査部，1927

18　横溝光暉『第一線の行政事務刷新』新光閣，1935

19　前掲12，p.20-21

20　徳重宏一郎「わが国初期の事務管理研究」『青山経営論集』第23巻第1・2合併号，青山学院大学経営学会，1988，p.250

（1）事務管理

　金子は，「事務管理」という言葉の由来を「従来邦語の事務管理なる語は，専ら民法債権編第三章に定めらるゝ所の『義務なくして他人の為めに事務を管理する』場合に用いられたもので，（中略）西洋のオフィス・マネヂメントの訳語を定むるに当り，従来の慣用語たる執務法，事務取扱法，処務法など云ふ語には不満足なりしが故，敢て民法規定の語を借用し事務管理なる語を以てオフィス・マネヂメントの訳語とした。」と述べ，このことについての世間からの苦情がないばかりか，科学的事務管理法，官庁事務管理法，事務管理能率増進法などという語が見られるようになったと述べている[21]。

　「事務管理トハ経営ノ一分科デアル管理職能ノ横断的統制ニシテ，其目的トスル所ハ，経営各部門ノ活動ヲ統制スル手段デアル。」[22]と説明する。そして，「事務管理とは事務を規割し，之を處理し，又處理の指示監督をなすことなり。（中略）事務管理法は所謂科学的管理法によりて整調せられ進歩したりと雖も所詮事務管理法は科学にあらずして一の技術たるにすぎず。」[23]と述べる。

　「事務管理は一の技術（Art）なるが，之が基礎を作る為には科学的に研究せられたる諸原則を無視することを得ず。」とし，その諸原則を，１．過去の経験を組織的に利用すること　２．勤務（筆者注：勤労か）の経済的調節　３．個人能力の開発　の三原則を掲げた。

　「１．経験の組織的利用」については，新規事業の計画にあたり，経験は其の目安標準となって改善を促す一方で慣習的惰性により新規計画の実行の妨げにもなると「経験」が有する長短を掲げ，「経験の組織利用とは，過去の実施に関する知識を比較標準として改善の方式を占め，之が練習によりて慣性を生ぜしめ之によりて新規の効果を挙げんとするにあり。」と説明した。

　「２．勤労の経済的調節」については，その主な方法として，勤労の分業，勤労の協力，勤労の節約，勤労の報酬があるという。「勤労の分業法則」は，勤労を分解して各単位勤労の効果の総和を大きくする工夫であり，「勤労協力」は，勤労分業を連絡調節して勤労所定の目的に到達する手続きで，各部分の勤労を，一体としての目的に適させる方法である。事務勤労の分業と協力との関係で，「事務管理組織を如何に定むべきかは特に必要なる問題」とし，この他に，最小限度の勤労で執務の目的の達成を期す「勤労の節約保存」の方法として執務便覧や執務手続があり，報酬については，勤労の経済的調節の重要な要件としている。

　「３．個人能力の開発」では，事務管理に於ける従事各員の能力開発の為に考慮すべき

21　金子利八郎「事務管理入門」『マネジメント』第２巻，マネジメント社，1913，p.49
22　前掲12，p.24
23　前掲11，p.7

要件として，イ．整頓せる設備と環境　ロ．各個人の有する資質技能に合致する職分の分配々置　ハ．勤労の慣性即ち勤労の規格統一（又は標準化）に依る習慣養成　ニ．協同勤労心の涵養　ホ．勤労に対する興味刺激の誘導助長　を掲げている[24]。

（2）日本の事務管理への批判

米国から帰国した金子の目には，日本の事務管理組織は，「自己ノ分担職務ニ関連スル一切ノ事務ハ，他ノ機関ヲ煩ハスコトナク，自己自ラ之ヲ管理スル仕組」の「自給自足ノ事務管理組織」，「事務ノ割拠管理組織」[25]で，科学的事務管理とは程遠いものと映った。

政府が行っている臨時産業合理局の生産管理・財務管理・販売管理の各委員会の研究審議を事務管理の「割拠的研究審議」と批判し，「事務管理ハ（中略）割拠的ニ立テコモッテ考エラルベキモノデハナク，各経営分化活動ニ対シ横断的ニ共通シテ立案審議セラルル時ニ始メテ事務管理ノ合理性ガ実現セラルベキデアル」と述べた[26]。

また，日本での事務管理の無駄排除の実施についても，米国においてフーヴァー商務長官の下で，周到な無駄排除調査に基づき国民運動として繰り広げられた無駄排除運動と比較し，日本では従業員の整理，人件費の天引きという範疇にとどまっていることについて，「俗ニ之ヲ『行政整理』ト申シテイタ。」と評した[27]。

日本の事務管理は「明治大正の時代を通じ，五十年一日の如く閑々として旧態を改めない有様である。」と述べ，この旧態を改めようとしない日本の事務管理を「全く封建の遺風である所の割拠管理というものであって」と日本における事務管理の進歩がないことをやや皮肉めいた形で述べている[28]。

「割拠管理」では，同一種類の事務が同一の機関によって管理されることなく，二個以上の機関に分割して管理され，結果として各分課機関は自ら種々の事務を管理することになる。これにより，必然的に発生する管理上の弱点や弊害として，①事務の重複　②指図の不徹底　③所謂属僚管理による事務の渋滞　④各分課が同一種類の事務を管理することによる，各分課間の摩擦，摩擦を防ぐための会議や打合せや議論をするため，事務を休まねばならぬことになる　⑤この結果，事務原価が高くなり，執務が不完全になり且渋滞するという状況が生じ，事務の割拠管理においては，事務原価は高くなり，執務が不完全になり且渋滞するとその弊害を説明している[29]。

日本の事務管理における最大の弱点の一つは，「主管者は其部下に対して，各部下の担当する事務の執行に関する完全なる指図をなし得ないことである。」と指摘し，部長一課

24　前掲11，p.8-12

25　前掲12，p.61

26　前掲12，p.27

27　前掲12，p.361-367

28　金子利八郎「事務管理組織の話」『マネジメント』第2巻，マネジメント社，1913，p.147-148

29　前掲28，p.148

長―係長―係員のピラミット型（軍隊式）事務管理組織では，他の所管に属せしむべき事務も自己所管の事項に関連する故をもって，各種の事務を自己主管の下に置こうとする。しかし，主管者がすべての所管事務に亘って完全な指示をすることが出来ず，その部下である下級官吏に事務の執行を任せてしまう「属僚管理」の現象が生じ，組織の事務は渋滞し，事務の原価は高くなるとした[30]。

一方，事務を分課させて，同一種類，同一性質の事務を各分課を通じて共通の機関により管理させる仕組みの「分化合成事務管理組織」では，同一種類の事務ならば，同一の分課に集中されるので，当該分課主管は，これら集中された同一事務を管理することに全力を挙げ，部下の担当事務の執行に対し，完全な指示をなすことができるとしている[31]。

そして，この「分化合成事務管理組織」で統一管理すべき事務として，記録，記帳，文書保管，タイプライティング，速記，文書集配達等を挙げている[32]。

金子は，事務の体系をデシマル（十進法）により展開し，その中に「サーヴィス管理」を位置付け，本来事務に付帯するサーヴィス事務の不完全は，本来事務とサーヴィス事務を同時に執行しようとするため，いずれにも専心できなくなることの結果，事務管理が自ずから発展することができなかったとした。そのサービス管理の一つとして，文書サービスが分類されている[33]。

（3）文書保管事務

金子の著作『事務管理』では，最終章の第8章用度事務の中で「文書保管事務」が取り上げられ，「文書廃棄」「文書保管組織の準備」「文書保管手続」について記述されている[34]。まず，用度事務を，「他の諸文化活動に対し共通に奉仕するの職分を有し，之が奉仕活動の如何は直接に他の諸分課活動に影響すべきものなり。」と位置づけ，この「社内共通奉仕機関」は，従来のような社内の「隠居機関」ではないと述べる[35]。

1．「文書破棄」[36]では，「文書保管（File）の要旨は要するに火難水難盗難に因る滅失竝に時の経過に基く毀損に備ふるにあれど，主たる目的は将来引照を要する場合に於て随時容易且つ迅速に当該文書を引出し得るにある事言ふ迄もなし。」と，文書保管の主たる目的を「引照を要する場合」すなわち，照合する場合の利便性に視点がおかれている。「文書破棄」については，「悪貨は良貨を駆逐する」としたグレシャムの法則を引用し，「必要文書の完全なる保管制度を定めむ為には先づ以て不要文書の破棄組織を定むるを要す。」

30　前掲28，p.149-150
31　前掲28，p.150
32　前掲28，p.149
33　前掲12，p.27-43
34　前掲11，p.575-601
35　前掲11，p.466-467
36　前掲11，p.576-577

第3章 科学的管理法の事務管理,文書整理：金子利八郎・淵時智・上野陽一の著作を通して | 65

とし,「破棄は保管の第一歩なり」という保管標語を掲げた。

文書破棄の準備として「保管文書の破棄の時期換言せば保存期間を定むる事なりき。」とし,米国の内国通産局令に規定された記録文書の保存期間の一例を挙げて「保存期間を定むる事懇切詳細を極む。」と述べ,日本の商法に規定された記録文書の保存期間を例に挙げ,その規定が極めて概括的であることを指摘しているが,米国の保存期間の例が,なぜ詳細をきわめているかの理由は書かれていない。

2.「文書保管組織の準備」[37]では,その職分として,①保管文書の分類 ②保管設備 ③保管手続 ④不要文書の破棄 を挙げている。

①「保管文書の分類」では,「文書保管の仕組みは専ら保管文書の分類に基づきて定めらるべきなり。」として,文書の内容や主題別の分類と当事者別の分類の二区分に大別し,さらに細分法として,連鎖番号順（Numeric）,十進法（Decimal）,アイウエオ順（Alphabetic）,アイウエオ番号順（Alphabetie Numeric）の例を挙げ,その分類法を説明し,文書保管コード表が掲げられている。

②「文書保管設備」では,文書保管の方法として,直列保管（Vertical File）と並列保管（Horizontal File）があり,直列保管では,綴込保管（String File）,箱内保管（File,box）,パンチ綴込（Punch File）,紙挟保管（Folder File）,平列保管には,抽斗保管（File,drawer）,袋装保管（Envelope File）に細分し,それぞれの保管方法が説明されている。このうち,綴込保管については,「我国事務管理に於て最も広く行れたものにして,保管の分類に従ひ各綴紐を以て格別に綴込み保管せらるるものを云言ふ。」,近頃はパンチ綴込によって代行されつつあるが,「官庁事務管理に於て尚ほ大に勢力を有する文書保管方法なり。文書保管方法としては最も能率低劣にして科学的事務管理に於ては最早歴史的の参考としてのみ取扱はるべき者なり。」と官庁事務の文書保管方法が,科学的事務管理から見て最も遅れていると指摘する。

3.「文書保管手続」[38]では,まず,「文書保管事務の能率を高むる為には,（中略）組織的事務機関をして文書保管を集中的に統一管理せしむる事を要す。」とし,そのためには,「文書保管事務を集中し,（中略）共同の文書保管機関を設置することを要す。」と述べ,共同の文書保管機関の設置の準備として,文書の分類項目,文書保管コードを定め,採用すべき保管方法を定め,文書保管に関する執務手続を定める事としている。保管の手続きとしては,文書保管コードとファイルに掲載のコードの照合等が記載されている。また,保管文書の貸出しについても記されている。

最後に「旧文書移管並に破棄」[39]の項目があり,「過年度に属する文書又は完了事項に係る文書にして当座閲覧を要せざる文書は必要に応じ現行保管より移して他の保管設備に依

---

37 前掲11,p.582-598
38 前掲11,p.598-600
39 前掲11,p.601

66 | 第Ⅱ部　戦前・戦後における文書管理の導入と普及の背景

りて保管すべき事」「当該文書の保存生命尽きたる場合に於いては別に定むる破棄手続によりて処分すべき事」と記載されている。

　アーカイブズ制度が存在しない中で，先に述べたように「破棄は保管の第一歩なり」という考え方は，文書の短略的な廃棄に繋がる可能性が含まれていたといえる。不要な文書を破棄すること自体は，自然な流れであるが，その手順は逆であるといえる。ここには，何を必要とするかのポリシーが見えてこない。必要な文書を確保した上で，不要な文書を破棄するという流れが確保されるべきであった。

　アーカイブズの視点から言えば，情報資源，文化資源として何を保存するかは重要であるが，効率的な経営の範疇で，文書に見いだされる価値は，「引照を要するもの」という域を出なかったといえる。

4．淵時智の文書整理

　淵時智は，元外交官であった。外務省在職中に米国国務省へ出張を命ぜられ，帰国後，外務省の文書整理法に関わっていく。この経過については，坂口貴弘『アーカイブズと文書管理―米国型記録管理システムの形成と日本―』に詳しく述べられている[40]。

　淵は，外務省退職後の1932(昭和7)年に「文書整理法の理論と実際」の初版を，1939(昭和14)年に増補改訂版を刊行している。初版本刊行時は，産業管理大学講師，日本能率連合会常務理事，東京能率協会常任理事，テイラー協会員の肩書を有し，増補改訂版刊行時には，アメリカ経営学会会員でもあった。

　1959(昭和34)年に『文書管理』を著した太田文平は，この本を「文書事務と正面に取組んだ文献である」とし，「たとえそれが外国の制度と文献の直輸入であり，また文書の分類と保管という，狭義の文書整理を主として対象としたという条件にもかかわらず，その影響力においてなお貴重な文献といわなければならない。」と評価し，「日本においてはこの方面における古典的価値を有するものである。」と位置づけている[41]。また，井出嘉憲は，「はじめて文書整理を主題にとりあげ本格的な検討を試みた文献として，いまなお古典的意義を有している。」と評価している[42]。

（1）科学的事務管理と文書整理

　「記録の保存は歴史の書かれたときより始まる。」の見出しでスタートする『文書整理法の理論と実際』では，まず，文書の整理方法の歴史的展開の概略を述べた上で，「如何なる事業たるを問わず，記録が科学的に組み合はされゝば記録夫れ自体一つの価値ある解説

40　坂口貴弘『アーカイブズと文書管理　米国型記録管理システムの形成と日本』勉誠出版，2016，p.262-276
41　太田文平『文書管理』(第4版)，日刊工業新聞社，1962，p.7
42　前掲10，p.79-80

書を成すものである。（中略）合理的に整頓された記録こそは科学の脊柱となり，又管理統制の自動的記憶となるものである。」と科学的に整理された記録の有効性を述べている。そして，これは，「科学的に組み合はされた索引と目録により成し得る」と言われているとする[43]。文書の整理法は類集の科学であって分割の科学ではなく，それは，合理的方法を以て，仕事，観念或は個人に関し知ろうとするすべての報告，記事其の他の記録を集合するのであるという[44]。

「我国公私の行政が科学的管理の立場より見て，非常に後れて居り，殊に官庁事務において然り」で，産業の発達に伴い書記的事務が増加する中で，「文書記録が，果たして合理的に整理，保存，利用せられつゝあるや否やと云うことは，直接事務管理上の問題たるに止まらず，同時に国民能率の問題として，極めて重大性を有するものと謂わなければならない。」と文書の整理如何が，国全体の能率に関わってくるものであると指摘する[45]。

（2）文書整理部の任務と組織

文書を整理する組織を「文書整理部」とし，その任務は，奉仕機関・一般情報機関・旧記録の新価値・誤謬防止役・備忘追求役（Tickler File Service）であり，その事業は，記録の保存，保存記録の要求に対し適格に提供することであり，その為にあらゆる材料を分類整理することであるとしている。「文書整理部は，不生産的消費の場所にすぎないように考えられるが，之に適切なる統制管理を加へ，活動力を与えるならば，他の何れの部局も企て及ばざる有効なる奉仕を提供し得るのである。」とし，このことは会社の信用を高めるものでもあると述べている[46]。

また，「旧記録の新価値」[47]，「旧文書の廃棄」[48]についても述べられている。「旧記録の新価値」では，アンドリュウー・カーネギーのエピソード[49]を紹介し，「旧記録を再査し，其の重要なる部分の目録を作ることは，将来の為め当然為すべきことであろう」，「索引が実に重要なる役目を為すと云ふことを，深く考えねばならぬ。」と述べているが，旧記録の価値そのものについては語られていない。

「旧文書の廃棄」については，廃棄に際し，考えるべき点を次のように二つ挙げている。

1．廃棄せんとする記録が，普通の場合に於て再び之を必要とするや否や，事業及び

43　前掲13，p.21
44　前掲13，p.103
45　前掲13，序 p.3
46　前掲13，p.24-26
47　前掲13，p.27-28
48　前掲13，p.151-153
49　アンドリュウー・カーネギーが，事業上の情報を得る為，社員を欧州に派遣，6か月の調査でもその情報を探し出せず，結局その情報は，旧記録の中にあった。カーネギーはこれを教訓に，事業について広い知識を持つことは，ファイルを調べることにより可能であり，その場が自らの施設として必要であるとした。（淵時智『文書整理法の理論と実際』p.27）

事務の性質と，過去の事件に徴して之を決定しなければならぬ。

2．廃棄せんとする記録が，或る予測すべからざる異例の事情，又は出来事に依り，再び必要とする傾向ありや否や，法律に依り売掛代金請求の時効がある。従って出訴期限は其の時効によって制限せらるるのである。この類のことを考慮に置かなければならぬ。

文書の保存・廃棄については，「如何なるものを保存し，如何なるものを廃棄すべきか，極めて重要な問題である」と述べ，保存・廃棄の選別の重要性を意識していることが伺えるが，その方法としては，概括的な文書の保存期間を3区分に設定することに尽きている。

その3区分を要約すると次のようになる。

1．会社の主義方針並に事業及び事務実施の標準規程の類→永久に保存すべきもの

2．摘要及び報告の性質を有する記録→半永久のもの

3．特殊事項の記録及び常務記録→一時的のもの

保存期の区分を，Ｐを永久（Permanent），Ｓを半永久（Semi-permanent），Ｒを常務（Routine）と示す記号を用い，保存期のクラスを区分することにより，置換区分や廃棄処分を容易になし得ると説明した[50]。

1939（昭和14）年刊の増補改訂版では，「商工文書分類雛形及取扱例」として，「事務管理の基礎としての文書整理」の項目が追加され，その中の「文書取扱心得大要」で，文書の定義と集中整理の原則が規定されている[51]。

文書を「業務上往復する文書，電信，記録した電話，其の他各種の記録，報告，青摺等一切を包括するもの。」と定義し，集中管理の原則については，「類似の事務，同一性質の仕事は出来得るだけ之を集め，之に依り大量的処理の利益，熟練，経験の利用を至便ならしめ同時に処理上の速度を加へ得るものである，文書整理も全然之と軌を一にするものであって各部，各課，各係が個々勝手な整理をなすよりは之を一ヶ所に纏め専門的に取扱うことに依り事務処理上の統一，迅速，誤謬の防止，備忘追求，整理方法の確保，資料の利用等凡ゆる利益を享け得るのである」と説明した。集中整理をしない場合は，「割拠の風を助長し，共同の精神を喪失せしめ，必要とする記録文書の共用を妨げ為に業務執行上の円滑を阻害するに至るものである。」と述べている。

淵は，文書整理を重要な事務管理の一つと位置づけ，日々作成される文書にその視点を置いているが，"Archives"という文言にも出合っている。巻末には，「官庁文書分類雛形及取扱例」として，国際連盟事務局，米国の国務省・陸軍省・商務省，英国の外務省，仏蘭西の外務省，日本の地方庁等の文書整理に係わる諸状況について説明している[52]。こ

50　前掲13，p.151-153

51　淵時智『文書整理法の理論と実際』増補改訂版，同文館，1939，p.206

52　前掲51，p.237-311

こには，Archives の文言も散見する。

　国際連盟事務局文書の事例では，連盟事務局の文書を統轄する組織を「記録局」と紹介している。国際連盟事務局では，文書の関連規程が仏文と英文で記載されていると書かれていることから，フランスやイギリスの文書管理の制度が取り入れられていたとも考えられる。国際連盟事務局の事例は組織統制において，事務管理上学ぶべきことが多かったと記している。

　米国国務省については，Bureau of Indexes and Archives を「索引文書局」と訳している。

　淵が米国に滞在していたのは，1924（大正13）年10月から翌年３月末までの間であり，アメリカでは，1913（大正２）年に連邦議会が国立公文書館の建設を決定しているが，国立公文書館の設立は，1934年であれば，米国の文書管理の中に「アーカイブズ」は，制度としては確立していなかったといえる。「索引文書局」は「索引と文書を扱う局で，索引に力を入れて居ることが判ると思ふ。」[53] と書いている。Archives の言葉は，「文書」と訳されている。

　英国外務省の文書整理事務は，「記録局」で集中的に行われており，十数年前に専門の局として創設されたとしている。ここでは，レジストリーを記録局と訳し，記録局の一係である，Archives Branch を「分類収蔵係」と訳している。

　仏蘭西外務省の場合は，集中整理の方式はとらず，各局課に文書専門官を配置して整理をしている。尤も，文書局（Service des Archives）があり，「之は全く事件の終了した記録を保管する所で，謂はば外務省古文書館で，主管局課より引渡された記録の目録解題を作成し，歴史的役割を持つのである。」[54] と紹介している。各局課には，専門文書官として，文書官（Secretaire-Archiviste）が６名，分類官補（Attache-Classer）が５名，文書属（Archiviste）が７名，そして，文書古文学官２名の配置が記されている。また，国立官文書館について，「仏蘭西に於ては各官庁の文書で一定の年限を経過し，其庁に置く必要なきに至れば国立官文書館に寄託するを一般の仕組とするも，外務省は未だ寄託したることなき由である。」[55] と記し，英国にも同一の仕組みを持つ国立官文書館があると記しているが，この「国立官文書館」については，あまり関心を寄せていない様子が伺える。文書整理の理論からすれば，仏蘭西も分類整理が不徹底で，日本と同様旧式であると述べている。

（3）日本の官庁事務

　淵も，当時の日本の官庁の事務管理について，金子と同様に厳しく批判している。歴代

53　前掲51，p.269
54　前掲51，p.288
55　前掲51，p.289

内閣が精力の大半を費やした行政整理が,「何時も根本的治療が行はれず,結局人減しや物件費何割減と言ふ様な龍頭蛇尾に終り整理の真髄に徹し得ない」,また,行政上の組織の存廃についても相当の議論がなされて廃止されても「数年の後種々なる形に於て復活するのが是れまでの例である。」と指摘したうえで,根本的整理法を考える必要があるとしている[56]。「行政整理がいつも消極的の整理に止まるのは遺憾である。時勢の進運に伴ふた根本的の行政組織の改革を断行すべきである」[57]と述べる。

各省官制通則に規定する各省の次官と各局長の職務が,事務の執行に忙殺されて,省務の整理や監督に手を延ばすことも無いという状況を米国国務省の事例を挙げて比較し,米国国務省では,国務卿の下に次官が置かれ,次官の下に置かれた4人の補佐次官(アシスタントセクレタリー)と書記長(チーフクラーク)が置かれるが,その中に政治や政策には関係せず,国務省の事務管理を専門に行う補佐次官や書記長がおり,国務省内各局の秩序は整然としていると述べている[58]。

「従来我国官庁に於ける大なる欠点は,組織とシステムを欠く事」であり,「システムの樹って居らぬマネージメント」であると指摘する。元来,事務執行の才能と事務管理即ちマネジメントの才能とは,全然別のもので,「今日一省千人或は二千人に達する多数の人を管理し,之を能動的に活動せしむると云ふ事夫れ自身一つの重大なる仕事である。」と説明し,事務の執行と事務の管理の区分が,不明瞭であることを指摘している[59]。

また,米国官庁では,その庁の事務の運営を有機的に統制する職能があると紹介し,これに比して日本の事情は,「職能がいくつもの課に分かれ,各個に独立して,横に連絡強調する,法制上の体系となり居らず,仮へ気が就きても,見て見ぬ振りをしなければならぬ仕組みとなって居るのである。即ち庁中諸則を統制管理する職司を欠くのである。行政機構の改革も,この辺のことを根本的に検討する必要があろう。」と厳しく指摘している[60]。

日本の官庁における事務が捗らない原因として,組織体系の不良,統制連絡の不備,責任分界の不明瞭,過重負担,不必要なる形式手続等を挙げると共に,文書整理方法の不備が事務の渋滞を招いている場合が相当あると指摘し,「事務の経済的能率的効果を企画するに於いては,先以て文書の科学的整頓より着手しなければなるまい。」と述べ,欧米ではこうした問題は幾十年か前に解消され,「文書整理は悉く専門家に依り取扱はるに至ったのである。」と,すでに欧米では事務管理の専門家が存在していることを紹介している[61]。

---

56 前掲13,序 p.1-2
57 淵時智「マネージメントより見たる官庁事務」『マネジメント』第2巻,マネジメント社,1925,p.766
58 前掲57
59 前掲57,p.766-768
60 前掲51,1939,増補版に就て p.2
61 前掲13,序 p.4

第3章　科学的管理法の事務管理，文書整理：金子利八郎・淵時智・上野陽一の著作を通して　｜　71

　1939年に刊行された増補改訂版では，文書整理の理論におけるその後の研究について，欧米では文書整理の理論方法が，図書館事業の同一原理同一方法の応用により，大きな影響を受け，また，事務用機器製造会社の貢献により発達したことが記されている[62]。坂口貴弘『アーカイブズと文書管理　米国型記録管理システムの形成と日本』によると，米国では，事務家具メーカーの，新式用品や容器を用いてのファイリング法の宣伝により，ファイリング法をマスターした専門的人材が不可欠になったとし，「ファイリング法の導入とは単なる新型用品・容器の購入ではなく，新たな情報検索の技法を採用することであったといえる。従来は事務所の中で雑用を命じられる少年が片手間に行っていた文書の整理・保管は，図書館界の方法論を応用することで，複雑かつ重要な専門的業務へと変容を遂げたのである。」という状況が述べられている[63]。

　淵時智が，『文書整理法の理論と実際』を刊行した年の1932（昭和7）年には，維新史料編纂官であった藤井甚太郎が日本図書館協会の大会で，「読書生として見たる欧米の公文書館および図書館」を講演している。藤井の欧米への渡航は，史学研究が目的であったが，内々，日欧外交文書の調査も含まれていたということで，図書館のみではなく，文書館や公文書館へも訪れたということであった[64]。藤井は，この講演の中で欧米の図書館や公文書館を紹介し，日本にも記録館，記録官設置の必要を説いているが，残念ながら，両者が連携するという状況は生じなかった。

5．上野陽一の能率道

　科学的管理法の創始者テイラーを信奉し，その「科学的管理法」を「能率」という言葉に置換え，日本への導入と普及に貢献した上野陽一は，1913年，機関誌「心理研究」に「能率増加法の話」を掲載した。「之は心理学者たる私が工場能率の研究結果を集めたもので日本における能率研究の始めである。」と記している[65]。

　この後，小林商店（現ライオン株式会社）で能率増進を実践し，中山太陽堂（現株式会社クラブコスメチックス），福助足袋（現福助株式会社）にも出向くことになるが，後に，この「ライオン歯磨きでの成功が一生を支配したのである。」と語っている[66]。科学的管理法を用いた企業経営のコンサルテーションを行い，その手法を「能率学」，「能率道」という学問とし，その普及に貢献したとされている。

62　前掲51，増補版に就て p.1
63　前掲40，p.81
64　藤井甚太郎「読書生として見たる欧米の公文書館及び図書館（講演速記録）」『図書館雑誌』第26年第7号，日本図書館協会，1932，p.155
65　上野陽一「能率研究の回顧と今後の問題―講演要旨―」大阪能率協会編『産業能率』第1巻5号，大阪能率協会，1949，p.130（筆者注：文中ではタイトルが「能率増進の話」となっている）
66　前掲65，p.130

72 | 第Ⅱ部 戦前・戦後における文書管理の導入と普及の背景

　上野陽一には多くの著作や編集の書物があるが，ここでは，「能率論を単なる方法や技術の程度から能率道の水準にまで引き上げようと試みました。」[67]と著者自身が述べている『能率概論』，日本産業能率研究所長として編纂した『事務必携』，『能率ハンドブック』に掲げられた論考を中心に，そこに記された「文書整理」について見て行くことにする。

（1）能率研究と科学的管理法

　1934（昭9）年に編集刊行した『事務必携』の「能率の根本原則と科学的管理法について」の中で，能率研究と科学的管理法を次のように説明している。「目的とその目的を達するための手段とが，ピタリと一致した点が能率」であり，「ある結果を得るために，即ち目的に対して最も適当な手段を見出して，これを標準と定め，これを維持してゆく方法を講じるのが，合理化である。」とした[68]。物事を合理化するために必要な手段は，第一に目的に対する手段の分析，第二に科学的に分析研究された目的と手段をつき合わせて，最も適切な手段を発見して標準を定めること，第三にその設けられた最良の手段をいかに維持して行くか，標準を維持する方法を研究すること，「この三段の仕事をなしとげるために，あらゆる科学の力と，あらゆる事実の経験とを基とした一つの学理が必要である。この学問が能率研究であり，科学的管理法である」という[69]。

　「人間生活ノ　アラユル　部面ヲ　能率ノ　原則1本デ　説明シヨート試ミタ。即チ能率論ヲ　人間生活論ニ　マデ　ヒロゲヨートシタ。」[70]と述べているように，その対象とする範囲は，工場管理や事務管理に留まらず，人間の生活全体に及ぶ広範なものであるが，文書の整理は，科学的管理法における事務管理の中で取り上げられている。

（2）科学的事務管理の中の文書整理

　『能率概論』では，第7編「事務所ノ管理」の中に，Ⅵ「文書ノ整理」の項目を掲げている。「文書ノ　整理ワ　極メテ　重要ナル　事務ノ　ヒトツ　デ　アッテ　専門的ノ知識ヲ　有スル　モノ　ニシテ　始メテ　ナシ　ウル　コト　デ　アル。」[71]と文書整理の重要性とそれを行う専門的知識を有する人材の必要を述べる。そして，「元来　文書ワ会社ノ　文書デ　アッテ　ヒトツ　ノ　係　マタワ　個人ガ　私蔵スベキ　性質ノ　モノデワナイ。コノ点カラ　イッテモ　スベテ　ノ　文書ワ　1ケ所ニ　オイテ　整理保管シテ　会社全体ノ　利用ニ供スベキ　モノ　デアル。」[72]と文書の利用の視点から，集中管理

67　「オチボ」1938，11月号（産業能率大学電子ブック「上野陽一伝―日本産業能率史―」から。http://www.sanno.ac.jp/founder/biography/_SWF_Window.html，（参照2018-05-01））
68　前掲15，p.284-285
69　前掲15，p.286-287
70　前掲14，序 p.1
71　前掲14，p.119
72　前掲14，p.120

第3章　科学的管理法の事務管理，文書整理：金子利八郎・淵時智・上野陽一の著作を通して　|　73

の必要をも述べている。会社で作成された文書は，整理して会社全体で利用されるべきもので，一組織や個人が私蔵すべきものではないという考え方が示されている。

　そして，文書の具体的な整理方法として，①分類，②記号，③索引を挙げている。分類については，「沢山ノ　文書ヲ　整理スル　ニワ　第1着手トシテ　ソレヲ　イカニ　区ワケ　スルカヲ　キメナケレバ　ナラヌ。論理学ニ　オイテ　分類トワ　アル　概念ヲ　アル　原理ニ　モトズイテ　幾ツカニ　ワケル　コト　デ　アル。」とし，例えば，人を性という原理に基づいて男と女に分けることはできるが，男と看護婦とに分けることはできない，なぜなら，分類の原理が一つになっていないからと説明する。記号については，順番式記号法，組わけ式記号法，デューイの十進式記号法を説明している。そして，索引については，「文書整理係ガ　他ノ　部課ニ　対シテ　サービスノ　役ヲ　ナスモノ　デアル以上ワ　イカナル　要求ヲ　受ケテモ　コレニ　応ズル　ダケ　ノ　用意ガ　ナケレバ　ナラヌ。」とし，索引はこの要求に応じる用意であると説明した[73]。文書は，1か所において整理保管し，会社全体で利用されるべきものであり，文書整理係はそのためのサービスを行う組織という位置づけが明確に示されている。

　また，1941(昭和16)年に刊行された『能率ハンドブック』では，事務編の「事務管理概説」で，事務管理の意味が述べられている。事務とは，第一線の活動の間に連絡を与え秩序を保つための機能であり，様々な活動を営むための手段であると定義する。そして，そうした事務を経済上の原則に則り，その指示する所に従って処理することが事務管理であると位置づける。その上で，事務の調査研究を行い，その結果を基に時，所，組織，人，方法手段，統制に関する標準を設け，その標準に照らして，事務の実際を統制して一致させることにより，初期目的に達するようにすることとしている。このことは，工場管理等と同格であるという。従来，事務は非生産的活動と考えられて居たが，計画統制の仕事の大部分を占めるものであり，生産的であると述べている[74]。

　また，「文書整理」[75]の項目では，製造会社を仮定し，まず，文書の種類について，往復書類・注文書・会計の記録・生産状況の記録・法律関係書類の他，各種報告書・設計図・青写真・統計図表・参考論文・切り抜き・カタログ・パンフレット・図書等がすべて文書に属するとし，これらの文書を，「予メ　定メテ　オイタ　一定ノ　法則ニ　シタガッテ　全部ノ　文書ヲ　分類整理シ　手引キ　ニナル　記号ヲ　ツケテ　保管シテオキ　一朝有事ノ際ワ　迅速　正確ニ　要求サレタ　モノヲ　トリダス　コトガ　デキル　ヨーニ　シテ　オクコト，コレガ　即チ　文書整理ノ眼目デ　アル。」と述べる[76]。

　このほか，整理方法や整理方式，文書の貸出，文書ノオキカエト破棄，特別文書の整

73　前掲14，p.120-122
74　前掲16，p.1097-1099
75　前掲16，p.1229-1254
76　前掲16，p.1229

理，チクラ制度，カード制度，文書整理を行う組織，文書整理容器等についてそれぞれ説明がなされている。「文書ノオキカエト破棄」では，その必要な理由として(1)スペースの節約，(2)容器の節約，(3)労力の節約の３点を挙げている。

「文書の保存期」としては，次のように説明されている[77]。１．文書の保存期は永久，半永久，当座の三種とする。　２．各担当者は，その取扱ふ文書の性質及び事業上の見地からしてその保存期を考え，永久保存のものは「永久保存」，半永久のものは「半永久保存」，当座のものは「当座保存」のスタンプを文書の右肩上部余白の端に押す。　３．文書係は保存期の指定通り廃棄の処分をする。

また，第７編の末尾に記載されている「文書整理に多く使はれる専門語とその解釈と定義」では，次のように記されている[78]。

　　　　　永久保存文書—パーマネントともいふ。会社の続く限り，官庁では歴史にも残すべき
　　　　　　　　　　重要文書や，五年十年の長い保存期を定められたものをいふ。
　　　　　当座使用文書—カーレントファイル。現に活動しつつある文書で，内容を問はず日々
　　　　　　　　　　の事務に常に活用される。この中には永久保存となるものもあり，数
　　　　　　　　　　か月の短き生命のものもある。

また，文書の要求に速やかに対応できるよう，「専門ノ文書整理課ヲ　オイテ　文書ワ　スベテ　ココニ集中保管スル　コトニ　スレバ（中略）文書ノ　所在　ソノ経路ワ　ミンナ　明カニ　ナッテ　イテ　入用ナ人ワ　誰デモ　スグ見ル　コトガ　デキル」と，専門の組織として文書整理課を置き，そこで集中管理する必要を述べた。

文書整理課の任務の概略は，（１）書類の収集　（２）書類の整理分類保管　（３）要求された文書を取り出す　（４）使用済みの文書を回収して元のファイルに戻す　（５）不用書類を抜出し処理することなど　であるとし，文書整理課は不生産的な場所を想像するが，運用如何によっては，立派に生産活動に積極的に参与することができるのであると述べている。

文書整理課の地位は，まず，サービス機関であり，索引，目録等を作って情報提供を果たす情報機関であり，旧記録を再調査しその索引を作り必要の場合の用意する，「旧記録の新価値を作る」機関であり，各部門から送られてくる書類をチェックすることによる「誤りを訂正する機関」「追及機関」であると位置づけている。「旧記録の新価値を作る」では，淵と同様に，アンドリュー・カーネギー挿話を事例に，古い記録を保存する事の重要性は説明しているが，アーカイブズについては書かれていない[79]。

19世紀後半からの機械文明の発達により通信や交通機関が利用されることにより，交渉が文書で行われることになり，文書の重要さが急に増したとし，「事務の仕事ノ中ニ　文書ノ整理ヲ　専門ニ扱ウ部門ガ　独立スルニ　イタッタ　ノワ　自然デアル。」という。

77　前掲15，p.219
78　前掲15，p.220-221
79　前掲16，p.1247-1249

第3章　科学的管理法の事務管理，文書整理：金子利八郎・淵時智・上野陽一の著作を通して　|　75

文書整理のもっとも発達しているアメリカでは，相当の企業が殆ど独立した文書整理部を持ち，経験ある監督者の下に専門の係を置いて秩序正しく仕事を進めていると紹介している[80]。

（3）役所と科学的管理法

　科学的管理法は，先に述べたように，政府の産業合理化政策の中で，その推進を所管する組織も定めて取り組まれたが，結果として実効性のあるものとはならなかった。特に，事務管理においては，金子や淵が指摘したように科学的管理法の基本となる組織体制において，未成熟であった。

　上野は，「役所の能率」の中で「役所ニ　新管理法（筆者注：科学的管理法）ヲ　実施スルコト　ノ　困難ナル理由」と「役所ニ　科学的管理法ヲ　実施スル　方策」の項目を設け，「役所ノ能率」について，次のように述べている。

　「困難ナル理由」には，①量よりも質主義は，能率の観念と相容れない。②人事が政治勢力により左右される。③前任者のやり方を改めて，新たな自分の計画による仕事を始める傾向がある。④諸種の法規が改革の妨害になることが少なくない。⑤上役の転任が多い。⑥功績に報いる途がわりに開けていない。の6点を挙げている。

　「実施する方策」では，役所というところは，法律その他の規定で決められていることに対しては，きわめて従順に遵奉する習慣を持っているので，「管理法ノ　立案ト　実施ヲ　職分トスル　強力ナル　機関ヲ　作レバ　ワリニ　実行ガ　簡単ニ　デキル　ノデワ　ナイカト　思ワレル」と述べ，標準局の設置等6項目にわたる方策を掲げている[81]。

　①「標準局の設置」では，政府の施政方針や政策などに関係なく永久に存置すべきものとして，一国の計画部である企画庁に標準課を設け，官公吏の執務及び作業の方法を制定すること，②「役所全部に共通なことの改善」では，役所の仕事が細かいところまで規定によって左右されている状況を，法制局の用事例や陸軍の典範用事例の文字の使い方等の事例を取り上げ，役所内には細かい規定に基づいて仕事をする習慣が十分についているので，権威ある標準さえできれば，それに従って仕事をさせることは難しいことではない，③「政府の力による改善の効果」では，政府が小さなことでも無駄を省く改善を行ってそれを法規に示せば，影響する所は計り知れないとし，事例として「其」「此」「於」等の漢字を廃止することにより事務の能率が高まる，④「作業事務[82]の準評化」では，作業研究を行い標準を規定し，標準に基づく過程を決めて実行することにより，こなせる仕事の量は3倍になるといえる。これを民間の事業で行えば一企業に止まるが，国が行えば国民一

80　前掲16，p.1230-1231
81　前掲14，p.150-155
82　上野は，事務を①高級判定事務，②一般作業事務，③雑作業事務の3等級に分類した。作業事務には，計算統計や文書整理等の仕事が掲げられている。（上野陽一『能率概論』，p.102-103）

般の能率を高めることができる．逆に，役所が公文例や用事例において我々の生活に関係のない文字上の区別をやかましくいうことは，甚だしく国民生活の能率を低下させることになる，等が説明されている。このほか，⑤「製造工場の管理」，⑥政府の民間工場指導が掲げられている。

　標準局の設置でも述べられているように，上野が考えていた「管理法の立案と実施を所管する強力な機関」は，企画庁に標準課を設け，全国70万人の官公吏等の執務や作業方法を制定することであったが，国家総動員体制が布かれようとしていたこの時期，政府に，この考え方の受け入れられる余地はなかったものと考えられる。標準局の設置は，後に述べるように，戦後に設置された臨時人事委員会で実施されることになる。

6．おわりに

　科学的事務管理の先駆者である金子利八郎，淵時智，上野陽一の考え方を見て来たが，この三者が事務管理や文書整理に関して共通に述べたことは，事務を横断的に統制する機関とその下での文書の集中管理，そしてそれを実現するための専門家の必要性であった。そして，日本の行政機関における事務の「割拠性」を批判した。

　金子は，それぞれの組織が割拠する自己完結型の事務管理を批判した。そして，同一種類の事務は，共通の機関により管理される仕組みを提唱し，文書保管についても統一管理されるべきであるとした。また，各分担管理機関に共通するサービス事務は「共同管理」すべきであると主張し，文書についても集中管理すべきであるとした。

　淵は，文書を整理する組織を「文書整理部」とし，金子と同様に，記録の保存と保存記録の要求に対して的確に提供するサービス機関であると位置づけた。そして，一か所に取り纏め，専門的に取扱うことにより，事務処理上の統一，迅速や資料の利用等の利益があるとして，集中管理を主張した。

　上野は，金子や淵と同様の考えであったが，役所の事務管理について，科学的管理法の立案と実施を所管する強力な機関として，国の行政機関である企画庁に標準課を設け，全国70万人の官公吏等の執務や作業方法を制定することを提案した。この提案は，上野が，戦後に設置された臨時人事委員会（人事院の前身）の初代人事官となったことにより，人事委員会内の事務管理方法の統制を担当する「標準課」が設けられ，職員の研修が実施されることになる[83]。

　主として1900年代の前半は，歴代内閣において，行財政整理が頻繁に繰り返された時期であった。1898(明治31)年10月22日，内閣総理大臣大隈重信は，各省大臣あてに「官治ノ標準」[84]を訓示し「事務ヲ敏活ニスルコト」について述べている。また，1913(大正2)年

83　前掲40，p.340

2月20日に成立した第一次山本内閣では，山本権兵衛内閣総理大臣が，同年6月18日，各省大臣あてに「行政及財政ノ整理ニ関スル件」[85]を通知し，その中で必行を期すものとして，「繁文ヲ省キ事務ノ簡捷ヲ図ルヘキ事」が掲げられている。さらに，1924（大正13）年8月11日，加藤高明内閣は，緊縮財政に基づく行財政整理を実施し，各省次官をはじめ行政機関の長に対し，「官庁執務能率に関する内閣総理大臣訓諭」[86]で，行政事務能率増進の具体的な方策を訓示している。そして，1930（昭和5）年6月5日，濱口内閣は，「昭和六年度の予算の編成に当たり行政の刷新，能率の増進及官業の合理化に付，更に調査研究を遂げる為」として，内閣総理大臣監督の下に「行政刷新委員会」[87]を設置し，予算編成前に具体案を作成し，閣議を経て実行を期そうとした。この時，日本能率連合会長から濱口総理大臣あてに，「事務の合理化に関する建議」[88]が提出されている。建議の内容は，A組織統制上からのもの，B　当面の常務に属する問題として合理化を要すべきもの，との二種に分け，Bには，用紙や公用文体等の標準化や文書整理方法の改善が挙げられ，この実行により執務能率を高めることができると記されていた。このように，行政整理では，予算の削減，人員の整理，組織の統廃合による縮小等が取り組まれ，一時的な効果は見られたが，短命な内閣では大きな制度改革には至らなかった。当時の割拠する行政組織の中で，事務管理を統制し，文書についても集中的に管理するということについて，受け入れられる余地はなかったと考えられる。高級官僚で行政事務刷新を標榜した内閣情報局長の横溝光暉でさえ，各省の課長を集めて，「官民協力運動方策」[89]を取りまとめるのが限界であった。

　淵が在籍し，他の省庁に比較して文書管理への関心が高かった外務省に於いても，省議で「集中配置の励行が合意されている」[90]までであった。その後，集中管理方式としてのディスマル式の文書分類法が取り入れられるが，この方法は，長くは続かなかった。そのことは，欧米の方法を適用するには，意外の増員を必要とすること，係員の能力を向上させる必要があることに対し，その実現の可能性についての外務省の理事官の疑問[91]に凝縮されているように思える。つまり，欧米の文書管理には，それなりの「人」と「専門の組

84　「官制改正ノ趣旨及官治ノ標準ヲ各省大臣ニ訓示ス」，国立公文書館所蔵『公文類聚・第22編・明治31年・第9巻・官職1・官制1』，類00812100

85　「官紀粛清に関する総理大臣の訓告」，国立公文書館所蔵『会計検査院総務科』，大正2年6月18日，平15会計00003100

86　「官庁執務能率増進に関する内閣総理大臣訓諭」，国立公文書館所蔵『内閣通牒・自明治37年10月至昭和7年12月』，平15会計00003100

87　「行政刷新委員会を設置す」，国立公文書館所蔵『公文類聚・第54編・昭和5年・第2巻・官職1・官制1』，類01699100

88　前掲87

89　「各省文書会議の概要（第1回）」，国立公文書館所蔵『第一線行政事務刷新に関する件・内閣総理大臣官房総務課資料』，資00265100

90　前掲40，p.260

91　前掲40，p.264

織」が確保されて成り立っているということであろう。

　ヨーロッパ各国での科学的管理法の導入については，「第一次世界大戦が導入を促進するにあたって決定的に重要な役割を演じた」[92]とされている。事務管理における文書管理の視点から見れば，この時期はヨーロッパでは既にフランス革命によりもたらされた近代的アーカイブズ制度[93]が取り入れられており，1800年代にはヨーロッパ諸国で文書館等が設置され，アーキビスト養成の専門的な教育機関も設置されていた。

　アメリカにおいても，国立公文書館はまだ設置されていなかったが，歴史協会のアーカイブズ保存活動により，州において，1901年からその後10年間に州立文書館等が設置されて行ったという[94]。文書のファイリングは既に実施されており，専門家を養成する教育機関も設置されていた。そういう下地をベースにして，科学的事務管理が展開されたといえる。

　一方，日本はそういう下地を有していなかった。近代的アーカイブズ制度もファイリングシステムも存在しなかった。科学的管理法による工場管理，事務管理と共にファイリングシステムが入ってきたという状況があった。そして，科学的管理法でいわれている「無駄排除」の手順も，アメリカ商務省標準局で実施された無駄排除運動が，米国技術連合会が行った無駄排除調査に基づくもので，「宣伝弘報又ハ指導ニヨリテ当事者ノ自発的実行ヲ促進スル方法」であったのに対し，日本で商工省所管の産業合理局が行った無駄排除計画は「国家ノ権力ニヨリ当事者ノ実行ヲ強要スル方法」であった[95]という違いもある。このあたりには，国の制度の成熟度やキャンペーンを張って全国的な調査が実施できるという国力の差もあったかと思える。また，日本の場合は，こうした新しい制度の導入に際しての考え方が，制度の本来的なあり方を十分に検討することなく，国策として性急に採り入れられて行ったということも記して置く必要がある。

　科学的事務管理による文書整理は，それなりに合理性をもったものであった。従来の「文書を整理する」という考え方に，経営の概念からの事務のマネジメントの思考を持ち込んだ。文書管理においても，マネジメントは重要な視点であるが，その合理的な思考方法の中で，日本においては，欧米のアーカイブズに見られるような歴史的な視点は育まれず，効率的な文書整理が，文書の短略的な廃棄に繋がる可能性を大いに含んだものであったといえる。淵も上野もカーネギーのエピソードを紹介し，「旧文書の新価値」という見出しで，過去の古い文書が有している価値が現在にも有効であり，そういう文書の索引や分類の作成が必要であることを述べているが，その古い文書の持つ価値が企業経営の範囲

92　前掲 2，p.11
93　フランス革命により成立した，西欧の近代におけるアーカイブズ制度。フランスの革命政権のもとで，国民の閲覧権を保障したアーカイブズ制度で，1794年，フランスの国民議会が文書館法を採択したことにより成立し，その後，ヨーロッパ各国に普及した。
94　青山英幸『アーカイブズとアーカイバル・サイエンス―歴史的背景と課題―』岩田書院，2004，p.10
95　前掲12，p.361，p.371-372

にとどまっていることに限界があった。そこには，文化資源，情報資源としてのより広範な価値への視点は存在しなかったといえるのではないだろうか。

　この科学的管理法が導入された1920年代は，民間において様々な活動もなされていた。専門家団体として，早いものは，1917年7月に創設された「エフィシェンシー協会」，そして，1922年11月に「産業能率研究所」，1923年2月に「日本能率研究会」，1925年6月に「テイラー協会日本支部」，1927年11月に「日本能率連合会」等が設立される[96]。また，1921年の「英米訪問実業団」の派遣，1929年に東京で「万国工業会議」の開催等国際交流も活発に行われ，「能率研究」「産業能率」「能率道」「マネジメント」等の専門雑誌も刊行されている。科学的事務管理は，その担い手たちにより民間の大手企業や一部の官庁で取り入れられたが，その後，日本は戦争へと進み，その本格的な展開は，戦後を待たねばならなかった。

　戦後になって1948年，日本能率協会が専門雑誌「事務能率」を創刊，1949年には日本事務能率協会が創立し，専門雑誌「事務と経営」が創刊される。「わが国の急速なる敗戦からの立直りと　アメリカからの事務管理技法の積極的な導入によって　わが国の事務管理は再び芽をふき始め」，「アメリカ駐留軍を通して事務管理思想はもちろんのこと　マネジメント全般に関する知識がわが国に浸透した」[97]とされている。

　1950年，三沢仁が，日本事務能率協会から「ファイリングシステム」を刊行する。1959年の全改訂版の序とハシガキには，淵時智と上野陽一の緒言と写真が掲載されている。「三沢の『ファイリングシステム』も占領軍の要請で人事院内のファイリングを研究させられたさいの成果であった。戦前の淵時智氏の『文書整理と実際』の後継ぎといえるもの」と三沢自身が述べている[98]。そして，この流れは，三沢仁を中心とした，戦後のファイリングシステムの文書整理に繋がって行くことになる。

＊なお，本章は，筆者の学位論文「日本における戦前期統治機構の文書管理の基礎的研究―近代的アーカイブズ制度成立の歴史的前提―」（学習院大学，平成29年10月）の中の一部分を，加筆・修正して掲載したものである。

主な参考文献

井出嘉憲「行政における文書管理―「生きた施設」の理念と現実―」東京大学社会科学研究所編『社会科学研究』第35巻第5号，1984

96　前掲3，p.35-47
97　古谷野英一「わが国事務管理の発展過程と諸特性―アメリカとの相対的考察から―」『事務と経営』vol.25，no.300，1973，p.11
98　三沢仁「昭和30年代初期への変遷『事務管理』から『管理のための事務へ』」『事務と経営』vol.25，no.300，1973，p.42

伊藤収「経営事務管理思想の形成　The Making of Managerial Office Management Thought」『名古屋文理短期大学紀要』第16号，1991

上野陽一編『事務必携』同文館，1934

上野陽一『能率概論』同文館，1938

上野陽一編『能率ハンドブック』同文館，1941

太田文平『文書管理』日刊工業新聞社，1959

金子利八郎『事務管理』厳松堂書店，1925

金子利八郎『事務管理総論』千倉書房，1931

齋藤毅憲「日本における科学的管理の形成―上野陽一と科学的管理論者の交流をめぐって―」横浜市立大学学術研究会編『横浜市立大学論叢』第36巻社会科学系列第2・3合併号，1985

坂口貴弘『アーカイブズと文書管理―米国型記録管理システムの形成と日本』勉誠出版，2016

佐々木聡「我が国における科学的管理運動展開の一側面　―戦間期における政府と財界団体の認識と施策―」『経営論集』第32巻第1号，明治大学経営学研究所，1984

高橋衛「大正～昭和初期における能率増進運動推進の組織」『広島経済大学経済研究論集』第11巻第2号，広島経済大学経済学会，1988

徳重宏一郎「わが国初期の事務管理研究」『青山経営論集』第23巻第1・2合併号，青山学院大学経営学会　1988

徳重宏一郎「金子利八郎の事務管理論」『青山経営論集』第25巻第1号（経営学部創設25周年記念号）青山学院大学経営学会・青山学院大学経営研究調査室　1990

中岡哲郎「戦中・戦後の科学的管理運動（上）（下）―日本能率協会と日科技連の活動にそって―」大阪市立大学経済学会『経済学雑誌』第82巻第1号，日本評論社　1981，第83巻第1号，日本評論社　1982

原田治人「日本における管理運動推進者達の活動と系譜―上野・荒木・井上の活動に即した整理―」名城大学『名城論叢』第11巻第1号，2010，2014.8.9，名城大学PDF版確認

原輝史編『科学的管理法の導入と展開―その歴史的国際比較―』昭和堂，1990

淵時智『文書整理法の理論と実際』同文館，1932

淵時智『文書整理法の理論と実際―増補改訂版―』同文社，1939

三沢仁『全改訂版　ファイリング・システム』日本事務能率協会，1959

山本純一『科学的管理の体系と本質』森山書店，1977（初出は，1959）

『マネジメント』マネジメント社

『日本能率』日本能率協会

第4章

GHQの郵便検閲と記録管理：
現場で働いていた経験者へのインタビューからの考察

執筆：齋藤柳子

1．研究の動機と背景

　現在，終戦後の日本に駐留したGHQ（General Headquarters, the Supreme Commander for the Allied Powers（GHQ／SCAP），以下GHQ）のオフィスで働いたことのある人に出会うことはほとんどない。当時20歳代だった人は，現在90歳代にさしかかり，経験談を聞き出せるだけの健康体と記憶力を保つ人は少ないと思われた。ところが，身近にその該当者がいた。40年近くも旧知である加藤秀子氏[1]である。彼女とは第三者を交えて会う機会が多かったので，本人の細かな経歴を聞いたことはなかった。ところがある日，戦後日本の記録管理の話を三人で[2]していた時，米国式の記録管理を身につけることができた理由は，「GHQで働いていたから」と語り始めた。彼女は接収された丸の内界隈のビルのオフィスで働いた，生き残りの証人である。

　GHQでのオフォスワークを通じて加藤氏が体験した記録管理は，日本におけるファイリングの萌芽と普及の段階におけるものである。同時期に『ファイリングシステム』の著者三沢仁[3]もいる。加藤氏は三沢と同様に，GHQの事務管理手法を身につけた。しかし三

1　加藤氏秀子略歴：1927年，東京生まれ。聖心女子大学卒。米国ジョージア州立大学にてBusiness Education を専攻し修了。外資系・日系・合併系企業にて秘書役，アドミストラティブ・アシスタントとして20余年勤務。国際教育振興会・日米会話学院SBS学科長，清泉女子大学講師を経て，東急カルチャーセンターBE等，教育機関で，企業研修を担当。1968年に労働省（現在は厚生労働省）認可の日本で唯一の秘書のため社団法人「日本秘書協会」設立，専務理事。バイリンガル秘書検定制度（CBS）を創設。天安門事件以前の中国で，ホテル事業立ち上げのスタッフ教育担当として数年間滞在。現役引退後，英語，仏語を自宅で教え，中国語を学び，茶道教室も開き，国際性と日本文化のすばらしさを伝授している。著書に，『国際秘書入門』（ジャパンタイムズ社，1983），『野花の席』（りん書房，1999），『見て，読んで，楽しいマナー集』（研修社，1999），共著に『君たちを生かす職業』（筑摩書房，1969），『現代事務ハンドブック』（実務教育出版，現代秘書実務研究会），『アメリカのエグゼクティブ』ほか。
2　2013年5月1日，筆者は新緑の鎌倉で加藤氏秀子と壺阪龍哉の面談の設定をした。加藤氏が財団法人国際教育振興会・日米会話学院のSBS（School of Bilingual Secretary）学科長の時代，壺阪は同学院秘書科でファイリングシステムの講師であったので，両氏は当時から懇意にしていた。遡れば1980年，求職中の筆者は，財団法人日本秘書協会専務理事加藤氏秀子の下で，会員誌の編集業務のボランティアをしていた時，壺阪に紹介され，当時壺阪が立ち上げようとしていたレコード・マネジメントのコンサルティング事業の親会社に入社した。それ以来，30数年に渡る筆者のレコード・マネジメントのコンサルタントの道が開けたという縁で，今日まで親交がある。

82 | 第Ⅱ部　戦前・戦後における文書管理の導入と普及の背景

沢のように（GHQ の指導で創設されたといわれる）人事院[4]という日本の役所で体験したのではなく，GHQ 本体のオフィスで，士官（officer）や嘱託民間人（civilian）の下で実務を経験している。初めは丸の内中央郵便局の「郵便検閲」の翻訳業務を担当，その後民間検閲局（Civil Censorship Detachment）の教育部へ異動し，さらに天然資源局（Natural Resources Section）で日系二世の下でジュニア・セクレタリーとして働き，米国式事務管理手法を身に着けた。

　一方，レコード・マネジメントとアーカイブズが一体化した流れとして，占領下の日本に紹介されなかったのはなぜか，筆者は大学院でアーカイブズ学を専攻し研究した中で，疑問に思っていた。つまり「現用文書の保存期間満了時に評価選別をして，歴史的資料をアーカイブズ機関へ移管し，長期保存し，利用に供する」という一連の仕組みについてである。米国国立公文書館（NARA=National Archives and Records Administration）は，日本の占領下以前の1934年には設立されていた。

　GHQ は文化財継承に関しては積極的であり，日本の諸都市に空爆を開始する時に，京都，奈良を作戦目標から外し戦火から守った[5]。さらに1946年には，米国議会図書館

3　三沢仁：1917年生まれ，東京高等工芸学校卒，園池製作所，日本規格協会，人事院を経て産業能率短期大学教授，日本事務能率協会参与。著書に，『ファイリングシステム』（日本能率協会，1950），『帳票の統制と設計』（日本能率協会，1951）。編著に，『事務能率ハンドブック』（産業能率短期大学，1958），『帳票ハンドブック』（日刊工業新聞社，1963）。

4　白書データベース「人事院の創立，変遷」http://ssl.jinji.go.jp/hakusho/h20/033.html，（参照2014-09-22）
　　「終戦後，日本の民主化が進められることとなり，「天皇の官吏」であることを基本とする官吏制度は改革されることとなった。まず，昭和20年11月，閣議決定により，複雑な官名の統一，俸給制度の統一等を行うこととし，昭和21年4月の勅令の制定等によりこれを実施に移すとともに，同年10月，新憲法制定に当たり関係法案作成のために設置されていた臨時法制調査会から「官吏法案要綱」の答申が出されたので，官吏服務紀律の改正により，官吏は「国民全体ノ奉仕者トシテ誠実勤勉ヲ主ト」すべきものに改められたが，これらは応急的な改正にとどまっていた。その後，昭和21年11月，日本政府の求めに応じ，人事行政の実施に関するすべての法律，政策，慣行及び手続を内容とする日本政府の人事行政制度を研究すること及びその判断に基づいて日本政府の人事行政全般の改善のための勧告を行うことを目的とする顧問団（いわゆるフーバー顧問団。団長はブレーン・フーバー　アメリカ・カナダ人事委員会連合会会長）が来日し，日本の官吏制度及びその実態を調査することとなった。その結果，日本の官吏制度改革のためには，強力な中央人事行政機関を設置し，民主的な方向のメリット・システムと能率増進を目的とする公務員制度の基本法たる国家公務員法の制定が必要であるという結論に達し，昭和22年6月には国家公務員法の草案（いわゆるフーバー草案）を提示することにより，日本政府への勧告を行った。（中略）日本政府は，同年10月21日に法律第120号として国家公務員法を公布（昭和23年7月施行）した。」

5　「京都・奈良の無疵の裏，作戦国境を越えて，人類の宝を守る，米軍の蔭に日本美術通」という見出しで，ウォーナー博士とも親交のあった著名な美術評論家の矢代幸雄氏の談話を添えた記事。戦後の日本にウォーナー恩人説を広めた。「開戦とともにアメリカにできた「戦争地域における美術および歴史遺跡の保護救済に関する委員会」はアメリカ大審院判事ロバーツ氏を委員長とするロバーツ委員会である。その使命は東洋および欧州の諸戦場における貴重な美術や史跡を戦火から救わんとするもので，日本の諸都市に空爆が開始される時に，京都，奈良を作戦目標から除外しようとハーバード大学付属フォッグ美術館東洋部長の職にあるラングドン・ウォーナー氏が献身的な努力を尽くしたのである。ウォーナー氏と同じく著名な美術研究家でマックァーサー司令部の文教部長たるヘンダーソン中佐が日本に進駐して，はじめてウォーナー氏の並々ならぬ努力の秘話が伝えられた。」朝日新聞，1945年11月11日
　　しかしこのウォーナー伝説は，GHQ が親米的な感情をつくり出すために意図的に作り出されたものと，否定する意見もある。吉田守男『京都に原爆を投下せよ。ウォーナー伝説の真実』角川書店，1995

（Library of Congress）に倣い，国会運営を支えるための国立国会図書館[6]の設置を促し，さらに同年，米国教育使節団報告書の提案により，日本全国に公共図書館を普及させ，新しい成人教育を開始する場を設けたりしている。これと比較して，アーカイブズ施設については，実地調査はしたが，国立公文書館設立やその仕組みの構築に至るまでの施策はなかった。

　この経過については，坂口貴弘の博士論文[7]，第8章「日本占領行政の中の記録管理システム」が，先行研究として見出される。1945年6月の「ポズナー・リスト」からは日本の24機関のアーカイブズ施設の調査を実施したことがわかる。1946年1〜7月にかけてニコラス・ハリスは，17の省庁で文書書庫の調査を実施し，ハリスは，NARAの出版物を岩村忍（文部省科学教育局人文科学研究課長）に渡し，一応公文書館制度の紹介はしたが，そこで留まった。

　1949年，野村兼太郎ほか95名が「国立史料館設置に関する誓願および趣意書」を衆議院議長に提出して以来，防衛庁防衛研究所設立（1952年），山口県文書館設立（1959年），同年の日本学術会議の勧告等を経て，1960年，岩村が国立国会図書館に記録文書保存体制を研究するよう提案し，『公文書館制度研究会調査資料』が刊行された。しかし，それ以降，1971年の国立公文書館設置に至るまでには，終戦から26年間の経過を要した。国立公文書館設立とは，異邦人による占領下で構築されるものではなく，邦人が祖先の生きた証としての歴史的資料を継承していきたいという意識の結集と時間と財源が必要であった。GHQが占領した期間においては，これから述べる「検閲」がその意識を塞いだ一因ではなかったかと推測し，加藤氏が携わった郵便検閲を突破口として考察してみたい。

（1）近代日本における検閲

　前提として「検閲」の法的概念であるが，現在の日本国憲法第21条第2項で禁止されている。

　　第二十一条　集会，結社及び言論，出版その他一切の表現の自由は，これを保障する。
　　2　検閲は，これをしてはならない。通信の秘密は，これを侵してはならない。

　憲法のいう検閲とは「行政権が主体となって，思想内容等の表現物を対象とし，その全部又は一部の発表の禁止を目的とし，対象とされる一定の表現物につき網羅的一般的に，発表前にその内容を審査した上，不適当と認めるものの発表を禁止することを特質として

6　「1947年5月3日，新憲法施行の日，国会図書館法が施行された。この法律は，その前年の1946年11月4日，新憲法公布の翌日に，連合国軍総司令部（GHQ）から次に制定される国会法の要件として示された11項目の中に，国会の補助機関として国会図書館の設置が挙げられていたことに由来する。」『近代図書館の歩み　本篇』日本図書館協会，1993，p.451
7　坂口貴弘『米国型記録管理システムの形成とその日本的展開』2014年学習院大学課程博士論文，p.216-249

備えるもの」（最高裁判所1984（昭和59）年12月12日大法廷判決　民集38巻12号，1308頁，札幌税関検査事件）とされている。判例では，検閲とは，行政権が主体となって，発表前に審査した上，不適当なものの発表を禁止することをいうとしている。そのため，裁判所による事前差止めは検閲にあたらないとしている。また税関検査についても，国外ではすでに発表されている表現物を国内に入れないための措置であり，検閲には当たらないとしている。

　一方，明治憲法の表現の自由は法律の範囲内における自由とされていたため，広範な制約が加えられていた。大日本帝國憲法下で，内務省により検閲が行われていた。

　　日本臣民ハ法律ニ定メタル場合ヲ除ク外信書ノ秘密ヲ侵サルヽコトナシ　日本帝國憲法第
　　二十六條

「法律ニ定メタル」とは，具体的には，「出版法（1893年），新聞紙法（1909年），治安維持法（1925年），不穏文書臨時取締法（1936年），新聞紙等掲載制限令（1941年），言論・出版・集会・結社等臨時取締法（1941年）などが制定され，表現活動は強く規制されていた。書籍，新聞，映画の記事・表現物の内容を審査し，不都合があれば，発行・発売・無償頒布・上演・放送などの禁止や一定期間差止めをする。行政処分として，現物の没収・罰金，司法処分として禁固刑を実施した。大日本帝國憲法第二十六條には「検閲」という表現はなく，出版などの表現行為がなされる際に，国家等が表現の内容を事前に調べて，国家等にとって都合の悪い部分については表現活動をすることを認めないことを示した。郵便については，1941（昭和16）年10月4日に，臨時郵便取締令（昭和16年勅令第891号）が制定され，内務省は逓信省に通牒し，極秘の内に検閲が開始されていた。日本国民は戦前から検閲には慣らされ，思想統制されていたといえる。

図4-1　千代田図書館「内務省委託本」関係資料集[8]より検閲済の印

8　浅岡邦雄「検閲本のゆくえ―千代田図書館所蔵「内務省委託本」をめぐって」中京大学図書館学紀要（29），1-21，2008

第4章　GHQ の郵便検閲と記録管理：現場で働いていた経験者へのインタビューからの考察　│　85

（2）占領下における検閲の背景

「1945年 8 月30日，GHQ の総司令官ダグラス・マッカーサー付きの連合国記者団の第一陣である AP 通信社のラッセル・ブラインズは，マニラから厚木飛行場に到着した。戦前の日本を知っていた彼は，9 月に入って東京を視察した時，占領を開始した米軍の前で日本人が異常な程静けさを保っていたので『大きな罠（a gigantic trap）』にでも落ち込みつつあるのではないという懸念に襲われた。」[9]と述べている。このことからわかるように，日本人が何を考えているかリサーチすることを，周到に進める[10]ため，すでに1945年 7 月10日付で米軍は「日本における民間検閲基本計画[11]」を立てていた。

　その中に，公衆伝達媒体（public media）の検閲が提示され，GHQ は「日本の民主化」という名目で，出版物，新聞・放送等を検閲し，民主化に相対する「皇国史観」「軍国主義」等を含む戦前の日本人の価値観の程度を量るため，徹底的に流通過程のものまで撤収するよう発信文書（SCAPIN-824[12]）で指令した。それらの出版物，印刷物を収集し，米国に送ったものは，ブランゲ文庫[13]として知られている。さらにその上，郵便も検閲の対象として，ウォッチ・リスト[14]上の人物だけでなく，郵便検閲により一般の日本人が考えていることも調べ，日本統治政策の参考と民生の掌握を図った。

　このような状況下で，ファイリングを含むレコード・マネジメントは，実務上の必要性から推奨されたとしても，アーカイブズという仕組み（インフラ）の設立を占領中に促す

9　ラッセル・ブラインズ，長谷川幸雄訳『マッカーサーズ・ジャパン　米人記者が見た日本戦後史のあけぼの』朝日ソノラマ，1977，p.13

10　江藤淳『閉ざされた言語空間』文春文庫 1994，p.107-109
　　「944年 8 月初旬，マッカーサーの合衆国極東陸軍司令部（USAFFE）は，民間検閲計画の策定について行動を起した。（中略）対敵諜報部長ソープ准将を通じて，ワシントンの陸軍省に対して，民間検閲将校の派遣を要請し，フーヴァー中佐の指揮下に，民間検閲支隊（CCD=Civil Censorship Detachment）が編成されることを　同年12月31日に正式に決定した。」

11　Operation of Military and Civil Censorship, USAFFE/SWPA/AFPAC/FEC Documentary Appendices (II) Vol. X, Intelligences Series, Appendix 41

12　SCAPIN-824 "Confiscation of Propaganda Publication, 17 March 1946" –The Japanese Government is directed to collect from all public channels, including warehouses, book shops, book dealers, publishing companies, distributing agents and all commercial establishments, or agencies of the Japanese government where these publications are held in bulk, the following listed propaganda publications:... （以下略）国立国会図書館憲政資料室

13　和田敦彦「占領期にアメリカに渡っていった書籍は，大学による購入ルートと，より大規模に，連合国軍総司令部（SCAP）をとおして接収され，送りだされていった書物，文書類がある。簡略に述べれば，後者はさらに二つの流れとして描き得るだろう。一つは連合国軍通訳翻訳局（ATIS）のもと，その協力によってワシントン文書センターが収集したもの，もう一つは，連合国軍総司令部の民間検閲部（CCD）に集められていた資料を，メリーランド大学に送り出していった，いわゆるブランゲ・コレクションのルートである。」『書物の日米関係─リテラシー史に向けて』新曜社，2007，p.183

14　山本武利『GHQ の検閲・諜報・宣伝工作』岩波書店，2013，p.9
　　「ウォッチリストとは，CCD 通信部の検閲活動，傍受活動を効率的に推進するための重要な道具である。過激活動や不法行為を行って GHQ の治安や統治を混乱させる要注意人物，組織の名前，住所などを掲載した名簿である。」

ことは，政策上の矛盾を生み，推進指導することはできなかったのではないかと推測される。なぜなら，アーカイブズには「業務継承のための記録，人権を守る証拠としての記録，次世代への教育・文化の継承に利用できる歴史的資料の保存と利用に供する」という3つの目的があるのに対し，検閲という行為は実際に人権を侵害することであるし，もしアーカイブズの必要性を推奨すれば，戦前から保存されている歴史的資料の中の「皇国史観」や「軍国主義」等を含む日本人の価値観も含まざるを得ない。占領後，日本人の歴史観を変えようと動いていたGHQの政策に反する方向に向かわざるを得ないことが予想されたからではないかと思う。

　実際に，本稿の後半で述べる，占領軍参謀第Ⅱ部占領報告書の添付資料である"Operations of Military and Civil Censorship（GHQが行った民事検閲の運用報告書）"の中でも，Missions and Objectives[15]の項で，統治政策の参考として，「日本人の意識の現状を公衆伝達媒体の検閲を通じて調査する」という目的が書かれている。検閲の対象は，出版物，新聞・通信放送，郵便等に及んでいるが，本稿では，加藤氏が経験した郵便検閲に絞って，述べていきたい。

　郵便検閲に関する先行研究は，森勝太郎「占領下の日本に於ける連合軍の郵便検閲」『切手研究会創立5周年記念論文集』1955年，裏田稔『占領軍の郵便検閲と郵趣』1982年（廃版），江藤淳『閉ざされた言語空間』1994年，山本武利『GHQの検閲・諜報・宣伝工作』2013年がある。さらに2013年11月5日に「NHKのクローズアップ現代」で郵便検閲に携わっていた人の名簿を，早稲田大学のグループが国立国会図書館憲政資料室で発見したことが報道され，一般に知れ渡った。筆者が加藤氏にインタビューをしたのは2013年6月であり，実作業者からの情報入手はNHKよりも先駆けていた。

2．GHQで働いていた加藤氏へのインタビュー

（1）インタビューの場所，時間，記録経過

　GHQのオフィスで実際に働いたことのある人の経験談は，何にも勝る資料であり，詳細に話を聴くため，改めてインタビューを申し込んだところ，快諾を得た。インタビュアーは筆者1名である。質問事項は事前に，2013年6月24日に加藤氏に送付し，インタビューは同月28日の19:00〜21:15に，目黒区自由ヶ丘の「天一」で行った。

　質問内容は，加藤氏の著書『野花の席』というエッセイに書かれていた，終戦前後の記述から一部引用し，記憶が蘇り回答を引き出し易いように質問を組んだ。用意した質問の範囲以上に話が展開し，インタビュー時間は予定を越えた。GHQで働くことになった経

15　Operations of Military and Civil Censorship, USAFFE／SWPA／AFPAC／FEC, p.151-152

緯，その職務と業務フロー，労働環境，給与，身についた能力，人脈と経験をどのように発展させ，自分のキャリアを繋いでいったか，そして経験から語り継ぐことは何か知るために，まず，彼女の著書を読み，要点をまとめた。

彼女にとり70年近くも前の体験であり，内容的に記憶が薄れている箇所があると推察し，話の内容の事実確認をする必要があった。話に出てきた人物，場所，業務の進め方，記録の取り方，出来事等を，国立国会図書館憲政資料室や各公文書館で当時の資料を参照し確認した。筆者が戦後生まれのため，戦前・戦中・戦後直後の事は一般的事象でも馴染がないことが多く，当時の新聞記事等を検索し確認した。さらに郵便検閲業務で働いていたという他の体験者やGHQ研究者の著作を探し参照した。本稿のテーマの範疇を超えて，占領政策とは，日本の民主化とは何であったのかと，調査範囲は広がり時間を費やし，インタビュー記録の原稿の仕上げまで1か月以上要した。8月14日，加藤氏にその原稿を送付し，その後9月6日に彼女の自宅で再度面談し，修正や追加情報をもらった。

インタビュー記録は，戦前，戦後から加藤氏の現役時代が終わるまで，時系列に経歴を追う形となっている。本稿では，GHQでの就労体験後の米国留学が，やがて加藤氏が国際秘書学を展開する源となったという視点のみならず，GHQの3箇所の部署で経験した業務の実態と記録管理の進め方について焦点を当て，日本のオフィスワークや記録管理の考察やアーカイブズへの視点を考察してみたい。

（2）インタビュー記録

問1：終戦後，過去の日本の価値観を記した書物や文書が検閲され，ことごとくGHQに撤収され，教科書も黒塗りされ，公共の場で日本人の目に触れないような政策がなされましたが，どのような感覚を覚えられましたか？

［答］黒塗りの教科書[16]は，当時，小中学生を対象としたもので，終戦時，私はすでに大

16　大田勝司「文部省は昭和20年9月20日に「終戦ニ伴フ教科用図書取扱方ニ関スル件」という通牒を発した。軍国主義的教材や国家主義的教材に関して，省略・削除すべき箇所を指示したのである。いわゆる墨塗り教科書の出現である。『初等科国語』の教科書の中から「兵タイゴッコ」「にいさんの入営」「水兵の母」「シンガポールの陥落の夜」など数多くの国家主義的，軍事的教材が削除，省略された形で教科書が使われた。」滋賀大学学術情報デポジトリー『昭和・平成期の教科教育と教科書』p.197

「戦後の暫定措置と新しい小学校教育の発足」（終戦直後の教育施策に決定的な方向を与えたものは，教育政策の管理に関する占領軍の指令である。特に初等教育については，二十年十月に発せられた指令「日本教育制度ニ対スル管理政策」で，軍国主義および極端な国家主義思想の普及を禁じ，続いて，同年十二月には，国家神道・神社神道に関する指令ならびに修身・日本歴史および地理停止に関する指令で，使用中のいっさいの教科書ならびに教師用参考書から，すべての神道教義に関する事項が削除されるとともに，すべての学校における修身・日本歴史および地理の授業は停止されるに至った。そして，これらの教科に関する教科書および教師用参考書は回収され，それに代わる新教科書および教師用参考書の編集計画を命ぜられた。）文部科学省，http://www.mext.go.jp/b_menu/hakusho/html/others/detail/1317740.htm，（参照2013-08-23）

学生（聖心女子学院高等専門学校[17]）であったため，そのような教科書を使ったことはありません。戦前，高等女学校は旗の台の香蘭女学院[18]に通いました。英語は英国人教師から学び，教科目の制限はありませんでした。日本の歴史では大東亜共栄圏[19]の図も教えられました。キリスト教の学校には，憲兵がいましたが，教科書の検閲はありませんでした。授業といっても，戦時中の末期は奉仕活動が多く，軍人の服のホック付けなどをしていました。白金の聖心の校舎は，1945年3月15日の東京大空襲で焼けました。

　通学しない日は，田園調布の自宅の庭に一丈（10尺＝約3m）の深さの防空壕があったので，警戒警報が鳴ると大切なものを持ってすぐ入りました。3月9日には藤棚に焼夷弾が落ち，4月25日にも焼夷弾で屋根から出火しましたが，勇敢にも姉と私が防火砂と防火用水[20]で消し止め，火事場の馬鹿力で延焼を防いだことがあったことを思い出します。戦争末期は空襲警報がとても怖かったです。

17　聖心女子大学沿革，「1916年　私立聖心女子学院高等専門学校（英文科）開校，1944年　聖心女子学院高等専門学校に改称　英文科を外国語科（英語科）に，1947年　大学設立のための校地として，旧久邇宮邸の敷地と御殿を購入，占領軍のカマボコ型兵舎（クォンセットハット）を校舎としてもらいうける。1948年　新制聖心女子大学開学。」http://www.u-sacred-heart.ac.jp/about/enkaku.html，（参照2013-08-04）

18　香蘭女学院沿革「1937（昭和12）年日中戦争が勃発，女学生も勤労奉仕に動員されるようになりました。日英関係の悪化により，1940（昭和15）年に長く副校長の任にあたっていたミス　L.K. タナーが，1942（昭和17）年にはミス　A.K. ウーレーとミス M.E. ヘイルストンが相次いで帰国し，香蘭は暗黒の数年間を迎えます。（中略）生徒数増加により校舎を新築，完成した荏原区平塚（現在地）に1941（昭和16）年3月，香蘭女学校は移転しました。当時著名な実業家であった伊藤幸次郎氏（1928年没）の邸宅跡で，1918年竣工の英国コテージ風の瀟洒な洋館を教員室のある本館として生かした校舎で新しい学校生活は始まりましたが，すぐに太平洋戦争に突入。戦争の激化に伴い校内に帝都防衛部隊が置かれ，やがて教室は工場と化してしまいました。香蘭女学校は高等女学校に改組され，キリスト教教育が全く行えなくなりました。また，軍部に強いられて第4代井上仁吉校長・鈴木二郎教頭・志保澤トキ教諭らが相次いで退職させられ，代わりに東京都の教育庁から視学官・篠原雅雄が派遣され無理矢理校長になるという，香蘭にとっては学校史上最も暗い時期を耐えて過ごさねばなりませんでした。」

　「1945（昭和20）年5月24日夜の空襲で校舎は全焼しました。そして，8月15日敗戦。数日後の復校の宣言式で，理事長・佐々木鎮次主教は拷問によって痛めた足を引きずりながら焼跡に立ち，まず神に感謝の祈りを捧げ，続いて全校生と教職員に向かい復校の宣言をし，さらに篠原校長の罷免を発表しました。この時から香蘭女学校は，戦後の忍耐の時期を経て，新たな希望の時代へと歩を進めます。」http://www.koran.ed.jp/education/history2.html，（参照2013-08-04）

19　中尾幸「1940年8月1日，基本国策要綱と同時に，松岡洋右外相が「皇国外交の指針」の談話という形で，日，満，支以外に南洋をも含めた大東亜共栄圏の確立を主張した。そして9月の4相会議では，南洋諸島，仏印（ベトナム，カンボジア，ラオス），台湾，マレー，英領ボルネオ，ビルマ，オーストラリア，ニュージーランド，インドを大東亜共栄圏に加えることにした。太平洋戦争開戦の前年，戦争目的として示された「東亜新秩序」に含まれるべき地域の範囲が正式に決定された。すなわち「東亜」の語頭に「大」を付加することによって広くインドやオーストラリア，南洋諸島が含まれた。」「大東亜共栄圏構想の成り立ちと国益」『日本大学大学院総合社会情報研究科紀要』No.9，17-28（2008），p.26

20　「各家庭に防火用水・砂袋・むしろ・バケツ・鳶口・火叩き棒・シャベルの防火七つ道具が用意された。焼夷弾が落ちると，まず濡れむしろをかぶせ，その上に砂袋を置き，洩れ火を火叩きで消す。燃え上がれば延焼部分を鳶口で叩き壊し，バケツリレーで食い止めるという要領となる。防火用水・砂袋はとても一人で持ち上げられる重さではなかった。」一般戦災，市民生活，http://www.soumu.go.jp/main_sosiki/daijinkanbou/sensai/situation/state/kyushu_08.html，（参照2013-09-07）

第4章　GHQの郵便検閲と記録管理：現場で働いていた経験者へのインタビューからの考察　|　89

問２：終戦後，一般の日本人女性は，米軍兵士の目に留まらないように，モンペ姿や化粧気のない顔で街を歩くように言われていた[21]という中で，どのようにして仕事を探しましたか？

　GHQの採用試験の内容や面接で聞かれたことは覚えていますか？　さらに働いていたオフィスの組織や仕事の内容を教えてください。

[答]　占領軍が駐留するようになっても，聖心の校内には入ってきませんでした。通学時の服装は，制服のスカート姿でも大丈夫でした。卒業後，アメリカンクラブで「英語を読み書き，話せる学生を募集」していると友人から聞いたので，応募しました。丸の内の三菱村といわれるビル群が接収され，採用試験[22]は古河ビル（三菱仲10号館）で行われました。ネイティブの英語によるインタビューで，語学能力を試されました。仕事は郵便物の翻訳業務ということで，東京女子大学，聖心女子大学，日本女子大学，東京大学，一橋大学，東京学芸大学等の多くの学生と高齢者も含む一般人が，アルバイトとして採用されました。当時は就職口が見つからなかったので，アルバイトとはいえ，生活のために働きました[23]。採用後，民間検閲局（Civil Censorship Detachment）の郵便部[24]の翻訳課（第一地区東京）に翻訳係として配属されました[25]。場所は，現在の丸の内中央郵便局でした。

　翻訳業務といっても，実は日本人の手紙を at random に開封し，内容的に問題（CCD検閲政策，本稿 p.112）に該当するものがあれば，英訳をして上司（軍人でなく嘱託

　民間人）に渡すのです。この時，"Guide Book" というマニュアルに従い，手紙の内容は "Comment Sheet" かまたは "Information Slip" に類別し，翻訳した情報を書きました。その区別とは，例えば「第三次世界大戦への言及」は Comment Sheet に，「闇市の状況」は Information Slip へというように，指示されていたのです。しかし，開封した手紙の八九割は内容的になんら問題のないものでした。検閲が終了した手紙は，"Opened by CCD" のスタンプが印字されたセロテープで封印しました。

21　「占領軍進駐を前に，内務省，"心得" を各地方庁を通じて通知，「婦女子の独り歩きは控えよ」」朝日新聞，1945年8月23日

22　甲斐弦『GHQ検閲官』葦書房，1995，p.105「"全部で50問あります。何問できたか，何分かかったか，両面から採点します。1時間を越えたら失格です。" 全部，今では珍しくもない○×式の問題だった。」

23　前掲22，p.121「受験者の中には十五〜六の少年もいたし，六十，七十の老人もいた。だが，年齢も性別も前歴もここここでは一切関係ない。肝心なのは実力，それだけである。……テストの成績次第で採用時の本俸の額も変わるという。」p.107「五百円，六百円，七百円と三段階に分けられている。」「八千乃至一万人の日本人が民間検閲局に雇われていた。……東京（第1局），大阪（同2），福岡（同3），札幌（同4），名古屋（分局）に置かれていた。まことに嫌な仕事だったが，食っていくことは一切に優先する。」

24　前掲10，p.224「民間検閲支隊司令部組織図（1946年1月現在），民間検閲将校→民間検閲将校代理→郵便部」

25　前掲22，p.133「新入局者のトレーニングが始まった。……最初に日英両文の宣誓書の提出。……"業務上の秘密は絶対に守る。もしこれに違反した場合はいかなる処分を受けても不服は申し立てない" といった趣旨の文章に署名捺印をした。捺印とはアメリカ風でない，……米人の上司が一々署名する代わりに，横木に印鑑同様サインを刻んだものを用いているのを見て，成程と思った。」

丸の内三菱村とは，以下のとおり（○印は加藤氏の話に出てくるビル）。

1. 第一生命ビル・・・・・・・・・・・・・・・・・・・連合軍最高司令部
2. 帝国生命ビル［朝日生命ビル］・・・・・米軍東京憲兵司令部（PMO）
3. 三菱仲11号館［千代田ビル］・・・・・・・極東軍事裁判所丸の内法廷
④. 三菱仲10号館［古河ビル］・・・・・・・・・第33軍政部アメリカンクラブ
5. 明治生命ビル・・・・・・・・・・・・・・・・・・・極東空軍司令部
6. 大正生命ビル・・・・・・・・・・・・・・・・・・・米軍空輸司令部
7. 勧銀別館［勧銀本店］・・・・・・・・・・・・GHQ 副官部
8. 市政会館・・・・・・・・・・・・・・・・・・・・・・新聞・通信検閲機関ヒビヤホール
9. 三菱東7号館［新東京ビル］・・・・・・・米軍医学研究所
10. 放送会館・・・・・・・・・・・・・・・・・・・・・・放送，出版，映画検閲機関・WVTH
11. 三菱8号館［新東京ビル］・・・・・・・・GHQ 経済調査部
12. 三菱東7号丸の内会館［富士ビル］・進駐軍記者クラブ
⑬. 東京中央郵便局内・・・・・・・・・・・・・・郵便物検閲機関および外国郵便取扱
14. 内外ビル［三井丸の内ビル］・・・・・・・英国犯罪捜査部
⑮. 三菱商事・・・・・・・・・・・・・・・・・・・・・GHQ 分室（厚生局，天然資源局，工務局）
16. 日本郵船ビル（NYK）・・・・・・・・・・・G-2，翻訳・通信部隊
17. 日本タイムズ・ビル・・・・・・・・・・・・・・スターズ・アンド・ストライプス社
18. 旧海軍病院［国立がんセンター］・・・米第49陸軍病院分院
19. 大阪ビル・・・・・・・・・・・・・・・・・・・・・・婦人部隊（WAC）宿舎
20. 第一ホテル・・・・・・・・・・・・・・・・・・・・米軍宿舎
21. 富国館・・・・・・・・・・・・・・・・・・・・・・・同婦人部隊宿舎
22. 松本楼・・・・・・・・・・・・・・・・・・・・・・・憲兵司令部宿舎
23. 三信ビル・・・・・・・・・・・・・・・・・・・・・・下士官，兵宿舎
24. 丸の内ホテル・・・・・・・・・・・・・・・・・・英連邦軍関係宿舎
25. 三菱本社・・・・・・・・・・・・・・・・・・・・・軍事郵便局・婦人部隊宿舎
26. 海上ビル新館・・・・・・・・・・・・・・・・・・進駐軍兵士宿舎
27. 海上ビル旧館・・・・・・・・・・・・・・・・・・婦人部隊宿舎
28. 銀行集会所・・・・・・・・・・・・・・・・・・・バンカーズ・クラブ
29. 八重洲ビル・・・・・・・・・・・・・・・・・・・・米軍属宿舎
30. 三菱仲21号館［新東京ビル］・・・・・・・ソ連軍宿舎・文化宣伝部
31. 東京会館・・・・・・・・・・・・・・・・・・・・・将校宿舎（ユニオン・クラブ）
32. 帝国ホテル・・・・・・・・・・・・・・・・・・・・将校宿舎（高官宿舎）
33. 三菱仲15号館［三菱電機ビル］・・・・・米第八軍下士官教習所
34. ホテル東京［住友信託］・・・・・・・・・・・貿易庁直轄バイヤ宿舎
35. ホテル帝都［パレス・ホテル］・・・・・同上
36. 政友会ビル［東京電力本社］・・・・・・・サービスクラブ
37. 日比谷公園内野球場・・・・・・・・・・・・・ドウリットル・フィール野球場

38.	東京宝塚劇場	アーニーバイル劇場
39.	ニュー東京	連合軍将兵ビヤホール
40.	松田ビル［阪急デパート］	極東空軍宿舎
41.	松屋	米第八軍東京 PX
42.	服部時計店	米軍スナックバー，PX および大韓民国代表部事務所
43.	松坂屋地下	オアシス・オブ・ギンザ（キャバレー）
44.	教文館ビル	タイム社・ライフ社
45.	電通ビル	ニューズウィーク社

出典：原田弘「東京中心部の主な進駐軍接収施設（昭和24年）」『MP のジープから見た占領下の東京』草思社 1994年 裏表紙。［ ］は1994年時の名称。

問3：『野花の席』p.25：敗者は勝者にならう，という論理からか，当時は日常の小さな生活習慣から，大きくは組織の経営にいたるまで，すべてアメリカ式がよいという社会風潮があった。しかし，ビジネス・ライクに事を運ぶアメリカ型と義理人情の社会風習の日本側で行き違いがあった。

　この相違点を仕事の上では，どのように処理していましたか？　つまり作業手順や記録作成方法は模倣したが，心は日本であり，それをオフィスでどのように表現されていたかということです。当時の記録作成方法の詳細も記憶されていれば，教えてください。

［答］ GHQ で働き始めてから夜間は，日系二世から英文速記を習っていました。「郵便検閲という仕事は若い女性が長く携わる仕事ではない。」と上司から忠告があり，その上，英文速記もできるのであればと能力を見込まれ，1年後，他部署への異動を打診されました。若い GI（government issue（官給品）が語源の米陸軍下士官以下の俗称）が多くいる楽しい職場を勧められましたが，「私はそういう場所よりも翻訳部門の方がいいです。」というと，同じ CCD 所属の教育担当である Mr. Goldberg のジュニア・セクレタリーとして異動することになりました。

　さらにしばらくすると，天然資源局（Natural Resources Section（NRS））[26]の林業部（Forestry Division）[27]へ異動しました。直属のボスは Mr. Horald Wise で資源部門（Resources Branch）のヘッドでした。

26　GHQ/SCAP Records, Natural Resources Section「天然資源局（NRS）は1945年10月2日 GHQ/SCAP の発足と共に設置され（一般命令第6号），日本と朝鮮（韓国）（1948年3月まで）における農業，林業，漁業，鉱業（地質，水資源を含む）に関する施策・活動について最高司令官に報告・助言することを任務とした。なお，その任務には，日本の旧占拠地域（満州を含む）における農林水産・鉱業活動の日本国内における情報整備も含まれた。また，農地改革の指令原案を起草した。NRS は1951年12月15日に廃止され，その職務は経済科学局（ESS）の天然資源課に引き継がれた（一般命令第31号）。」国立国会図書館憲政資料室，日本占領関係資料，https://rnavi.ndl.go.jp/kensei/entry/NRS.php，（参照2014-09-22）

ボスの机上では，「イン・バスケット方式」による業務処理の過程が明確になっていました。それはボスの机上の右側にIN（受信），左側にOUT（発信），その下にPending（保留）と表示された箱がありました。今でこそ，この方法は日本でも普通に実施されていますが，当時の仕事の進め方としては画期的でした。後年，日米会話学院で秘書学を教え始めましたが，「イン・バスケット方式」を日本で最初に紹介したのは，私なのです。

ビジネス・ライクに事を運ぶという視点では，1957年にアメリカで生活していた時の話になりますが，郵便局や銀行で昼の十二時になると，窓口で並んで待っている人たちの前で，係員がピタリと窓を閉め，弁解の言葉も気の毒そうな表情もなく，そうかといって意地悪をしているような悪びれたそぶりも全くなく，そうすることがごく当たり前のように彼らは行動していたことです。義理人情の社会慣習に多少とも窮屈さを感じていた当時の私にとって，これはさわやかな驚きでした。

問4-1：『野花の席』p.31-32：事務所の大切な仕事のひとつにファイリングがある。ファイリングは裏方の仕事であるけれど，これがきちんと整備されてこそ，表の仕事がうまくいく。

ファイリングは，はじめどこでどのように学ばれましたか？　当時のオフィスにファイリング・ツール等は揃っていましたか？　それらは本国からの持込み製品でしたか？

[答] オフィスにはアメリカから持ち込んだファイリング・キャビネットがありました。引出しの中は，マニラフォルダーが使われていました。タイプ依頼の原稿が来ると，カーボン紙を必要枚数（宛先枚数＋控）のレター用紙に挟み，手動式タイプライターで手紙を作成しました。オフィスのレイアウトはこの（図4-2）のようでした。ファイリング技法は日系二世のシニア・セクレタリーから学びました。

ファイリング・ツールやキャビネットはすべて米国製（レミントンランド製）でした。引出しは，Active（現用），Inactive（半現用），Dead File（非現用）に段を分け，さらにその中は，Chronological Order（時系列）とSubject File（案件別）の二通りにファイリングをするよう，指示されました。

問4-2：Dead File（非現用）とは，どういうものでしたか？　その文書をどこかの文書保存倉庫に移管するようなことはありましたか？

27　Forestry Division のトップは，H.B. Donaldson で，Lt. Col. の称号であることから，軍人で中佐であったことがわかる：Lt.（＝Lieutenant）。Tokyo and Vicinity Telephone Directory, 1 Jan. 1950, 国会図書館憲政資料室。

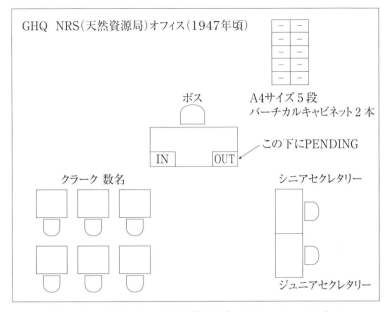

図4-2　GHQ NRS（天然資源局）オフィスレイアウト

[答] すべて廃棄対象となるものでした。しかし私が在籍していた間は，廃棄作業を実施したことがありません。引出しにためたままでした。中にはConfidential Letterがあったはずでしたが，それらは抜かれて日本人スタッフの目には触れないように保管されていたと思います。文書保存倉庫の話は当時，聞いたことはありません。

　そうそう，Mr.Wiseとはこんなことがありました。英文速記録に基づきレターを作成した時のことですが，彼は「自分はこんなことを言った覚えはない。」と突き返してきたのです。私は手元に記録も残っているし，自分が間違っていないのに指摘されたので，「私は間違っていません。あなたは実際にそう言いました。」と言い張り，口論になりました。彼も絶対引かないので，私はオフィスから出て，別室で悔しさと怒りをこらえていました。被占領民だからといって，決してへりくだる気持ちはありませんでした。しばらくすると彼は，「自分が間違っていた。」と謝ってきたのです。私は，自分の誤りをきちんと部下に詫びるボスの態度に，アメリカの民主的なさわやかさを感じました。この件は，彼に強い印象を与えたらしく，私が退職する時のサインブックに，「あなたはとても印象深いpretty womanであった。私の心に残っている。」と書いてくれたのです。

　もうひとつ心に残っていることは，丸の内で働き始めた翌年，1948年12月23日（皇太子明仁親王（今上天皇）の誕生日），A級戦犯7名の絞首刑が実施されたというニュースが流れた日に，界隈ではジングルベルの曲とGIの浮かれる声が聞こえ，私は日本人としてなんともいえない複雑な気持ちになったことを覚えています。

　CCDからNRSを通じて，1947年から1951年まで約4年間，GHQで働きました。

問5：『野花の席』p.138：私が「マニュアル」なるものに初めて接したのは日本がまだ米軍占領下で，就職した会社ではアメリカ人が実権を握っていたころです。何かあるとすぐに「マニュアルには何と書いてあるか。」といわれた。

　その時読んだマニュアルの内容は，日本人向けに編集されたものでしたか。それとも本国版そのままでしたか。そのマニュアルは，実務的に伝える内容と，システムやマネジメントのような経営哲学のような内容の両方を含んでいましたか。それを読んだ感想はいかがでしたか。

[答]　マニュアルは本国のものそのままで，まずPolicyが書かれていました。後年，従事したホテル業ではGuest Questionnaireというものがあり，事例を添えて説明文がありました。マニュアル人間が最近増えていますが，基本作法を学ぶにはいい面もあります。当時，日本にはJob Descriptionというものもありませんでした。

　その中には，議事録の取り方も記されていました。日本では会議の結論がなかなかまとまらない傾向がありますが，米国方式では，通常50分以内で結論を出し，議決があいまいなまま，会議が終了することはありませんでした。未解決の場合，「尚，検討を要する。How soon? 責任者は○○。」という議事録になります。このビジネス・プラクティスは，日本ではまだ根付いていませんね。

問6：『野花の席』p.209：留学先のアメリカのジョージア州で数十年ぶりに降ったという元旦の雪，リスの走りまわる庭をおおった雪のようにうっすらとホームシックになった。

　留学の機会を得た経緯と，留学中に勉強された内容をお聞かせください。また，保証人になってくれた家庭の感想や，1957年頃に，日本人を受け入れたアメリカ人の心についてもお聞かせください。

　次に，帰国された時の，日本の状況がどうであったかも教えてください。その中でさらに，新しい仕事をどのように見つけ，留学の成果を生かして進んでいかれたのか，教えてください。

[答]　GHQのオフィスを退職した後，1952〜54年，日本橋のPWPというアメリカ資本の木材会社で日系二世の米国人ボスのセクレターとして3年働き，さらに映画会社（Central Motion Picture[28] → RKO[29]）で1957年春まで働きました。

28　板倉史明「占領期におけるGHQのフィルム―所蔵フィルムから読み解く認証番号の意味」http://www.momat.go.jp/research/kiyo/16/pp.54_60.pdf，（参照2013-08-02）

このころから，私は独自にファイリングの方法を編み出し，実行しました。

レター用紙は色分けした用紙を利用し，以下のようなファイル区分をしました。

　W（白）：送付先別

　P（桃）：Master File

　Y（黄）：社内関係送付先

　B（青）：Subject File

ファイリング方法は以下のとおりです。

　W & Y：送付先別：A－Z順

　P：Master File：文書番号順＝ Chronological Order（日付順）

　B：Subject File：主題別（IN/OUT を一緒にして）

　それ以外に Tickler File も管理しました。日付（１日〜31日）順の（ハンギング）フォルダーに，ペンディング案件や実施待ちの文書を入れ，当日にその文書を取り出し，ボスに渡し，処理を促す方法です。

　天然資源局にアドバイザーで所属していた Mr.Cossit（嘱託民間人）は，日本人に対して全く敵意がなく，心が広く，「アメリカにいらっしゃい」と言ってくれたので，保証人になってもらい，1957年夏に米国ジョージア州立大学（当時は college）に入学しました。初めは，英文学を専攻しようと思いましたが，「日本人が英文学では留学できない。」と言われ，ビジネス・エデュケーションを専攻しました。

　渡米の旅は，津田塾大学やお茶の水女子大学の卒業生等５名で，横浜から貨物船で約２週間かけてバンクーバーに着き，さらにシアトル経由でサンフランシスコ，ロス・アンジェルスと各所でひとりずつ別れ，その後，私はひとり，ロスからシカゴ経由で Mr.Cossit の住むアトランタまで，列車で３日かけて向かいました。食堂車で食べるお金はなかったので，ロスで知り合いに弁当を作ってもらい，乗り込みました。シカゴまでは，客車は白人と黒人に分かれていませんでしたが，シカゴを経て南部に近づくにつれ，途中からいつの間にか自分が乗った車両に白人がいなくなっていたのです。当時，公民権運動[30]前の南部では，白人と黒人は車両が分けられていていました。気づいたら，私は黒人車両に座っていました。しかし，若さと緊張で不思議と怖いという気持ちはなかったです。アトラン

---

29 「Radio Keith Orpheum Entertainment は，かつて存在したアメリカ合衆国の映画会社，映画スタジオ，映画配給会社である。1950年代までは，メトロ・ゴールドウィン・メイヤー，パラマウント，20世紀フォックス，ワーナー・ブラザーズと並んで，「ビッグ５」と呼ばれていた一大メジャー映画会社であった。一日本法人は日本アール・ケー・オー映画株式会社があり，戦後はディズニー作品の日本に於ける配給を行っていた。米国本社の倒産後にディズニーに売却され，ブエナ・ビスタ映画株式会社となったが，1974年に解散し現存しない。現在のウォルト・ディズニー・ジャパンとは無関係。1955年〜1957年まで」https://www.britannica.com/topic/RKO-Radio-Pictures-Inc，（参照2013-04-28）

タ駅に迎えに来た Mr.Cossit はそれを見て，「日本人女性をなぜ黒人車両に乗せたのか！」と，烈火のごとく車掌に怒りをぶつけていたのを思い出します。

私が滞在した Cossit 家では，コーンフレーク，ベーコン，フルーツ，サンドウイッチがいつでも用意されていて，すでにラップで食物を包むということをしていました。「ヒデコが来た」と近隣の人達が集まり，パーティを開いてくれて，当時のアメリカはリッチで暖かいと感じました。

当時キャンパス内に支部があった「アトランタ・ジャーナル（The Atlanta Journal-Constitution）[31]」でアルバイトも経験しました。留学生として奨学金をもらっていましたが，小遣い稼ぎとして1時間あたり1ドルの報酬をもらいました。その作業はクリッピング（新聞切り抜き作業）でした。しかしその新聞に「日本から来た留学生」という私の記事が載った結果，移民法[32]違反ということで問題になったのです。その時，Mr.Cossit が，「ヒデコはビジネス・アドミニストレーションを学びにきたので，働く現場を観察する必要がある。」と当局に説明してくれたので，事なきを得ました。

1958年に帰国しましたが，銀座東急ホテルでスイス人マネージャーのセクレタリーになりました。同時に，エッソ・スタンダードからも，高額でオッファーがありましたが，帰国したからには，日本企業で働き，双方の商習慣の違いを体験してみたいと思っていたので，日本企業の東急ホテルを選びました。その後，東急ホテルはヒルトンホテルズインターナショナルと経営協約を結び，1963年6月，日本初の外資経営の東京ヒルトンホテル[33]

---

30 「1876年から1964年にかけてアメリカ合衆国南部の州法にジム・クロウ法（Jim Crow law）があり，主に黒人の，一般公共施設の利用を禁止制限した法律を総称していう。例えば，バス停留所には白人用と有色人種用の2つの待合所が存在し，バス・チケット売り場も白人専用窓口と有色人種専用窓口があった。電車は人種ごとに車両が選別されるか，同車両内でも人種ごとに席が分けられた。1964年7月2日，リンドン・ジョンソン政権は公民権法（Civil Rights Act）を制定し，南部各州のジム・クロウ法は廃止となった。」Jim Crow Laws, Martin Luther King Jr. National Park Service, http://www.nps.gov/malu/forteachers/jim_crow_laws.htm，（参照2013-09-11）

31 アトランタ・ジャーナル「オハイオ州デイトン発祥でアトランタに本社を置くコックス社は，アトランタ内外のメディア事情に大きな影響を与えている。1950年～80年代の写真コレクションは約500万画像以上あり，その内7000画像が，ジョージア州立大学図書館のデジタルコレクションで利用できる。http://digitalcollections.library.gsu.edu/cdm/landingpage/collection/ajc，（参照2018-04-28）

32 安田修「1952年，「移民国籍法（The Immigration and Nationality Act）」が成立。これは特に移民を大幅に緩和したものではないが，人種差別・性差別を緩和ないしは撤廃した点で画期的なものであった。その後，法改正により，「米国で学生査証（F−1）（M−1）の就労，語学学校留学生の就労は認められていない。語学学校以外の留学生は一定条件下でのアルバイトが認められている。また卒業時に1年間の実習労働（OPT／Optional Practical Training）が認められる。F−1．M−1ビザで働ける場合，学校内でのアルバイトのみ（週20時間，学校外でのアルバイト（週20時間以内。休暇中は無制限）。但しフルタイムで1年以上を履修した2年目以降の学生，および予期せぬ事態により経済的に困難になった学生に限る。またアルバイトには学校への届け出が必要。」『海外移住情報』http://www.interq.or.jp/tokyo/ystation/profile.html，（参照2013-09-11）

33 ザ・キャピトルホテル東急　創業50周年のあゆみ「1958年（昭和33年）12月東京急行電鉄株式会社，ヒルトンホテルズインターナショナルと業務契約締結，1961年（昭和36年）7月東京ヒルトンホテル建設工事着工，1963年（昭和38年）6月20日東京ヒルトンホテル開業」ザ・キャピトルホテル東急，http://www.capitolhoteltokyu.com/ja/information/topics/1301309860092.html，（参照2013-08-03）

として開業しました。翌年の東京オリンピックに急いで間に合わせるためでした。私はオープニングの準備に携わり，人事異動でリエゾン・オフィサーになり，給料は3〜4万円（大卒初任給平均17800円の時代）にアップしました。勤務は時間厳守，職務分掌は明確でマニュアルに記述されており，今では当然のことが，当時の日本ではこのような働き方はまだ定着していませんでしたので，大変先進的な職場であったと思います。

（3）インタビュー結果からの考察

1）教育的背景と個人の天性

　加藤氏は，戦前に高等女学校は英国系の香蘭女学院，戦中戦後に大学は仏系の聖心女子学院高等専門学校で学んだ。香蘭は1937年日中戦争の勃発後，日英関係の悪化により，1940年に副校長の任にあたっていた3名が相次いで帰国し，教育内容に大きく影響を受けた。一方，聖心は聖心会（Societas Sacratissimi Cordis Jesu）という教育修道会を設立母体とし，聖心会総本部はイタリア・ローマにある。ローマ・カトリックは，日露戦争時に戦地のカトリック教会が日本により保護されたことに対して，ローマ教皇が明治天皇に感謝の意を表すために，1905年，教皇ピオ10世がアメリカ人司教のウィリアム・ヘンリー・オコンネルを親善使節として明治天皇宛てに親書を託し，派遣したという経緯がある。その後日本のカトリック教会の現状視察という目的でイエスズ会が1908年に来日し，高等教育機関を設置することが認められ，1911年には財団法人上智学院，1916年には，聖心女子学院高等専門学校が設立された[34]。加えて聖心女子学院のキャンパスは旧久邇宮邸であり，香淳皇后（昭和天皇皇后）が幼少期を過ごした地でもあったということで，戦前に内務省が行っていた思想統制も緩やかであった。このような自由な環境で教育を受けることができたことは，加藤氏のその後のチャレンジ精神を育てたという，特筆すべきところである。

　加藤氏の語学力は聖心女子学院を卒業する頃には，ヒアリング能力は磨かれていた。当時の一般日本人が「カム・カム・エブリボディ」[35]で学んだレベルとは大きく異なり，初期学習段階からネイティブ仕込みで耳が慣れており，GHQに就業した際には，郵便検閲の職場から引き抜かれて，次の職場へ異動させられる程の能力があった。夜間，日系二世が指導する英文速記の学校に通い，さらにブラッシュアップしていったという本人の努力もある。

34　上智大学編『上智大学五十年史』上智大学出版部，1963，p.28
　　高宇「近代日本における国家とミッション・スクール」東京大学大学院教育研究科紀要　No.50，2010
35　竹前栄治「カムカム英語というのは，敗戦後，国民が暗澹たる気持ちに落ち込んでいた1946年2月から，平川唯一講師によってNHKラジオで全国に放送された英会話番組である。番組は「証城寺の狸ばやし」の軽快なメロディーのテーマソングで始まり，外国人ゲストの登用で当時としては画期的な番組であり，視聴率も第一位であった。」『占領と戦後改革』（岩波ブックレット　シリーズ昭和史，No.9）岩波書店，1988，p.2-3

98 | 第Ⅱ部　戦前・戦後における文書管理の導入と普及の背景

　戦時中，疎開はせず，東京で空襲に耐えながら過ごした，芯の強い，賢明な女性である。天然資源局の Mr.Wise の下で働いた時の一件を見ても，正しいことは正しいと主張し，米国人ボスと堂々と渡り合い，決して卑屈にならず筋を通したことや，米国に初めて渡った時，ひとりでロスからシカゴ経由でアトランタまで３日間，列車で移動したという勇気と行動力は，天性であろうかと思う。

2）採用試験

　経歴には書いてないが，聖心女子学院を卒業後，約４年間，GHQ で働いた経験が，その後の加藤氏のキャリアの大きな礎になっている。戦後，大卒でも就職口を見つけにくい状況の中で，アメリカンクラブで募集していた民間検閲局（CCD）の郵便検閲の仕事は，英語力と引き換えに優遇された給与で働ける職場であり，英語に自信のある男女学生，滞米経験者，英語教師，大学教授，外交官 OB が集まった。検閲局の採用試験問題は，以下のような簡単なものであった。加藤氏によると，第一地区東京ではネイティブのインタビューだけで，筆記試験はなかったという。第三地区福岡では甲斐弦によると，今では珍しくもない○×式の筆記試験があり，全部で50問中，何問できたか，何分かかったか，両面から採点され，１時間を越えたら失格であったという。

---

1. workと同じ意味の語を次の五つから選べ。
 (1) wake (2) sleep (3) walk (4) toil (5) play
2. 次の英文のうち，どれが一番文法的には正しいと思うか。
 (1)…… (2)…… (3)…… (4)…… (5)……
3. 次の英文の下線を施した部分の和訳としては，どれが一番
 適当と思うか。
 (1)…… (2)…… (3)…… (4)…… (5)……

検閲局の採用試験問題（一部分）

図4-3　第三地区福岡検閲局の採用試験問題（一部分）
出典：甲斐弦『GHQ 検閲官』葦書房，1995，p.105

3．検閲の戦略

（1）検閲戦略と経過

　検閲は，米国ワシントン本部の検閲局が，連合国によって占領される各地域で，検閲の

実施方法と所管機関，および機関相互の責任分担について，プライス検閲局長官からスティムソン陸軍長官宛に，太平洋戦争中（1943年6月）に書簡を送り，アジア・太平洋戦域に対しても海軍省と陸軍省が密接に調整して行うべきことを確認したことに基づき行われた。検閲による情報収集は，戦争目的遂行のために行われるものであるが，同時に占領地の世論や住民の士気を的確に把握することによって，軍・民生当局の政策遂行を助けるものと考えられ，「緊急」の必要性を有するものと考えられた。占領軍が日本で実施した民間検閲は，マッカーサー指令部の恣意によって行われたのではなく，JSC873/3[36]を根拠として，米統合参謀本部の命令によって行われ，占領政策に反するあらゆる情報の伝播を抑圧し，経済活動を安定させるとともに，敵側への情報リークや地下抵抗運動を未然に防ぐという任務である。

　この任務の基本は，コミュニケーション・ラインの確保と維持である。実施時期を三段階に分け，日本においては，ａ．戦闘段階（1941年12月〜1945年8月），ｂ．占領段階（1945年9月〜1946年5月），ｃ．占領地住民による政府が設立される段階（1946年6月〜1951年9月）において注意深く実施された。検閲対象となったものは，①郵便（信書，新聞その他の印刷物，小包，俘虜との通信および赤十字を通じて行われる通信），②電話，③電信（有線無線の電信電話，ラジオ），④旅行者携行文書，⑤映画・写真の5種類である[37]。加藤氏は，就業時期から推測すると「**ｃ段階の①**」の業務に属していたことになる。

　GHQの検閲指令を時系列にまとめると，以下のようになる。[38]
　　1．1945/09/06　　トルーマン，「初期対日方針」（SWNCC150/4）を承認し，マッカーサーに指令するとともに，最高司令官の権限に関してマッカーサーに通達
　　2．1945/09/09　　マッカーサー，日本管理方針に関する声明
　　　　　　　　　　（間接統治，自由主義助長等）
　　3．1945/09/10　　「言論およびプレスの自由に関する覚書」（検閲開始）
　　　　　　　　　　（SCAPIN-16）
　　4．1945/09/14　　同盟通信社を配信停止処分（9月15日正午）
　　5．1945/09/15-17 朝日新聞を発行停止処分（SCAPIN-34）
　　6．1945/09/19　　「プレス・コードに関する覚書」[39]（SCAPIN-33）

36　大統領幕僚長（Chief of Staff to the Commander-in-Chief of the Army and Navy）・統合参謀本部議長（Chairman, Joint Chiefs of Staff）のウィリアム・D・リーヒィ海軍大将宛に送った検閲局長官バイロン・プライスの書簡，1944年9月11日付。
37　前掲10，p.27-41の要約。
38　国立国会図書館　「日本国憲法の誕生　詳細年表」http://www.ndl.go.jp/constitution/etc/history01.htm
　　SWNCC（State-War-Navy Coordinating Committee）：国務・陸軍・海軍三省調整委員会文書
　　SCAPIN（Supreme Command for Allied Powers Instruction Note）：連合国軍総司令部覚書や対日指令集

7.	1945/09/21	「日本の新聞準則に関する覚書」（SCAPIN-33）
8.	1945/09/22	国務省，「初期対日方針」（SWNCC150/4/A）発表
		「ラジオ・コードに関する覚書」
9.	1945/09/24	新聞・通信社に対する政府の統制廃止を指示
10.	1945/09/29	天皇のマッカーサー訪問時の写真を掲載した新聞に対する政府の発禁処分の取消しを指示
11.	1945/10/01	「郵便検閲に関する覚書」（SCAPIN-80）
12.	1945/10/04	「自由の指令」（内務相らの罷免，思想・言論規制法規の廃止，特高の廃止，政治犯の釈放等）
13.	1945/10/09	東京5紙（朝日，毎日，読売，東京，日本産業）に新聞事前検閲を開始
14.	1945/10/22	「教育制度の運営に関する覚書」
		（軍国主義的・国家主義的教育禁止）
15.	1945/11/16	非民主主義的映画の排除を指令
16.	1945/12/15	「神道に対する政府の保証・支援・保全・監督および弘布の廃止に関する覚書」
17.	1946/01/28	「映画検閲に関する覚書」
18.	1946/03/30	米国教育使節団，教育の民主化を勧告した報告書提出
19.	1946/11/03	日本国憲法公布に際して日本国民に対しメッセージを発表
20.	1947/02/25	マッカーサー，大逆罪の廃止に関して吉田宛に書簡
21.	1947/05/02	マッカーサー，国会などにおける国旗掲揚の許可に関し，吉田宛に書簡
22.	1947/05/03	日本国憲法施行

　実際には，日本国憲法施行後も1951年9月まで検閲は続けられ，アメリカの関心は時代とともに変遷し，郵便・通信の検閲は，共産主義（左翼活動，共産党員，集会）について探る手段に使われた。

（2）GHQ 組織図と統治体制

　ここで，GHQ の組織図全体を見ておきたい。GHQ のトップに最高司令官，その下に参謀長がおり，参謀長を補佐する副参謀長，参謀第一部（GⅠ，企画・人事・庶務），参謀第二部（GⅡ，諜報・保安・検閲），参謀第三部（GⅢ，作戦・引揚・命令実施），参謀第四部（GⅣ，予算・調達・武装解除）がその下につく。さらに副参謀長の下に民生局

39　*Code for Japanese Press*, University of Maryland, http://www.lib.umd.edu/binaries/content/gallery/public/prange/about-us/censordocs_presscode.jpg,（参照2014-09-26）

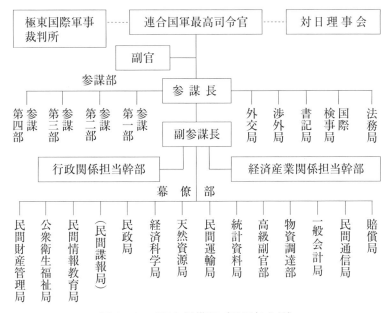

図4-4　GHQ組織図（1947年9月）
出典：竹前栄治『占領と戦後改革』（岩波ブックレット　シリーズ昭和史，No.9）岩波書店，1988，p.14

(GS)・経済科学局（ESS）・民間情報教育局（CIE）などで構成される幕僚部がつき，日本の諸官庁との連絡・指導に当たった。

　占領政策の一環として日本政府に法令を公布させ，合法的に間接統治する方式を採用した。

・勅令第542号（昭和20年9月20日）
　「政府ハ「ポツダム」宣言ノ受諾ニ伴ヒ連合軍最高司令官ノナス要求ニ係ル事項ヲ実施スル為特ニ必要アル場合ニ於テ命令ヲ以テ所要ノ定ヲナシ必要ナル罰則ヲ設クルコトヲ得」

　連合国最高司令官（SCAP）は，直接命令を日本国民に出すのではなく，指令や覚書を外務省の外局として設置された終戦連絡中央事務局（1945年8月26日～1948年1月31日）を通して日本政府に伝え，これを受けた日本政府が，それを法律や命令・規則・通牒などの形式にして都道府県から地方自治体に通達し，実行させた。そして，占領政策が地方自治体などの末端で順守されているかどうかを各地に展開している軍政機構がチェックした。東北・北海道・関東（除　東京）の例でいえば，軍政機構は，SCAP⇒第九軍軍政部⇒軍団軍政部⇒地方軍政部⇒府県軍政部へ至る末端系統で，都道府県を監視していた。指令文の流れ[40]
GHQ最高司令官：ダグラス・マッカーサー（第一生命ビル6階）
⇒ 参謀長（副参謀長）⇒ 参謀部

⇒ 幕僚部各局
　　⇒ 終戦連絡中央事務局
　　　（日産館：現在の日比谷セントラルビル―内幸町）
　　　初代長官：岡崎勝男（終戦時外務省調査局長）
　　　参与～次長：白洲次郎（1945年12月吉田外相の要請で参与に就任，
　　　　1946年3月次長へ昇格，1947年5月迄在職）
⇒ 日本政府 ⇒ 都道府県 ⇒ 地方自治体

　検閲については，参謀第二部より民生局（GS: Government Section，局長コートニー・ホイットニー准将，行政公職課長チャールズ・ケーディス中佐）が終戦連絡中央事務局を通じて，日本政府に指令を出させ，内閣総理大臣より閣令が発令された。

・閣令第43号（昭和20年10月12日）内閣総理大臣　男爵　幣原喜重郎
「昭和20年勅令第542号ニ基キ連合軍ノ為ス郵便物，電信及電話通話ノ検閲ニ関シ左ノ通リ定ム」　附則　本命ハ公布ノ日ヨリ之ヲ施行ス

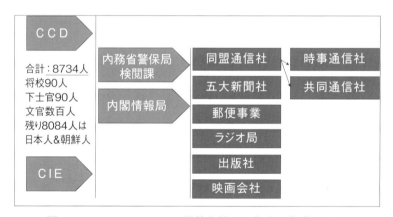

図4-5　CCD，CIEから媒体各社への指令，指導の流れ
出典：福島鋳郎「占領下における検閲政策とその実態」『思想の科学』思想の科学社，No.98，1978，p.22-24より図式化
注）同盟通信社：1936年～1945年に存在した社団法人の通信社。海外宣伝を重視した国策通信社。1945年9月14日，GHQは同社に即時業務停止を命令し，10月31日に解散，時事通信社と共同通信社に分離。五大新聞社：朝日，毎日，読売報知，日本産業経済，東京の各紙。所轄官庁は外務省，逓信省。

40　「終戦連絡中央事務局は，占領期にGHQと日本政府との連絡を担った機関である。連合国軍最高司令官より示された中央連絡機関設置の要求に応じて，1945年（昭和20年）8月26日，外務省の外局として東京都芝区田村町（当時）に設けられた。初代長官には終戦時外務省調査局長であった岡崎勝男が任命され，その統括の下に4部が置かれた。設置当初それぞれの部では，総務，軍事・政治その他連合国軍に対する通信便宜供与，賠償・経済的調整，俘虜抑留者，といった事項が取り扱われていた。終連の業務は占領政策の進展とともに複雑化し，内閣直属の行政機関が新設・拡充されるに伴い，それらの機関に分掌または移管されるようになった。そして，外務省の外局としての終連は，1948年（昭和23年）1月31日の「連絡調整事務局臨時設置法」施行により廃止された。」外務省「外交史料　Q＆A　昭和戦後期」http://www.mofa.go.jp/mofaj/annai/honsho/shiryo/qa/sengo_02.html，（参照2014-09-25）

媒体各社に対しては、内務省警保局検閲課・内閣情報局が、間に入った。検閲政策はCCD（Civil Censorship Detachment）民間検閲支隊（図4-5）が単に占領政策を推し進めている上で害となるものを取り除くばかりでなく、検閲のプロセスで、連合軍総司令部の要求している情報源をもピックアップした。つまりCCDには一般の検閲作業と、検閲作業の中で得た情報を蒐集するという二つの目的が与えられていた。一方、CIE（Civil Information and Educational Section）民間情報教育局は、検閲業務は行わず、新聞、出版、ラジオ、映画・演劇、図書館への査察、監督、材料提供等を図る行政指導的立場であった。

（3）指令文

GHQによる検閲の指令文と実施期間、検閲対象と根拠となる指令、実施期間を一覧表で示す。

表4-1　GHQ検閲の指令文と実施期間（国立国会図書館「日本国憲法の誕生　詳細年表」より抜粋）

検閲対象	実施期間	指令文
郵便（信書、小包）	1945/10/01〜1949/10/26	SCAPIN-80
電気電信・ラジオ放送	1945/09/22〜1949/10/24	SCAPIN-16，SCAPIN-43
書籍	同上〜1947/10/15	SCAPIN-16
雑誌	同上〜1947/12/15	SCAPIN-16
新聞	1945/09/19〜1948/07/25（事前検閲）	SCAPIN-16，SCAPIN-33，SCAPIN-44
新聞	1948/07/26〜1949/10/24（事後検閲）	
映画・写真	1946/01/28〜1949/11/dd	SCAPIN-658

郵便検閲については、1945年10月1日付で、GHQ東京中央連絡事務所より日本政府宛に指令文SCAPIN-80[41]が発信された。同年10月11日付の朝日新聞に「郵便等に検閲制、連合国軍の命であす綱領公布」[42]という記事を掲載し、国民に周知して行われた。日本側では検閲物提出等を円滑に行うための検閲事務連絡官を配置し、CCDの所在する地域の中央郵便局に駐在させるようにした。[43]日本政府を通じて検閲に関する具体的情報を統制し、違反した場合は処罰があった。検閲官には検閲そのものについて話題にすることも禁止した。

41　SCSPIN-80：郵便検閲に関する日本政府宛の覚書、1945年10月1日付、国立国会図書館憲政資料室
42　「郵便等に検閲制、連合国軍の命である綱領公布—戦時中施行された信書に対する検閲は、終戦間もなく去る八月二十日廃止されたが、このほど連合軍最高司令官の命により再び検閲が郵便物、電報及び電話通話に対し行はれることとなり、わが政府に対してその協力を指令して来た。」朝日新聞、1945年10月11日
43　裏田稔『占領軍の郵便検閲と郵趣』郵趣サービス社、1982、p.31-38

以下はSCAPIN-80の文書形式，スペース，行替え，すべて，本文のとおりに書写：

OFFICE OF THE SUPREME COMMANDER
FOR THE ALLIED POWERS

AG 311.7（1 Oct 45）CI   1 October 1945
（SCAPIN - 80）

MEMORANDUM FOR: IMPERIAL JAPANESE GOVERNMENT.
THROUGH   :   Central Liaison Office, Tokyo.
SUBJECT   :   Censorship of the Mails.

　　　　　1. All postal communications are subject to
Censorship, to the extent deemed advisable by the Supreme Allied
Commander.

　　　　　2. Mails will be made available to the Civil
Censorship Detachment, AFPAC, and will be submitted for censor-
ship as directed from time to time thru the liaison officer
of the Board of Communications assigned to censorship.

　　　　　　FOR THE SUPREME COMMANDER:

　　　　　　　　　　　　　　　　　　/s/Harold Fair,
　　　　　　　　　　　　　　　　　　/t/HAROLD FAIR,
　　　　　　　　　　　　　　　　　　Lt. Colonel, A.G.D.,
　　　　　　　　　　　　　　　　　　Asst. Adjutant Gener
　　　　　　　　　　　　　　　　　　al

....

（訳）
覚書：日本帝国政府
経由：東京中央連絡事務所
件名：郵便検閲

１．すべての郵便通信は，連合軍最高司令官によって当を得たと見做される範囲で，
検閲の対象となる。
２．郵便は，AFPAC（太平洋陸軍）のCCD（民間検閲支隊）の利用を可能とし，検

閲を任命された通信委員会連絡将校を通じて，随時，指示に基づき検閲のために提出される。

最高司令官　宛

ホラルド・フェア
陸軍中佐，総務局長
陸軍副参謀補佐

（4）民間検閲支隊司令部（CCD）組織図

　CCDの地区割りは，東日本・北海道を第一地区（本部東京，支部札幌，仙台），関西・四国を第二地区（本部大阪，支部名古屋，松山），中国・九州を第三地区（本部福岡，支部広島，熊本），ソウルを第四地区としていた。

　配置人数については，第一地区東京の日本人検閲官の1948年の名簿がある。郵便以外も含めた検閲官総数が，6月では2043人（内，郵便課1525人），9月では2172人（内，郵便課は1625人）で，郵便検閲官は全体の75％を占め，多くの人手を要していた。

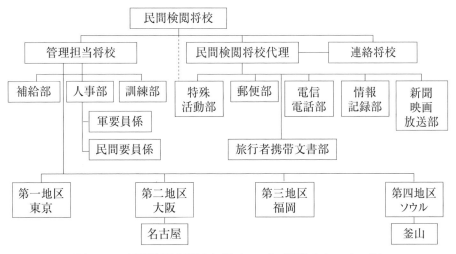

図4-6　民間検閲支隊司令部（CCD）組織図（1946年1月）
出典：江藤淳『閉ざされた言語空間』文芸春秋，1994，p.224，原出典：SCAP, Box 8524

表4-2　GHQ／CCD　各地検閲支局と担当地区区分

検閲支局名	所在地	担当地区と作業	開始日	停止日	停止命令
第1地区	東京	静岡，長野，新潟以東の都道府県（北海道は昭和23年12月以降独立）	1945.10.16	1949.10.21	口頭指令
1A	仙台	放送，新聞関係			
1B	横浜	税関			
第1地区	札幌	北海道全域	1948.12.6	1949.10.15	文書指令
第2地区	大阪	大阪，京都，滋賀，兵庫，和歌山，奈良，福井，石川，富山	1945.10.16	1949.10.26	口頭指令
2A	名古屋	愛知，三重，岐阜（昭和24年8月以降大阪に統合）		1949.7.29	文書指令
2B	松山	放送関係			
第3地区	福岡	鳥取，岡山，四国以西の各県	1945.10.16	1949.10.15	文書指令
3A	熊本				
3B	広島				
第4地区	ソウル	韓国	1945.mm.dd	1948.08.dd	文書指令
4A	釜山				

出典：福島鋳郎「占領下における検閲政策とその実態」中村隆英編『占領期日本の経済と政治』東京大学出版会，1979．p.341

　米統合本部の命令（JSC873/3）によって行われた検閲作業については，米国本国の管轄官庁からの視察があり，米国郵政省[44]の副長官 Mr. P.C. Aiken が来日し，1948年3月2日に東京中央郵便局を訪問している。写真4-1～3とキャプションは，2014年8月15日，メリーランド州にあるNARAアーカブズⅡの4階写真室のボックス（左）で見つけた（RG 111-SC, Box 600）。

44　米国郵政省（Post Office Department）は，1971年6月まで米国に存在していた連邦行政機関の1つ。長は郵政長官（Postmaster General）。郵政再編法（Postal Reorganization Act）の発効により，中央省庁の1つであった郵政省は大統領管轄下の独立行政機関としての米国郵便公社（United States Postal Services）に移行。Significant Years in U.S. Postal History，https://about.usps.com/publications/pub100/pub100_076.htm，（参照2018-04-06）

第4章　GHQ の郵便検閲と記録管理：現場で働いていた経験者へのインタビューからの考察　　*107*

写真　4-1：左より Suzuki 氏（民間検閲副代表），Kunotomo 氏（東京中央郵便局長），Kanazawa 氏（郵便部広報部長），Mr. P.C. Aiken（米国郵政省副長官）。

　Kunotomo 氏は，Mr. Aiken に，日本の切手が戦前のものから新しい版に印刷されたことを説明し，見せている。

　1948年3月2日

写真　4-2：Mr.P.L.Dunham（占領軍民間検閲将校）は Mr. Aiken（米国郵政省副長官）が東京中央郵便局へ視察旅行で訪問した際，米国へ送付される小包を見せている。（小包も検閲対象）

　1948年3月2日

写真　4-3：Mr. Aiken（米国郵政省副長官）が，東京中央郵便局の視察後，Suzuki 氏（民間検閲副代表）と Kunotomo 氏（東京中央郵便局長）と握手して，玄関前で別れるところ。

　Mr. Aiken は，東京中央郵便局の視察後，米陸軍や日本政府と協議し，その後，中国やフィリピン訪問を予定している。

　1948年3月2日

4．郵便検閲の業務フローと管理体制

（1）「（軍＆民生）検閲運用報告書」

"Operations of Military and Civil Censorship USAFFE/SWPA/AFPAC/FEC" は，NARA の Archives Ⅱ で収集したマイクロフィルムが国立国会図書館憲政資料室にある[45]。当報告書の第5章 p.145より第6章 p.219までの抜粋であるが，通信・放送，郵便検閲の作業についての運用報告が網羅されている。郵便検閲については業務フローの一次資料であり，先行研究の二次資料と比較しながら参照した。ページ構成の概要項目は，表4-3のようになる。

表4-3　Operations of Military and Civil Censorship USAFFE/SWPA/AFPAC/FEC; Chapter V & Chapter VI, 1949

Chapter	Title		Detail	Page
Chapter V	THE COMMUNICATIONS DIVISION	1	Background	145～150-22（行）
		2	Mission and Objectives	150-23～155-31
		3	Organization	155-32～164-8
		4	Operations	164-9～170-9
		5	Postal	170-10～177-9
		6	Telecommunications	177-10～185-5
		7	Technical Operations	185-6～194-15
		8	Informations and Records	194-16～200-11
		9	Problems and Solutions	200-12～204
Chapter VI	SUMMARY	1	Accomplishments	205～211-9
		2	Problems	211-10～216-1
		3	Criticism	216-2～217-8
		4	Reccomendations	217-9～220

〈表4-3の概要〉

Ⅴ-1　戦前の日本のコミュニケーション・ラインの実態（通信網は発達。内務省の検閲にも言及）

Ⅴ-2　検閲の使命と目的は，占領地の世論や住民の士気を的確に把握することによっ

45　国立国会図書館憲政資料室　資料請求番号：WOR2967～2970．（参照2018-04-24）

て，軍・民生当局の政策遂行を助けるもの

Ⅴ-3　CCDの組織（郵便部，電信電話部，新聞・映画・放送部，情報記録部）の役割（図4-3）に同じ

Ⅴ-4　各地域の統轄方法

Ⅴ-5　郵便部の組織と業務（業務フローも掲載―図4-4，4-5と同じ）

Ⅴ-6　電信・電話部；発信基地，業務フロー，電話件数統計

Ⅴ-7　技術部の組織と業務

Ⅴ-8　情報記録部の組織（タイプ係，ファイル係，インフォメーション・スリップ係，マスター・ウォッチ・リスト係，製図係）と業務（インフォメーション・スリップの分析）

Ⅴ-9　課題解決

Ⅵ-1　成果（軍事的，政治的の目的―後半では共産主義阻止）

Ⅵ-2　問題点（費用対効果，月報）

Ⅵ-3　講評（コード設定の課題）

Ⅵ-4　勧告（コメント・シートの幕僚部別配布枚数の統計）

（2）郵便検閲の業務フロー

　第4章4-(1)で説明した「検閲運用報告書」の郵便部では，p.173とp.174の間に，イラスト入りの「業務フローチャート」がある。（国立国会図書館憲政資料室のマイクロフィルムは5枚の分割画像である。図4-7はそれらを合成した。）これは東京第一地区の事例の図式化で，タイトルは"MAIL FLOW CHART-CI DISTRICT STATIONS"である。

　業務フロー左上より説明すると，まず全国の郵便局から，一般の郵便と「ウォッチ・リスト」に該当する郵便が大別されて入荷してくる。一般の郵袋から出されたものは，無作為に抽出され，数量把握の後，アルファベット順に並べられて，仕分けられる。一方，「ウォッチ・リスト」該当分は，パネル化して見やすく机上に立てた「差出人，受取人，住所，関係あり記号が掲載されたリスト」と予備照合者が照合（flashing）を行い，手紙の束から「当たり」を付けて開封される。ウォッチ・リストとは以下の内容である。

　郵便検閲の分類コードは，Bは企業関係のもので，その業種により細かく分けられ，それぞれ専門知識のある検閲官が担当した。FMB，FMPは，個人，企業を問わず，海外への差出・受取すべて検閲対象であった。Pは個人差出人のものがアルファベット順に分けられた。P&Pは新聞社や出版社の差出・受取，O&Dは公文書，DPCは総司令部により要注意とみなされた個人や団体―例えば極右主義者，追放令該当者，共産主義者，旧財閥関係の会社，銀行等の差出，受取全て検閲対象であった。W/Lはウォッチ・リスト上にある戦犯への差出・受取すべてが対象であった[46]。

110 | 第Ⅱ部　戦前・戦後における文書管理の導入と普及の背景

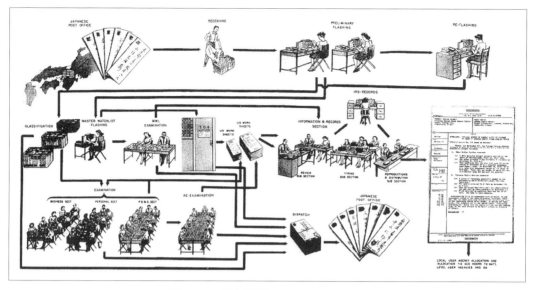

図4-7　郵便検閲のフローチャート

出典：国立国会図書館憲政資料室　マイクロフィルム（申込ID：1018206，タイトル：WOR2968，参照2018-04-25）

原典：MIS. Operations of Military and Civil Censorship, USAFFE/SWPA/AFPAC/FEC, Intelligence Section Vol. X 1950.9 RG550Box248, *Mail Flow Chart CI District Status*, p.173-174）

　死刑を宣告された戦争犯罪人宛の郵便，あるいは他の一切の戦争犯罪人への来往便は，発信地の検閲所で検閲し，問題がない場合には通過させるべきものとする。

表4-4　郵便検閲分類コード

B	Business
FMB	Foreign Mail Business
FMP	Foreign Mail Personal
P	Personal
P&P	Press and Publication
O&D	Official and Diplomatic
DPC	Disorder Professional Collocation
TOU	Technical Operation Unit
W/L	Watch List

出典：裏田稔『占領軍の郵便検閲と郵趣』日本郵趣史出版，1982，p.21

46　森勝太郎「占領下の日本における連合軍の郵便検閲―そのフィラテリック・レポート」『切手研究会創立5周年記念論文集』切手研究会，1955，p.16

再照合（Re-examiner）で何らかの疑問があると見做された手紙は，マスター・ウォッチ・リスト（MWL）係に渡す。最重要とみなされた郵便はこの段階でTOS（Technical Operation Section）へ検査のため直接渡す。検閲者が判断のつかないものは，問題個所を英訳して，所属班の責任者（多くが日系二世）に渡す。インテリジェンス性が高いと判断された郵便は，ワークシート（Comment Sheet／Information Sheet）を作成し，TOSやIRS（Information Record Section）に回す。

　一方，問題がないと判断された郵便物は，検閲された手紙そのものは没収するのではなく，ビニールテープで封印され，宛先に届けられる。開封された手紙は，"OPENED BY/ MIL. CEN.-CIVIL MAILS"と印字されたセロテープで封印して届けられるので，手紙を受け取った人は，それが検閲されたとわかる。東京裁判で候補に挙げられたウォッチ・リスト上の人物等の場合は，常に開封されていた。

　この印刷されたセロテープとテープカッターという組み合わせ備品は，当時，日本では製造されていなかったので，「これだけ見ても日本が戦争に負けた理由がわかる」と，甲斐弦は述べている。しかしその開封の方法については，TOSのGuidebookで，以下のような厳密な指示を与えている。「秘密検閲」という，蒸気で開封し，秘密に封をする方法もとられていた。

　　　私信を扱う場合，そのすべてについて秘密検閲を用いるのは危険である。法人組織の通信を取り扱う場合には，検閲の対象となる郵便の少なくとも3％をはさみで開封し，しかるのちにシールを貼らなければならない。ウォッチ・リスト担当のメッセージ分析員は，外観により，どのような手紙が無害な文面のものであるかを判定するよう努めなければならない。無害な手紙は，はさみを用いて開封すること，必要とあれば，すべての私信を蒸気で開封し，秘密に封をした上で，無害な文面のもののみをはさみを用いて再び開封し，テープで封をすること。（中略）ウォッチ・リスト上の人物宛の郵便検閲がお決まりの平常業務に陥らぬよう，また機械的な指針検閲を行わぬようにすることが肝要である。どんな接触が重要であるかも知れない。どんな私信の中に，隠されたメッセージが含まれているかも知れない。

（3）検閲対象項目とコメント・シート

　検閲の対象となる判断基準は25項目が設定され，問題のある手紙は，コメント・シート（Comment Sheet）やインフォメーション・スリップ（Information Slip）に英訳して上司（多くは日系二世）に提出した。これらは，CCD機構の内部にのみ配布される個別の摘発情報の簡単な手書きメモである。問題とならなかった多くのケースでも，件数の統計を入れたさまざまなレポートが各部局で作成され，上層部や関係部署に定期的に配布されていた。特に重要なものは，Public Opinion Tallyと呼ばれ，日本人の本音を客観的に示す簡単な「世論集計表」として，高級幹部の意思決定の参考資料として重宝がられた。しか

112 | 第Ⅱ部　戦前・戦後における文書管理の導入と普及の背景

し，分類が大まかで固定的すぎる（項目別に賛成 or 反対の集計）ので，世論の深層を正確に反映しなくなり，コメント・シートやインフォメーション・スリップそのものがマクロな集計を補完するものとして幹部に歓迎され，1948年初めから急増した。

　各地区から東京のCCD本部に送られたもので，CCD活動期を全体的に見た時，コメント・シートは45万通にも達している。しかし，電話盗聴と比較して郵便による比率は0.15％と低く，計算すると675件である。加藤氏が「開封してもほとんど問題がなかった」という証言と一致する。しかしこれらの検閲結果の文書はCCDの廃止と同時に，ほとんど抹消された。[47]

（参考）CCDの検閲政策：（1946年11月の検閲指針），出典：米国国立公文書館資料。
A Brief Explanation of the Deletions and Suppressions, dated 25 November, 1946,
The National Record Center, RG 311, Box No. 8568

1．SCAP—連合国最高司令官（司令部）に対する批判
2．極東軍事裁判批判
3．SCAPが憲法を起草したことに対する批判
4．検閲制度への言及
5．アメリカ合衆国，ロシア，英国，中国，他の連合国に対する批判
6．朝鮮人に対する批判
7．連合国一般（国と特定せず）に対する批判
8．満州における日本人取扱についての批判
9．連合国の戦前の政策に対する批判
10．第三次世界大戦への言及
11．ソ連対西側諸国の「冷戦」に対する言及
12．戦争擁護の宣伝
13．神国日本の宣伝
14．軍国主義の宣伝
15．ナショナリズムの宣伝
16．大東亜共栄圏の宣伝
17．戦争犯罪人の正当化および擁護
18．占領軍兵士と日本人女性との交渉
19．闇市の状況
20．占領軍軍隊に対する批判
21．飢餓の誇張
22．暴力と不穏の行動の扇動
23．虚偽の報道

47　前掲14，p.40-41

24. SCAP または地方軍政部に対する不適切な言及
25. 解禁されていない報道の公表

　ここで細かい話になるが，広島・長崎の原爆に関する情報統制について記しておきたい。1945年9月18日 GHQ は朝日新聞社に48時間発行停止処分を行った。その理由のひとつに，原爆投下責任を基礎にアメリカによる日本の復興責任論を論じた鳩山一郎の談話を掲載（9月15日付）したことが挙げられ，続いて19日には10項目のプレス・コードを指令した。

　4. There shall be no false or destructive criticism of Allied Powers.

　これは上記検閲項目25の中で，「7．連合国一般（国と特定せず）に対する批判」に該当する「連合国に対し，事実に反し，又はその利益に反する批判をしてはならない」という内容を含むこの指令は，それまで日本の新聞・ラジオが積極的に行っていた原爆批判を封じるとともに，8月22日以降，原爆被爆者や爆心地での作業従事者の間に，脱毛・発熱・下痢などの諸症状や血液異常が現れていたが，原爆被害の実態も覆い隠した。
　CCD 検閲官に配布されたガイドブックでは，主題として，⑴細菌戦争に関する研究調査，⑵原子物理学・原子エネルギー・原子爆弾に関する研究調査，⑶広島と長崎の原爆投下の効果—については，所定の書式（コメント・シート）で報告するよう指令し，メディアでの事前検閲で，3つの主題への言及がある時は，監督官の決定を仰ぐようにと注意していた。1945年10月からのプレス・コードに基づく事前検閲と同時に，映画の撮影，学会報告においては口頭のみ許可され，学術論文の印刷配布は禁止した[48]。原爆表現に対する検閲についての研究は堀場清子の『禁じられた原爆体験』（岩波書店，1995）がある。ブランゲ文庫に収蔵された原爆関係の雑誌等から抜粋した言葉として「原子爆弾」「原爆」「ピカドン」「ピカ」「アトム」「原子沙漠（砂漠）」「焼野原（ヒロシマを表現したもの）「焼跡（同上）」「八月六日」「ヒロシマ」等の語を含む文章は，検閲対象の重要事項指示書（key logger）となり[49]，郵便検閲でも同様であったと思われる。

（4）労務管理

　MWL 係は検査部という下部組織（図4-8）を持っていた。そこでは TOS には行かなくてもその宛名などから精査する必要があるとみなされた郵便が，ビジネス班，個人班，特殊郵便班に仕分けされた。特殊郵便班は，政治家，役人，捕虜（抑留者），戦犯などの

48　広島市「日本における原爆情報統制」『広島新史　歴史編』1984，p.54
49　岩崎文人「GHQ 占領下時代の CCD（民間検閲支隊）による検閲に関する研究」文部科学省科研補助金研究成果報告書，広島大学 2005-2007，2008.3，p.2

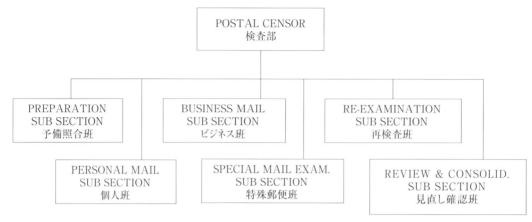

図4-8　第一地区東京　郵便部

原典：MIS. Operations of Military and Civil Censorship, USAFFE/SWPA/AFPAC/FEC, Intelligence Section Vol. X 1950.9 RG550Box248, *Postal Section District I Tokyo*, p.169-170

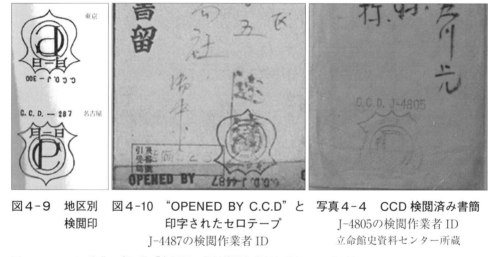

図4-9　地区別検閲印

図4-10　"OPENED BY C.C.D"と印字されたセロテープ
J-4487の検閲作業者ID

写真4-4　CCD検閲済み書簡
J-4805の検閲作業者ID
立命館史資料センター所蔵

図4-9, 4-10の出典：裏田稔『占領軍の郵便検閲と郵趣』郵趣サービス社，1982

郵便を扱った。

　検閲要員としては，米軍将校（officer）を必要最小限の人数に留め，嘱託文官（嘱託民間人）の管理の下で日本人を検閲官（examiner）として多数雇用した。予備照合者は日本人，または日系二世であるが，MWL係は機密性を守るために，米軍の将校か民間文官が担った。少数の日本人も加わるが，彼らは注意深く選別されて将校に信用を得た者だけであった。

　この末端で働く検閲官は，検査対象項目を参照しながら，該当するものかどうかを判断した。その際，検閲官のIDスタンプ「J-0000」（4桁番号）を押すことになっていた。現場の検閲者の判断に関係なく，開封されたものはすべて再検査班（re-examiner）に回され，そこで内容の問題の程度を判断し，検閲者の能力，態度が判定された。検閲能力が

第4章　GHQの郵便検閲と記録管理：現場で働いていた経験者へのインタビューからの考察　|　115

随時査定され，有能と判断された者は昇給した。能力の低かった者は，各地区CCDに属する検閲者養成学校で英語や判断能力の教育が行われた。また破壊的な意図を持っていたり，故意に問題郵便を見逃したりする者は，発見次第，解雇された[50]。

福岡地区で携わっていた甲斐弦によると，検閲係（examiner）の外に再検閲係（re-examiner）が別にいて，これが検閲済みの手紙を，無差別抽出でもう一度検閲し，もしそこで不正が発覚したら厳罰に処せられ，勤務状況は二重三重に監視されていて，検閲した手紙が何通，摘発したものが何通，翻訳したものが何通，そのうちテーブル・マスター（またはDAC = Department of the Army 嘱託民間人）の修正を受けることなく無傷で通ったものが何通，と細かに記録され，それがたちまち待遇に跳ね返った。作業風景はまさに以下の〈写真4-5：丸の内中央郵便局検閲局作業風景〉で見られるとおりであったと加藤氏も証言している。

After being read by Japanese nationals, material of interest is referred to the senior translator who passes on the matter and translates it into English.

PLATE NO. 76
Censorship, July 1947

写真4-5　検閲局作業風景（1947年7月）マッカーサー元帥宛にスタッフが提出したレポートの一部に掲載されているもの
出典："Reports of General MacArthur" MacArthur in Japan: The Occupation: Military Phase Prepared by his general staff, p.237, http://www.history.army.mil/books/wwii/MacArthur%20Reports/MacArthur%20V1%20Sup/Index.htm#cont. （参照2013-08-03）

50　前掲43

(5) 職務記述（Job Description）

GHQの職務記述については，検閲業務とは異なるが，神奈川県立公文書館に，「外国人使用人の雇用切替え及び給与等について」昭和21年５月６日起案　第110号の添付書類の中で見ることができる。神奈川県では，第八軍から英文で示されたものを，さらに日本語と英語に並列で表形式に作成し直しているので，左右にＢ４サイズの用紙を２枚繋いだ横長の表となっている。写真２は第八軍からのオリジナル文書で，Ｂ４サイズ１枚にタイプライターで作成されたもの。表の左側より，

・Job Title Defined by Regulation（規程に基づく職名）
・Basic Monthly Amount（基本月給）
・Job Description（職務記述）
・Job Title Application（職名）

の大きく分けて４列で記述されている。基本月給はMinimum/Intr./Maximum（最高／中／最低）と３つの区分で示されているが，脚注によると，「技術職のみ連合軍技術職給与規則にのっとり暫定的に設定」，と規定している。この中で職務記述は，職種別に担当業務が大変細かく記述されている。一例を示すと，職種〈車の修理工〉では，

Automobile Repairman：Assembly, disassembly, rebuilding and repairing of

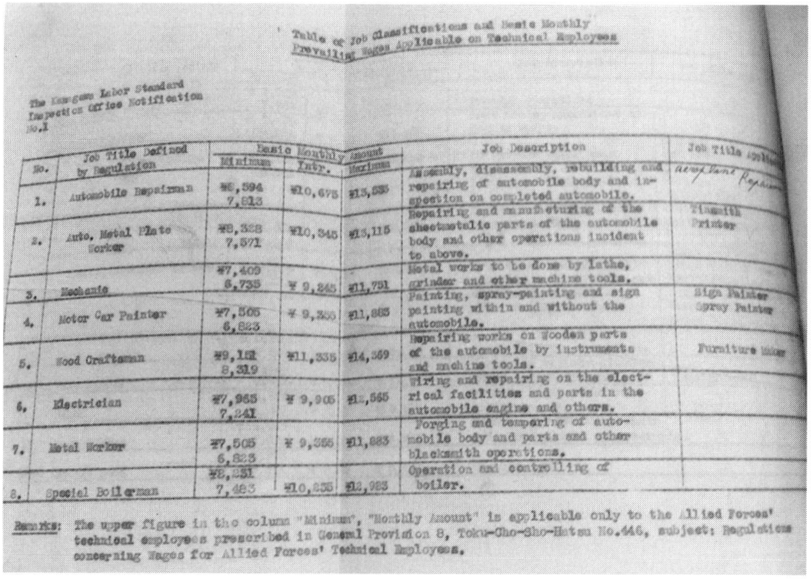
Table of Job Classifications and Basic Monthly Prevailing Wages Applicable on Technical Employees

The Kanagawa Labor Standard Inspection Office Notification No.1

No.	Job Title Defined by Regulation	Basic Monthly Amount Minimum	Intr.	Maximum	Job Description	Job Title Application
1.	Automobile Repairman	¥8,594 7,813	¥10,675	¥13,5[illegible]	Assembly, disassembly, rebuilding and repairing of automobile body and inspection on completed automobile.	[illegible]
2.	Auto. Metal Plate Worker	¥8,328 7,571	¥10,345	¥13,115	Repairing and manufacturing of the sheetmetalic parts of the automobile body and other operations incident to above.	Tinsmith Printer
3.	Mechanic	¥7,409 6,735	¥ 9,245	¥11,751	Metal works to be done by lathe, grinder and other machine tools.	
4.	Motor Car Painter	¥7,505 6,823	¥ 9,3[illegible]	¥11,885	Painting, spray-painting and sign painting within and without the automobile.	Sign Painter Spray Painter
5.	Wood Craftsman	¥9,152 8,319	¥11,335	¥14,369	Repairing works on wooden parts of the automobile by instruments and machine tools.	Furniture Maker
6.	Electrician	¥7,965 7,241	¥ 9,906	¥1[illegible],565	Wiring and repairing on the electrical facilities and parts in the automobile engine and others.	
7.	Metal Worker	¥7,505 6,823	¥ 9,356	¥11,883	Forging and tempering of automobile body and parts and other blacksmith operations.	
8.	Special Boilerman	¥8,231 7,483	¥10,235	¥12,923	Operation and controlling of boiler.	

Remarks: The upper figure in the column "Minimum", "Monthly Amount" is applicable only to the Allied Forces' technical employees prescribed in General Provision 8, Toku-Cho-Sho-Hatsu No.446, subject: Regulations concerning Wages for Allied Forces' Technical Employees.

写真４-６　「外国人使用人の雇用切替え及び給与等について」昭和21年５月６日起案

出典：進駐軍労務給与関係規定綴 第110号の添付書類，神奈川県立公文書館
（請求番号1199200468，参照2013-08-16）

automobile body and inspection on completed automobile.

〈組立，分解，車体の復元と修理，完成車の検査〉，これらがすべて出来るようであれば，給与は最高で（満額：¥13,533）支払うように，定められている。雇用される時から，業務内容や範囲が定められ，それにより給与も３段階の数字で提示される。この設定は，郵便検閲の給与設定にも通じるものがある。このように細かい給与のランク付けで労働の目標管理をしていた。学歴，年功序列，男女とかの設定ではなく，職務記述に基づく成果で評価する，平等な労務管理を実施していた。郵便検閲という一見後ろめたい業務でも，このような平等な成果主義に納得して働いた日本人は多いといわれている。

（6）給与

給与規程は，"REGULATIONS CONCERNING WAGES AND ALLOWANCES OF THE ALLIED POWERS EMPLOYEES WITH CONCERNED NOTIFICATIONS AND RULES"『連合国軍関係使用人給与規程』[51]として，特別調達庁労務管財部が日本語版と英語版を合本で編集し発行されている。給与基準は事務系と技能工系に分けられ，「連合國軍関係使用人基本給与基準表」が７～12ページに渡り定められたものに基づき，日本政府がGHQで雇用されている日本人と外国人の賃金支払いを，日銀を通じて行うよう事務発信文書SCAPIN764-A（1946年３月18日）により，命じている。さらに同規程87～90ページには語学能力基準表が定められ，会話能力と翻訳能力の考査実施内容と所要時間が示され，能力に応じた昇給制度を実施するよう，特別調達庁総裁から都道府県知事へ通達していた[52]。

給与支払いは，各都道府県が窓口となり個人別の「連合國軍関係使用人カード」（160×120mm）を作成し，支払の記録を残すようにしている。給与は定期昇給と成果主義に基づく協議に応じて，アップした記録を書くようになっている。調査した範囲では各県公文書館で未だ公開されておらず，また年金支払いの重要なエビデンスでもあり，現用文書として原課で管理されている県もあると思われる。

1946年１月から実施された「連合軍常備使用人俸給基準表」によれば，日本人検閲員は「特殊通訳及び翻訳」に相当する技能職とみなされ，「普通」でも月額700乃至900円，「高級」で900乃至1,200円を支給されることになっていた。要員が不足していたので，試験の結果，一定期間の訓練を経れば，使用可能と判定された者は，月額350円を支給されて訓練を受け，その上で採用されるという制度も併せて行われていた。加藤氏は初めから1,000円を支給されたので，スタート時の能力が高かったことがわかる。昭和20年から25

51　国立国会図書館「連合国軍関係使用人給与規程 改訂増補」特別調達庁労務管財部編，特別調達庁労務管財部，1949年 請求番号366.43-To417r-（th）
52「連合国軍関係使用人に対する語学加給支給に関する件」昭和23年８月13日，前掲51，p.87

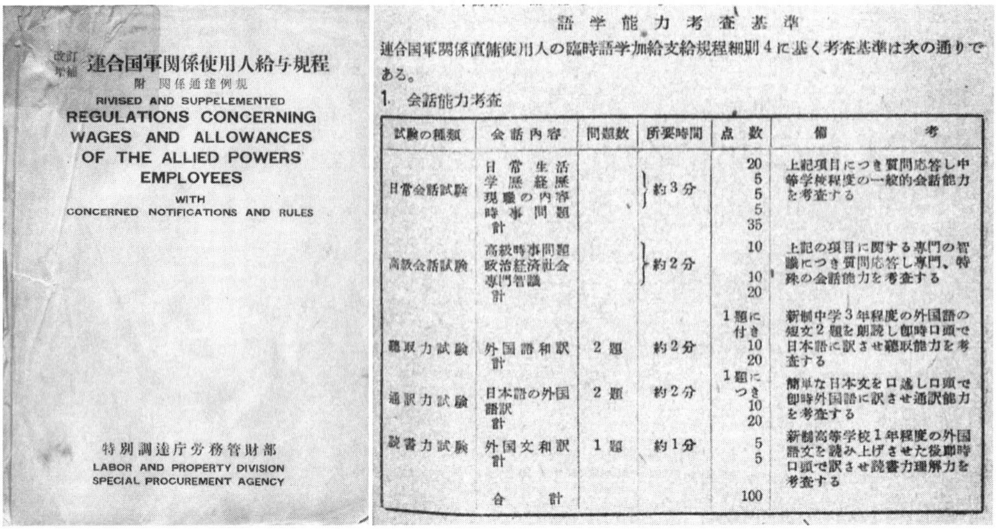

改訂　連合国軍関係使用人給与規程
増補
附　関係通達例規
RIVISED AND SUPPELEMENTED
REGULATIONS CONCERNING
WAGES AND ALLOWANCES
OF THE ALLIED POWERS
EMPLOYEES
WITH
CONCERNED NOTIFICATIONS AND RULES

特別調達庁労務管財部
LABOR AND PROPERTY DIVISION
SPECIAL PROCUREMENT AGENCY

語学能力考査基準

連合国軍関係直傭使用人の臨時語学加給支給規程細則４に基く考査基準は次の通りである。

1. 会話能力考査

試験の種類	会話内容	問題数	所要時間	点数	備考
日常会話試験	日常生活 学歴経歴 現職の内容 時事問題 計		約３分	20 5 5 5 35	上記項目につき質問応答し中等学校程度の一般的会話能力を考査する
高級会話試験	高級時事問題 政治経済社会 専門智識 計		約２分	10 10 20	上記の項目に関する専門の智識につき質問応答し専門、特殊の会話能力を考査する
聴取力試験	外国語和訳 計	２題	約２分	１題に付き 10 20	新制中学３年程度の外国語の短文２題を朗読し即時口頭で日本語に訳させ聴取能力を考査する
通訳力試験	日本語の外国語訳 計	２題	約２分	１題につき 10 20	簡単な日本文を口述し口頭で即時外国語に訳させ通訳能力を考査する
読書力試験	外国文和訳 計	１題	約１分	5 5	新制高等学校１年程度の外国語文を読み上げさせた後即時口頭で訳させ読書力理解力を考査する
	合計			100	

写真４-７　連合国軍関係使用人給与規程（左：表紙，右：同規程の語学能力考査基準，p.89，国立国会図書館）

年の間，インフレ率が高く，給与は物価スライドで定期昇給していった。甲斐弦によると，第三地区福岡のCCDでは，学生ばかりでなく60，70歳の老人もいて，年齢も性別も経歴も一切関係なく，肝心なのは実力だけであったといっている。

（７）検閲の終焉

1948年頃から，GHQの内部で予算削減が強く叫ばれ，出版・新聞・放送部門では事前検閲から事後検閲へ，メディア検閲の移行がなされる等，規模縮小がなされた。日本人からも，検閲による郵便の遅れには強い不満があり，CCD当局は，郵政省幹部と協議していた。GHQ本部から経費削減を急がされたCCDは，郵便検閲の特に最初の予備照合者が行う，「アルファベット順の仕分け作業」に，多数の人員が投入されているのではないかと反省がなされ，合理化する努力がなされた。つまり，宛名や住所を読み上げる人と，それを聞いてリストから探す人を別々にした作業を導入すると効率的であることが判明し，作業時間が大幅に節約されるようになった。郵便検閲は1949年11月のCCD活動全面中止まで継続した[53]。

日本全国で毎日約4,500通の私信をランダムに抽出して開封し，あらかじめ定められた上記25項目（1946年11月の検閲指針）について，世論調査を行っていたわけであるが，その中の検閲項目番号12，13，14，15，16では，「戦争擁護，神国日本，軍国主義，ナショナリズム，大東亜共栄圏」に関する戦前の日本人の精神的価値体系が含まれていたものを，禁止事項と定めていた。

53　前掲14，p.44

第 4 章　GHQ の郵便検閲と記録管理：現場で働いていた経験者へのインタビューからの考察　｜　*119*

公文書ニ於テ「大東亜戦争」,「八紘一宇」ナル用語乃至ソノ他ノ用語ニシテ日本語トシテノソ
ノ意味ノ聯想ガ国家神道, 軍国主義, 過激ナル国家主義ト切リ離シ得ザルモノハ之ヲ使用スル
コトヲ禁止スル, 而シテカカル用語ノ即刻停止ヲ命令スル。[54]

　しかし, このような検閲による思想統制は, GHQ の民生局の原案によって制定され
1947年 5 月 3 日から施行された現在の憲法,「第21条」の条項と矛盾するようになったた
め, 徐々に検閲緩和の方針に傾いていった。占領下の日本を訪問した米国人ジャーナリス
達からも指摘され, 米国市民自由連盟（American Civil Liberties Union）からの批判も
後押しした[55]。

（8）小括

　現在80歳後半を超える世代の人々は, 丁度青年期であった時に, 価値観の大転換期を過
ごした。長い間口を閉ざし沈黙を続けていた人々が, 最近テレビ取材でもやっと語り始め
ている。戦犯に問われやしないかと沈黙を通し, 検閲で抑えられていた思い, 特に広島,
長崎の原爆に関する米国への批判や怒り等……。ここでは反米感情論を取り上げるのでな
く, 視点を変えてみると, GHQ の統治の仕方, 業務フローに基づく文書作成と記載事項
の明確化, マニュアルに基づく業務内容と記録管理体制は実に統制がとれ, 合理的かつ巧
妙である。雇用者の評価は Job Description に基づき, どこまでできているか測定可能な
指標があり, 年齢, 性別, 学歴の区別なく, 実力のみで平等であったので, とにかく戦後
を生き延びることに迫られていた人々は, 納得して働いたという。

5．GHQ における記録管理と業務の進め方について

　加藤氏は天然資源局で, シニア・セクレタリーにより記録管理の方法を手ほどきしても
らった。現代の「決済箱」に相当する「イン・バスケット方式」により, 業務処理の過程
を明確にする方法として, ボスの机上の右側に IN（受信）, 左側に OUT（発信）, その下
に Pending（保留）と表示された箱に区分けされた文書で, 案件が処理されていく過程を
見て, このような仕事の進め方は, 当時, 画期的であったと言っている。

54　「国家神道, 神社神道ニ対スル政府ノ保証, 支援, 保全, 監督並ニ弘布ノ廃止ニ関スル件（昭和二十年十二
　　月十五日連合国軍最高司令官総司令部参謀副官発第三号（民間情報教育部）終戦連絡中央事務局経由日本政
　　府ニ対スル覚書）」http://www.mext.go.jp/b_menu/hakusho/html/others/detail/1317996.htm,（参照2018-
　　04-28)
55　前掲10, p.316-317,「米国市民自由連盟の理事ロジャー・ボールドウィンは, 日本の視察旅行の後, 1947年
　　7 月 9 日付で, 第八軍司令官アイケル・バーガー中将に私信を送り,『日本における市民的自由』と題する
　　覚書を同封している。」

（1）天然資源局における記録管理手法

　天然資源局のキャビネットの引出しは，Active（現用），Inactive（半現用），Dead File（非現用）に段を分け，文書移管システムの準備が部署内で構築されていた。引出し内は米国製のマニラフォルダーが並び，手動式タイプライターで作成された文書が「時系列」と「案件別」の二通りにファイリングするようになっていた。クロス・レフェレンス（どちらからでも検索）ができるように，すべて紙文書の時代に考えられた仕組みである。加藤氏は，さらに工夫し，GHQ退職後に勤めた外資系の会社でも，レター用紙を白（送付先別，A-Z順），ピンク（Master File，日付順），黄色（社内部署別），青（Subject File，IN/OUTをセット）の4色の用紙を使ってファイリングミスをなくすように，一目で見分けができるような仕組みを考案した。フォルダーの配列は，送付先別はアルファベット順，Master Fileは日付順，Subject Fileは分類項目別に受信・発信文を一緒にして，ファイルした。

　この発想は，指示された内容の文書をいち早くボスに差出すことが問われる秘書にとっては，欠かせないファイリング技法である。奇しくもフランスのアーキビストのフランソワ・ギゾーが1839年に中央アーカイブズで，自部署のアーカイブズ編成規則の出版の際，アルシーブ・ナショナルでアーカイブズ素材を整理した方法でも，同様に発想された区分である。まず，フォンドごとに，つまり，「発信元の行政官庁，企業，家族のような特定の機関で発生したすべての記録は，一緒にまとめ，」二番目に，そのフォンドの中で，「案件別グループで編成され，そしてそれぞれのグループは，他のグループとの関係性において定義された所に割り当てられる。」最後に，「時系列，地域別，アルファベット順を活用」[56]アーカイブズではこれを「編成（arrangement）」と呼び，アーカイブズを生み出す機関のバラエティに富んだ固有の活動に対応できるようにしている。情報区分の階層化における考え方は，現用文書を扱う秘書のファイリング区分とアーカイブズ資料のタグ付けが，何ら変わらないものであることがわかる。

　Active（現用），Inactive（半現用），Dead File（非現用）にキャビネットの段を分けるという仕組みは，三沢仁の著書『ファイリングシステム』の中で「オキカエ」「ウツシカエ」として，取り入れられている。つまり，三沢は，当年度，前年度，常用（作成年度に左右されず活用できる内容）という区分で，キャビネットの引き出しを使い分けている。

　ここでDead Fileはその後どうなったのか，加藤氏の話では，引出しに滞留したままであり，「廃棄か移管か」という判断は，在籍していた期間中では実施されなかったという。ほとんど廃棄可能の文書ばかりで，長期保存されるべき重要な案件の文書は，日本人スタッフの目には触れないように別置されていたのではないかと，加藤氏は推測した。

56　Jennifer Douglas "Origins: Evolving Ideas about the Principle of Provenance" *Currents of Archival Thinking*, p.25

第4章　GHQの郵便検閲と記録管理：現場で働いていた経験者へのインタビューからの考察　|　*121*

（2）レコードセンターは存在した

　レコードセンターがあったかどうかについては，三沢仁の弟子であった東政雄と八板信夫の両氏が元住吉のレコードセンターで働いていたという話を壺阪は語っている。近隣市史や各公文書館で調べてみたが，元住吉という場所を示す公文書や関連資料は見当たらなかった。しかし，坂口の博士論文，第8章第3節の2に，第八軍の横浜文書保管庫（Central Records Depot No.4）が，1946年3月に横浜市中区海岸通の倉庫に設置されたと記されている。その目的は，日本及び朝鮮における活動を停止した部隊の文書，及び活動中の部隊の「非現用」文書を受入れ，整理し，管理することであり，1946年4月に500箱分の文書を受入れた。1947年8月以降の1年間に受入れた文書量は，月平均120箱程度である。1946年10月には米国ミズーリ州に設置された陸軍省文書管理センターへ発送された。1947年8月からの1年間では，毎月平均130箱分の文書が発送されている。「非現用（Dead File）」に該当するものは，以下の9区分であり議会の承認なしに処分可能な書類や資料」として廃棄してよいものであった。加藤氏は，非現用でも廃棄を実施したことはなかったと言っていたが，占領行政の過程で発生した文書は，陸軍省が定める基準に従って一定の移管と廃棄が行われていたことがわかる[57]。

　　　1）陸軍の出版物の残部
　　　2）陸軍以外の出版物
　　　3）便宜上作られた文書の写し
　　　4）出版物の請求書，送り状，修正指示書などの一時的文書
　　　5）図書館資料・展示資料
　　　6）業務管理用の文書
　　　7）動画，録音資料，写真，地図など
　　　8）損傷を受けたフィルム
　　　9）複製用の原版等

　この基準1〜9を見て，廃棄のほとんどのものが，別の資料で補完できるものであるか，あるいはオリジナルは必ず別置されているようなものである。それ以外のすべてのGHQ-SCAP資料はNARAへ移管され，補修・整理され，歴史的資料として保存され，それが30年後に開示され，後世に説明責任を果たしている。1945年から1952年までのそれらの資料は，国立国会図書館が長年にわたり精力的に収集し続け，メリーランドのアーカイブズⅡに行かずとも，同図書館憲政資料室で閲覧できる。研究者はその恩恵を受け，当世代ばかりでなく，後世になっても参照できるのである。

57　前掲7，p.228-229

122 | 第Ⅱ部　戦前・戦後における文書管理の導入と普及の背景

　レコードセンターが存在していたことを示すものの裏づけとして参考になるかもしれな
い1点の資料を，神奈川県立公文書館で見つけた。昭和26年5月7日付の渉外労務課長起
案で，各渉外労務管理事務所（出張所）長宛てに「外国人使用人の雇用切替え及び給与等
について[58]」の添付資料があり，Rosy Koyama が Property Record Clerk で6,900円，
Martha Kiefer が File Clerk で8,050円，Rashed Abrashid は Storekeeper General で
11,790円，同職種で Rei Chi Chon が6,900円，Ye Hi Cheung は Inventory Counter
Interpreter で7,250円，Arvid Balk が Information & Editorial Clerk で16,100円等の給与
リストが掲載されている。しかし，いずれもレコードセンターに直接関係ある業務である
かどうかは不明であり，この調査は今後の課題である。

　国立国会図書館憲政資料室にある WAR DEPARTMENT DECIMAL FILE SYSTEM
（軍事部門10進分類表）の313の分類項目「記録作成・保存・活用」の中の313.3に「管理，
保存，文書倉庫（移管）」が提示されているということは，レコードセンターの設置が規
定で定められていたことがわかる。

　　　313- Records; making, keeping, and using（記録；作成，保存，活用）
　　　　313.1-Making records（Carbon process, copying by hand or typewriter,
　　　　microfilming, photographic copies, press copying.）
　　　　記録作成（カーボン複写法，書写またはタイプライター，マイクロフィルム，写真
　　　　複製，書評用見本）
　　　　313.2-Keeping records（Book records, card index systems, decimal flat filing, filing
　　　　and indexing systems, post record books, loose-leaf systems, self-indexing systems,
　　　　suspended or follow-up files, War Department Decimal File）
　　　　保存記録（帳簿，カード式検索システム，10進フラットファイル検索システム，郵
　　　　便記録簿，ルーズリーフ帳，自動索引システム，保留または継続ファイル，軍事部
　　　　門10進ファイル）
　　　　313.3-Care, preservation, and storage of records（transfer）
　　　　　　管理，保存，文書倉庫（移管）
　　　　313.4-Amendment and correction　修正と校正
　　　　313.5-Use or utilization（Access to or permission to examine, application for and
　　　　　　refusal to furnish copies, authentication and certification, copies of records
　　　　　　and files, production in court, use of official seals）
　　　　　　利用または利用に供すること（アクセスまたは調査許諾，複写提供の適用また
　　　　　　は拒否，証明・保証，記録やファイルの複写，法廷記録，公印捺印）
　　　　313.6-Disposition, such as burning and destroying（Obsolete records, useless

---

58　（終戦連絡横須賀事務局事務引継）「進駐軍労務給与関係規定綴」20-12-1-204　神奈川県立公文書館　請求
　　記号：歴史的公文書 1199200468，（参照2013-08-16）

records）

　　　廃棄；例えば焼却と破棄（廃止文書，不要文書）

　　313.7-Lost or destroyed records　紛失あるいは破棄された記録

　　313-8-Irregularities in use（In private possession, misuse）

　　　不正利用（私物化，悪用）

　　313.9-（未設定）

（3）主題別10進分類と指令文№の結合による記録管理統制

　ここで「軍事部門主題別10進分類」について述べてみたい。1876年に米国図書館学者デューイ（Melvil Dewe）が考案したデューイ10進分類法（Dewey Decimal Classification）の考え方に倣い，米国軍事部門が作成したものである。1914年に発行された後，1915年に増刷され，1917年に短縮版，そして1918年に改訂版が出されている。国立国会図書館憲政資料室には，1943年2月15日付でワシントンの米国政府印刷局で発行されたものが存在し，軍事部門における往復書簡だけでなく，占領統治国においても利用するよう記述されている。ファイリングの標準化を示す方法（science）が定められ，業務効率を図るべくシステム化されている。分類を利用する目的については，以下のように記述されている。

　　　The science of filing involves the placing of papers in a file or other receptacle by use
　　　of a simple and economical method, so as to insure their preservation and production
　　　when required, and in whatever manner requested, within a minimum period of time.
　　　The basic principle of filing involves the provision of certain definite clues for locating
　　　the papers filed.

　　　（訳）ファイリングの方法は，必要な時に，最低限の時間内で，求められる方法で，保存とアウトプットを確実なものとするために，簡易で経済的な方法を駆使してファイルまたは他の入れ物に文書を収納することを要件とする。ファイリングの基本原則には，ファイルされた文書を特定するための明確な手がかりが用意されている。

　軍事部門10進ファイルシステムの大分類は主題別に000〜800番台があり，900番台は，1943年の時点で空白である。以下の詳細項目を辿って見ると，占領軍が実施した業務概要が見えてくる。

　　　000-General（庶務）
　　　100-Finance and accounting（財務会計）
　　　200-Personal（人事）
　　　300-Administration（総務）

400-Supplies, services, and equipment（補給，保全，設備機器）

500-Transportation（運輸）

600-Buildings and grounds（建物土地）

700-Medicine, hygiene, and sanitation（薬物，公衆衛生）

800-Rivers, harbors, and waterways（河川，港湾，水路）

900- 未設定

　先に104ページで述べたSCAPIN-80には，左上に AG 311.7（1 Oct 45）CI と記入されていたが，上記の分類コードと結びつき統制されている。まず〈AG〉とは，Adjutant General（高級副官部）の略で，SCAPIN（Supreme Command for Allied Powers Instruction Note）は発信部局からあげられた指令文案に，高級副官部がSCAPINの通し文書番号を振り，「高級副官部がSCAPINを管理している」ことを示すための記号である。次に〈311.7〉とは，WAR DEPARTMENT DECIMAL FILE SYSTEM（軍事部門10進ファイルシステム）の中で，Censorship（検閲）に該当する分類番号である。「主題別10進分類」の冊子は，アルファベット順索引の両面から検索できるように編集されている。〈CI〉とはCISの略で，発信部局の民間諜報局（Civil Intelligence Section）を示す。〈1 Oct 45〉は，発信日である。

　　　　300-Administration（総務）の中の中分類番号311番台には，以下の主題を含む。

　　　　　310-Business methods and procedure（業務手順）

　　　　　311-Communication, methods and systems（通信の手段と仕組み）

　　　　　311.1-Mails（郵便）

　　　　　311.2-Telegragh（電報）

　　　　　311.3-Telephone（電話）

　　　　　311.4-Couriers and messengers（密使と使者）

　　　　　311.5-Confidential and secret communication, method of transmittal
　　　　　　　（親書・機密通知と伝達方法）

　　　　　311.6-Flags and other signals（旗と信号等）

　　　　　311.7-Censorship（検閲）

　　　　　311-8-Paraphrasing（略語で言い換え）

　　　　　311.9-Homing pigeons（伝書鳩）

　すべての発信文書には，主題別分類コードNo.が付与され，一件一枚主義で文書は作成されている。発信者は，作成文書がどの案件（主題）であるか明確にしなければならない。しかしそれにより，受信者は内容を明確に理解し，事後のファイリングにおいても受・発信部署間で相違が生まれない仕組みとなっている。また，70年以上経過した今日でも分類

第4章 GHQ の郵便検閲と記録管理：現場で働いていた経験者へのインタビューからの考察 ｜ *125*

番号が付与された指令（SCAPIN）を見れば，内容の把握に役立つのであるから，この番号は記録管理統制の重要な鍵であることがわかる。さらに311等の分類番号が付与されたSCAPIN はどれだけ発行されたかを調べる逆引きリストがあり，「Record Group 別対日指令集」として，今日インターネットで検索可能で，研究者に活用されている。

（4）ファイリング・キャビネットとファイリング・サプライズの国産化

当時，キャビネットはすべて米国のレミントンランド製であった。GHQ のオフィスが拡大してくると，米国より持ち込んだ台数や備品では足りなくなり，国内製造品が求められた。岡村製作所が横浜の第八軍関係の調達物資の入札に参加し，レミントンランド製と同じキャビネットの仕様書を渡され受注した[59]。軍の仕様で戦車や飛行機の色と同色の専門用語で "5GY" というミリタリーカラーをファイリング・キャビネットにも塗るように要求された。

1947年頃，1946年創業の鋼製家具メーカー，共栄工業は OEM（Original Equipment Manufacturer）工場として動き始め，イトーキ（1890年創業の金庫製造メーカー）や，岡村製作所（軍需産業であった航空機産業の工場）がその後，鋼製家具メーカーとして転じる機会を裏方で支えた。

1950年，レミントンランド社がファイリングシステムと共に事務用の鋼製家具，事務機器，サプライズを日本に販売を展開していた頃は，国産の事務用家具生産の草創期でもあった。レミントンランド社が GHQ の事務用品全般を取り扱っていたのをキャッチして，ある日，日興産業の創業者（当時はシールド社の社員）水野純雄が京橋のオフィスに飛び込み営業をした。その時，「カーデックス」[60]（カードケースを手前に引くと階段状に一覧式でカードを配列させた商品）の制作を受注した。カーデックスとはレミントンランド社の商品名であるが，鋼製家具に指定印刷の紙のカードをセットして納品する商品である。コンピュータのない時代，直ちに検索できるインデックスであり，株主名簿や役所の印鑑証明等に利用されていた。家具は共栄工業が，ファイリング・サプライズ（Filing Supplies）は日興産業が製造し，組み合わせてイトーキ経由でレミントンランド社に納品するルートを切り開いた。[61]

ファイリングとは，サプライズとキャビネットが連動して初めて機能するものであり，双方のコラボレーションが実現し，これがシステム化され，「ファイリングシステム」と日本では呼ばれるようになった。日興産業は米国製のマニラフォルダーに代わる，国産の個別フォルダーやハンギング・フォルダー，持ち出しフォルダー等その後開発し，それらの商品は日本のデファクトスタンダードとなり，現在の JIS 基準の原案ともなっている。

---

59 「スチール家具メーカー岡村製作所の成立と展開」横浜市総務局市史編纂室，横浜市史Ⅱ（上），p.460-461
60 レミントンランドの商標「カーデックス」
61 イトーキ『山岡越夫 追想録』自費出版，1996，p.22

126 | 第Ⅱ部 戦前・戦後における文書管理の導入と普及の背景

しかし，この2社ともOEMに徹し，商品はイトーキ，オカムラ，内田洋行，コクヨ，プラス等のメーカー名で販売されているので，一般的に知られていない企業である（本誌附録2参照）。

（5）会議の仕方と議事録

米国方式では，通常50分以内で結論を出し，議決があいまいなまま，会議が終了することはない。未解決の場合，「尚，検討を要する。How soon? 責任者は〇〇」という議事録になる。これができる理由として，「アメリカは契約社会なのですべてを書面にしなければならない。例えば電話で何か確認した場合でも重要なことは必ず直ちに手紙を書いて，「何月何日の電話での会話の続きで，次のことが確認され……。」という書き出しで内容をお互いに記録として持ち合う。これは多くの場合，秘書にディクテーションをしてもらってタイプライターで打って出すのだが，速記が能率的なことと，タイプライターが簡単に使えたからできることであって，日本のオフィスでは現実的ではない。」[62]と，1986年にオフィスサプライズのコンサルタントで米国のオフィス事情に詳しい市浦潤が述べている。しかし，今日，会議室にノートパソコンを持ち込み，書記役が会議進行とともに記録を入力していけば，日本でも技術的には可能と思われるが，ポイントは，論点の結果を明確にして，議長または座長がそのように結論を最後に述べるかどうかが問われる。曖昧なままの解散であれば，会議の仕方は永久に改善されないだろう。

現代の話であるが，公文書管理法第4条[63]では，文書の作成を義務づけ，第二項で「会議又は省議（これらに準ずるものを含む。）の決定又は了解及びその経緯」についても，文書を作成するよう決められている。最近の省庁の会議では，議事録を取る書記役がいる。会議の進め方と議事録作成は車の両輪であり，その結果を何年間保存すべきか，リテンション・スケジュール（＝レコードスケジュール）で明確にしておけば，文書の不存在という不祥事は起こらないはずである。

6．アメリカナイズと隠されたアーカイブズ

甲斐弦『GHQ検閲官』にあるように，郵便検閲の仕事は同胞を裏切る行為であり，できればしたくはないが，「米軍の犬と自嘲しながらも，妻子を養うためにはいかなる汚辱にも堪え励む」一方で，"Although we were defeated in war, we didn't become slaves." とマッカーサーに向かって啖呵を切った白洲二郎のようにはいかなくても，「この機会に

62　市浦潤『文房具　知識と使いこなし』新潮文庫，1986，p.187
63　公文書管理法第4条「行政機関の職員は，法第1条の目的の達成に資するため，当該行政機関における経緯も含めた意思決定に至る過程並びに当該行政機関の事務及び事業の実績を合理的に跡付け，又は検証することができるよう，処理に係る事案が軽微なものである場合を除き，文書を作成しなければならない」

メリケンの正体を見極めてやろうと唇を噛みながら昭和21年の秋から冬にかけて過ごした日本人は多かった」と推測される。検閲後，鋏で切り取った部分に封をするのに使った「回転式のセロテープ」は，当時の日本では一つの驚異であり，物質的な豊さでははるかに先を行っていた米国に対して，憧れが芽生えたことは否めない。加藤氏の留学保証人となったコセット家では「コーンフレーク，ベーコン，フルーツ，サンドウイッチがいつでも用意されていて，すでに食品をラップで包むということをしていた。」とあるように，1945年〜1957年の日本においては，米国の生活は別世界であった。開隆堂出版の英語教科書「ジャック＆ベティ」は，約300万人の中学生に読まれたが，そのテキストの中で，家庭電化製品が整い科学技術が浸透したアメリカの日常生活に触れた時，戦後日本のアメリカ文化の受容[64]のスタートでもあった。

　GHQ の占領終了後，米国の対日文化政策において大きな役割を果たしたのはフィランソロピー（民間財団）である。フルブライト・プログラムやロックフェラー財団の資金が，日本の研究者にとって大きな支援となった。1951年4月，ジョン・D・ロックフェラー三世は政府使節団の一員として訪日を終えた時，ジョン・フォスター・ダレス（日本と連合軍の講和に奔走）に，「米日文化関係」に関する秘密報告書を提出している。「対日文化政策にとって最も重要な存在は，知識人層である。しかし知識人は共産主義の影響を受けやすい状態にあり，文化交流プログラムを通じて親米的なリベラル派を育成・増加させること」が提唱された。具体的には，文化センターや国際会館の施設建設，留学支援などの人物交流計画，「ヴォイス・オブ・アメリカ」というラジオ番組の設置や印刷物・映像の配布の資料交換プログラムが行われた。日本を「政治的に安定し，経済的に自活できる国家」へと転換し，極東に「アメリカ合衆国ならびに自由世界と同盟関係を結ぶ」拠点を作りだす試みがなされた。「通信・放送，郵便検閲の作業についての運用報告Ⅵ−1」にもあるように，検閲の成果の一つとして，皇国史観を失った日本の「精神的な真空状態」に共産主義が入り込むことをGHQは阻止しようとしたのである[65]。同資金で何人が留学したのか，詳細は省くが，1ドル360円の時代に，自己資金で米国に渡るのは容易なことではなかったので，ロックフェラー奨学金で留学した知識人は多い。後年，加藤氏が教鞭をとった日米会話学院も同様な目的で設立され，多くの留学生を送り出している。

　戦後生まれの筆者は，戦前に流布していた思想扇動的資料の実物，ちらし等は中高時代に見たことがなかった。歴史の授業では終戦前後のことは時間切れで説明は短く，左傾教

64　岩本茂樹「戦後直後の英語の教科書”Jack and Betty”は，アメリカの精神を伝える役割を果たし日本人の心に入って来る道筋であって，（中略）この教科書を手にした生徒たちの精神におおきく影響を及ぼした。（中略）芝生や広いテニスコートのある家や食物，さらに車や洗濯機・掃除機などの家庭電化製品に目が注がれ，それらを元にアメリカの豊かな生活をイメージしていることが伺える。この豊かさに支えられた明るい生活，その生活を憧れの生活として心に強く焼き付けたのである。」
　「戦後日本におけるアメリカニゼーション」『関西学院大学社会学部紀要』№83，1999，p.103-105
65　辛島理人「戦後日本の社会科学とアメリカフィランソロピー」『日本研究』№45，2012，p.155-160

師の授業ではやんわりと批判的に戦前の思想は示唆されたが，それらの歴史的資料を見るということもなかった。ところが2007年，台湾の高雄市立歴史博物館で，日本統治時代の住民に対する同資料が丁寧に保存され，展示されていたのを見た。それは現地の警察官が密かに自宅に保存していたからと，展示キャプションに書かれていた。国内でそれまで見たことがなかった資料が海外で展示されていたことに筆者は驚き，その後，アジア各地のアーカイブズでも展示されていることを知った。また国内のアーカイブズでも検索すれば，保存倉庫で管理されていることがわかった。それらの資料は，戦後，公の場所から消すよう内務省通達が発信され，1945年8月18日～22日の占領開始前に，公文書の多くが消されてしまった[66]からともいえるが，検閲に慣らされた社会的背景によって，人々の頭の中から忘れ去せられたともいえるし，かたや決して忘れないで心の底に秘めている人もいるだろう。

7．むすびに

　本稿はGHQによる統治の中でも，郵便検閲と記録管理の在り方を中心に分析した。GHQの記録管理や業務フローはシステム化されており，文書番号を見れば情報の分類が把握でき，「主題別10進分類」の冊子では，アルファベット順索引の両面から検索できるように編集されている。情報管理の明快な解決方法であることが見いだせる。

　検閲については，統制範囲が，出版，新聞，放送，電話電報，信書すべての媒体に及び隙がない。郵便検閲の業務は二重三重のチェック体制がなされ，もれなく情報収集できる体制であったことがわかる。1945年12月8日から「太平洋戦争史」の特集記事が，各新聞で一斉に開始されたが[67]，それは戦争についての罪悪感を日本人の心に植えつけるための情報統制の宣伝であった。定められた検閲項目は，その裏返しである。したがって大都市の無差別爆撃も，広島・長崎への原爆投下も米国には責任はなく，「軍国主義者」が悪かったから起った災厄であるとするために，コミュニケーション・ラインを統制した。「原爆投下に関する検閲により，被爆の実態として悲惨な物理的破壊や多数の人々が即死した事実は知られても，核兵器がもたらす影響についての報告書や研究論文は「最高機密」の印を押され，米国の記録保管庫の中に消えてしまった。被爆者は恐怖から，あるいはめんどうを起こしたくなかったために，事実を長い間語ることができなかったし，あるいは語ろうともしなかった[68]。」検閲制度について，沿革，その運用の機構，実態，影響について考察してみると，占領軍のいう「日本の軍国主義からの民主化」という背後には，戦前

66　芳賀明子「失われた行政文書」埼玉県文書館紀要，№8，1995，p.95-99，http://www.monjo.spec.ed.jp/?action=common_download_main&upload_id=131，（参照2014-09-26）
67　三井愛子「新聞連載「太平洋戦争史」の比較調査」『評論・社会科学』同志社大学，№101，2012,p.1-23
68　モニカ・ブラウ，繁沢敦子訳『検閲―原爆報道はどう禁じられたのか―』時事通信社，2011，p.198

とは別の意味の言論思想統制があったことが明らかになった。

さらに戦前の価値観を失った日本人の精神への穴埋めとして、ロックフェラー財団に代表されるフィランソロピー活動により、留学奨学金を出して知識人を取り込み、親米派に取り込んでいった。

今回の研究の目的、「占領下の日本に米国はアーカイブズ制度を導入・普及させなかったのはなぜか」についてであるが、戦争についての罪悪感を日本人から引き出すためには、戦前の政治・社会体制や帝国陸海軍すべてを否定する評価をしなければならなかった。敗戦で疲弊した当時の日本人には、国民性を表す価値観を客観的に評価し採用するというアーカイブズ制度は、構築できなかったし、GHQがさせなかったと考えられる。「アーカイブズには時空を超えた情報伝達能力があり、過去と現在、現在と未来を結び、そこで集積されたアーカイブズは、時間の推移の中にあっても、より客観的に事柄を理解しうる最も有効な素材であり、そこに盛られた記述は、長い時間幅の中で社会的に共有され、そのアーカイブズを生み出した組織体は、それを自ら残すことによって、その行為を検証することを可能にする。そのアーカイブズの保存・利用のための恒久的な装置としての文書館を設置する[69]」ということは、終戦直後の日本に向けた「仕かけ」には適さない、という判断が下されたように思われる。

この研究をまとめるにあたり、貴重な体験を語っていただき、考察の視点を提供いただいた加藤秀子氏はもとより、国立国会図書館憲政資料室の資料群の探し方やSCAPINの読み方をご指導いただいた東京都立公文書館の齊藤伸義氏、神奈川県立公文書館でレファレンス対応をして頂いた薄井達雄氏、検閲印のある封書の画像を提供していただいた立命館史資料センターに、紙面を借りて御礼を申し上げたい。

■あとがき

2014年8月、加藤氏と共に筆者は渡米し、バージニア州のノーフォークにあるマッカーサー記念館を訪問した。当館では、生き証人が来たということで、the most important guestとしてサインブックに署名を求められ、スタッフから当時のことをについて質問責めにあった。翌日、アトランタにあるジョージア州立大学を訪問した。事前にデビット・グレーシー博士（The University of Texas at Austin—2008年に学習院大学アーカイブズ専攻の開講時の記念講演で来日、元ジョージア州立大学アーキビスト）を通じて、その教え子のひとり、Ms.Traci Drummondがジョージア州立大学のSouthern Labor Archivesでアーキビストをしているという情報をいただき、大学と連絡を取ることができた。

加藤氏の略歴と加藤氏が保存していた1957年のアトランタ・ジャーナルの新聞記事を添

69　鈴江英一「アーカイブズを残す」『アーカイブズの科学　下』国文学研究資料館史料館，柏書房，2003，p.103

写真4-8　マッカーサー記念館にて，加藤氏　2014年8月17日　　　写真4-9　ジョージア州立大学訪問　2014年8月19日

え，トレースをTraciに依頼した。彼女は，大学創立以来に遡って蓄積されている大学発行の新聞のデジタルアーカイブに，ウェブでアクセスできるワンタイムパスワードを与えてくれた。驚くことに，57年前の学内新聞から，「日本から初の留学生」という記事をOCR処理されたPDFの中の"Hideko Kato"というキーワードで，瞬時に見つけることができた。1959年春〜夏号では，3回に渡り，加藤氏が同新聞の編集委員として貢献していたという記事も，見つけることができた。当大学のデジタルアーカイブの完成度の高さを実感した。

　2014年8月19日に大学を訪問してみると，57年前の留学生が来たということで，学内の人々の驚きと歓迎は大変なものであった。プロのカメラマンが待機して記念撮影があり，学内マガジンの編集者による1時間に渡るインタビューが行われた[70]。同大学の国際戦略室では，各国から留学している学生10名とともに，「留学することにより世界と繋がる意義」についてディスカッションタイムも設けられた。積極的で明るく，語学堪能な加藤氏のキャラクターにもよるが，茶道から発想される哲学的な日本文化の説明の中で，「相互に他国の文化を理解し合えば，戦争など起こらない」という話を各国の留学生は静かに聞き入っていた。それは他国の歴史と伝統，文化に敬意を払うことであり，その源泉はアーカイブズの継承と理解であると思った。

70　このインタビュー記録は，ジョージア州立大学の学内誌"The Signal"のデジタルコレクションに"An Ambassador of Culture"として掲載されている。https://robinson.gsu.edu/2015/02/hideko-kato/，（参照 2018-04-28）

第5章

アカウンタビリティと公文書管理の改革

執筆：清水惠枝

1．はじめに

　公文書管理では管理のための基本的なポイントがあり，作成，保存，処分といった各段階でどのような処置がとられているかなど，技術に対する共通の理解がある。どういう道具を使っているか，どういう手順をとっているかなどの議論は，公文書管理を実践する上でとても参考になり，いいアイデアは取り入れたくなる。さらには例規が理念─方法─詳細な手順というように多層に構成されていたり，他の制度とお互いが補完し合っていることを明確にしている公文書管理であれば，運用がわかりやすい。

　しかし公文書管理の改善，さらにいえば改革の必要性は常に叫ばれているが，どうしてそのような改善が必要なのか，何がきっかけでそのような処理を取り入れるのか，などといった改善理由の背景が曖昧で，公文書管理制度とその他の制度も合せた体系的な課題の把握がなされているとは言い難いのが現状である。その結果として，公文書管理において何か問題が起きたとき，文書事務の手順を厳しくするというような目先の改善の方向へいきやすい。歴史を振り返れば，日本の公文書はそのあり方をめぐって大きな変化を遂げてきた。行政組織で公文書管理の改善を常に志向していくことは重要であるが，これまでどのような転機を迎えてきて，現在の公文書管理の姿になったのか，いわば根本的な考え方の共有が途上であるため，公文書管理の運用がもたらす効果を実感できているかどうかや，公文書管理の評価と改善は適切に関連付けられているのか，といったことがわからないでいるように見受けられる。

　本章では公文書の概念に変化をもたらしたものは何か，公文書管理の質的変化を促したものは何か，そのような関心をもっている。つまり日本の公文書管理を変えるきっかけにどのような外的な要因を求めることができるのか，政治や経済をも含めて検証していく。

　本章はまず，歴史的公文書が行政の責務として保存されるようになった公文書館法について説明したうえで，公文書管理のあり方に影響を与えたと考えられる社会の動き，情報技術，法律という枠組みを用いて時系列に論じる。このような大きな視点で公文書管理の質的な転換を整理することにより，公文書管理と日本の政治経済が深く関わっていることを理解できるので，広く共有できる枠組みを設けることの重要性を述べる。

132 | 第Ⅱ部　戦前・戦後における文書管理の導入と普及の背景

2．廃棄文書という名前の歴史的公文書

（1）公文書館法成立のいきさつ

　公文書館法制定のいきさつは旧家が所蔵していた古い記録類を保存する運動があったことから語られる。旧家が自らの記録類の維持が困難になった事情とは，旧大名であれば華族制度の廃止があり，町方の文書であれば戦災で焼失し，戦後の農地改革では地主層が没落した[1]。社会が非常に混乱した時期，地域で由緒ある旧家は社会構造の変化の影響を被ったのである。旧家の記録はその地域の記録に等しい。貴重な歴史資料が散逸していく事態を憂いた歴史研究者らが国会に働きかけ，その成果は1951（昭和26）年5月文部省史料館の設置に至った。

　地域の歴史資料のあり方を考えさせられたのは，1964（昭和39）年「日本史資料センター問題」と呼ばれる出来事である。全国の主要な国立大学に地域の歴史資料を集め，日本史資料センターをつくるという構想を一部の歴史学者が提案したところ，それに対して地方史研究者や資料保存機関関係者から反対の声が上がったのである。この時期は，自治体史の編纂や地方史研究が盛んに取り組まれ，地域の歴史への関心が高まっていた[2]。またこの時ちょうど高度経済成長期で，地域の様子が変容していった頃にあたり，交通網の整備や自動車所有台数の増加など，行政区域を越えて経済活動や生活域が広域化していく流れに対し「コミュニティ」の形成が意識されていた[3]。そこでこの事案は，自分たちの地域のアイデンティティを遠いところにやってしまう「危機」だったわけであるが，今から振り返ると，当時なされた議論は大きな成果があった。それは「現地保存」と「平等利用」を地域資料のあり方の原則として共通の認識にできたからである[4]。

　地域で資料保存の実績が積み上がっていくなか，古い公文書の保存についても目が向けられていた。明治期まもない戸長制度では，戸長の自宅を戸長役場として執務をしていた時期がある。町村制が敷かれ，町村役場に執務の場が変わっても引き継がれず旧戸長の手元に残された公文書は，戦後の社会混乱で危機に見舞われることになる。町村役場の公文書は戦災にあったり，また明治・昭和で繰り返される町村合併で，大量に廃棄されたりしてきた[5]。このような事態に日本学術会議では何度か勧告を出しており，なかでも1969（昭和44）年「歴史資料保存法の制定について（勧告）」は，資料保存の法制化の必要性とその具体策について述べたものである。日本学術会議がいう「歴史資料保存法」には，次のよ

1　日本学術会議「歴史資料保存法の制定について（勧告）」昭和44年11月1日
2　安藤正人『草の根文書館の思想』岩田書院，1998，p.45
3　三浦哲司「日本のコミュニティ政策の萌芽」『同志社政策科学研究』9巻2号，2007，p.154-156
4　前掲2，p.45
5　前掲1

うな項目があった。保存すべき歴史資料には公文書，私文書等を含むこと，現地保存を原則とすること，文書館はまずは都道府県単位で必ず設置すること，自治体が保有する公文書で一定期間を経たものは文書館に移管すること，専門職を配置すること，有識者委員会を設けることとしている。これらの課題は，後の公文書館法案の議論の俎上に載せられることになった。

（2）公文書館法の内容

公文書館法制定の中心になって働いた参議院議員岩上二郎とは，茨城県知事を務めた後，茨城県歴史館の館長となり，同時期に全国歴史資料保存利用機関連絡協議会の前身である歴史資料保存利用機関連絡協議会の会長を務めた人物である[6]。岩上の歴史資料に対する考えは，「資料の保存がはかられれば，ものの考え方や認識が変化し，近・現代を問わず，前近代のありようも勝手な類推や，特定の思想ではかられることもなく，資料に基づいた事実認識から日本文化の推移も評価され，文化価値もより高められることは間違いないと思う」[7]と述べており，資料があることで事実を客観的にみることができるという考えを持っていた。しかしながら公文書館法の所管庁がなかなか決まらず，岩上は各機関へ法律を引き受けてもらえるよう説得して回った。自治体行政を所管する自治省へ行けば，「文書行政は各地方自治体固有の問題」だとされ，文化庁に行けば，文化財や芸能のことで精いっぱいだと言われた[8]。国立公文書館を所管している実績を期待して総理府を訪れると，国立公文書館の運営だけで精いっぱいだと言われた[9]。しかし最終的には総理府が法律の所管になることを了承し，1987(昭和62)年12月公文書館法を成立させることができたのである。

保存期間満了後の公文書を歴史資料に変換して，保存を続けられることを可能にしたのが公文書館法である。公文書館法の内容を見ていくと，その目的は「公文書等を歴史資料として保存し，利用に供することの重要性にかんがみ，公文書館に関し必要な事項を定める」（第1条）としている。第3条で「国及び地方公共団体は，歴史資料として重要な公文書等の保存及び利用に関し，適切な措置を講ずる責務を有する」とし，行政の責任を規定した。内閣官房副長官「公文書館法の解釈の要旨」によれば，「公文書等」には国や自治体の公文書のほか，地域資料も含むとする。さらに条文を見ていくと，公文書館における必要な職員の配置に言及し（第4条），公文書館は条例による設置としている（第5条）。また国が設置のための資金を融通，あっせんしたり（第6条），技術上の指導や助言を行うことができるなど（第7条），国が自治体に公文書館設置のイニシアティブをとる

6　岩上二郎『公文書館への道』共同編集室，1988，著者略歴
7　前掲6，p.107
8　前掲6，p.22
9　前掲6，p.73

立場が明記されている。

　この法律は成立当初から課題を抱えている。第4条2項は専門職員の配置に関する規定であるが，附則第2項で「当分の間，地方公共団体が設置する公文書館には，第4条第2項の専門職員を置かないことができる」という条文を入れ，専門職員の配置を取り消しているのである。内閣官房副長官説明によると，「現在，専門職員を要請する体制が整備されていないことなどにより，その確保が容易でないため」という理由からこの条文が設けられた。岩上二郎はこの法律の所管庁になってもらうため，自治省，文化庁，総務省を回っている。これらは公文書館が持ち合わせている性格であると同時に，どこに焦点を当てていいのか不明瞭だったということでもある。つまり専門職員によって何が実現するのか，公文書館の機能について当時は，はかりかねていたということであろう。そしてまた専門職員が確保できないことで，公文書館設置の足かせになってはいけなかったのである[10]。

（3）機能しないアーカイブズ制度

　公文書館法の成立によって，歴史的公文書を保存することに後ろ盾ができたのであるが，その業務に支障が生じる事態が起きていた。例えば，公文書館が引き渡しを求めている文書に対して，作成課が引き渡しを拒むのである。その理由は，国の委託事業であるから，個人情報が記載されているから，などというものであった[11]。引き渡しを断られるのは，作成課の判断が優先される実情があることを意味する。そして永年文書の存在も，アーカイブズ制度の運用を難しくしていた。ふつう有期限保存の文書であれば，ライフサイクルにのっとって，長くても20年30年経てば廃棄決定され，歴史的公文書の選別対象になる。永年文書はこのライフサイクルに乗らない存在であり，永年文書である以上，選別収集ができない。歴史的公文書も永続的に保存される文書であるが，歴史資料としての歴史的公文書と行政的理由から永続的に保存される永年文書は，別々のものとして理解された。また公文書館へ廃棄決定文書を引き継がせることは，全庁に適用されていたわけではない。自治体には首長部局や教育部局，他にも行政委員会などの組織がある。公文書管理の規程は部局ごとに設けられており，公文書館へ廃棄決定文書を移管するためには，それぞれの規程を改正しなければならないのである。

　公文書館による歴史的公文書の受け入れは「収集」といわれていた。事前に廃棄予定リストを受け取り，準備をしていても，確実に歴史的公文書が公文書館に引き継がれるのではなく，もらえるものをもらうという状況だった。公文書館は，現用段階の最後尾に接続したような存在で，公文書館の業務は現用の公文書管理に影響しないのである。つまり行政活動と切り離されていることになり，作成課からみれば，歴史的公文書は自分たちの業

10　前掲6，p.56
11　小川千代子・高橋実・大西愛編『アーカイブ事典』大阪大学出版会，2003，p.60

務とは関係がないものという存在だった。

　同一の政策で作成された文書群は，文書ごとに保存期間が付与されるので，廃棄される年度がばらばらになる。公文書館では政策の全体像が分かるように，すでに引き継がれている文書の情報も使いながら，廃棄決定になった文書の選別判断をしている。しかし公文書館法が成立した頃の考えでは，公文書館に引き継がれた歴史的公文書に政策に関する責任を持たせることは考えていない。行政的な意味合いは無くしたうえで，歴史的公文書は公文書館に引き渡された。しかし現実に，歴史的公文書と現用段階の公文書の情報はつながっており，公文書館で政策情報は再構築されるのである。

　公文書館法は，非現用の公文書を歴史資料に変えて保存することを合法的にした。しかし歴史的公文書が，現用段階の公文書管理と切り離して扱われたことが，アーカイブズ制度の運用にさまざまな課題を提起することになった。永年保存に設定されたままの公文書，部局ごとに設定されている文書規程，公文書館法が現用段階の公文書管理に影響を与えることは無かった。公文書館が歴史的公文書として引き渡しを求めても，断られることもあった。歴史的公文書が，政策結果に対する責任を負う位置づけに無いのは仕方がないとしても，住民の文化教養の向上に資する目的で歴史資料として収集するというのに，公文書館が主体的に歴史的公文書を収集することができないことから，アーカイブズ制度が十分な機能を果たせていないことに気づかされたのである。

3．社会の変容がもたらす公文書管理への影響

（1）高度経済成長と地方の自立

　日本の1960年代は地域社会が急激に変化した時代である。それは日本が高度成長期を迎え，産業・経済構造が大きく変わったことが背景にある。高度経済成長期とは1955（昭和30）年から1973（昭和48）年，国内総生産（GDP）の成長率が約10％だった期間をいう[12]。1960（昭和35）年，池田勇人内閣は国民所得倍増計画を策定し，高度成長を推し進めた。この計画では，太平洋ベルト地帯に公共投資を集中的に行い，1962（昭和37）年の全国総合開発計画とそれに続く1969（昭和44）年の新全国総合開発計画では，「均衡ある発展」として地域間格差を是正しようと，全国画一的な開発が進められた[13]。

　高度経済成長の過程で，日本経済における構造の転換は一気に進むことになった。政府の国土総合開発計画の後押しを受けた太平洋ベルト地帯と，それ以外の地方で格差が拡大することになったのである。池田内閣が策定した国民所得倍増計画で，石炭から石油へエネルギーの転換があったため，地方に分散して存在していた石炭産業が衰退していっ

12　中村尚史「高度経済成長と地域経済」季武嘉也編『日本の近現代』放送大学教育振興会，2015，p.207
13　前掲12，p.214-215

た[14]。同様に地方に分散してあった繊維工業が衰退していき，さらに農業の衰退がその動きに拍車をかけ，地方に過疎をもたらした[15]。急激な国土開発は自然環境にも悪影響を及ぼし，1960年代後半からは大気汚染，水質汚濁，地盤沈下などの公害問題が各地で発生した[16]。公害による健康被害は，地域で起きている現象であったので，広域的な地域開発の進め方をしている国では規制が遅れ，自治体は自分たちの地域に起きていることについて対応を迫られたのである[17]。

　住民運動が各地で起こされ，公害反対や環境破壊反対，都市圏で人口が集中するところでは環境権，日照権などの権利が訴えられた。小山永樹は，住民運動の成果について「①行政の方向性を「開発・成長から環境・福祉へ」と大きく転換させたこと，②行政が住民の意向に留意するようになったこと」を指摘している[18]。西尾隆は，1960年代とは「自治体で「政策的自立」が始まった時期」としている[19]。神奈川県知事長洲一二は「地方の時代」を提唱し，1978（昭和53）年に開催したシンポジウムで「委任型集権制から参加型分権制へと，日本社会のトータルなシステムを切りかえなければ，山積する難問の解決はのぞめません」と述べた[20]。中央集権的に進められる政策は，地域で生じる問題はなおざりにされてしまう。高度経済成長期が終了して以降，地方では特色を生かして地域経済を自立させること[21]，地域に根ざした文化を住民が創り出すこと[22]，住民参加による自治を達成するため分権が進められること[23]，を地方自治の方向とし，そうした取り組みが行われるようになった。

（2）公文書公開制度の導入

　1980年代になって整備が始まった住民の行政に参加する方法の一つに，公文書を開示させ，情報を得て，共有するという公文書公開制度がある。これまで一般的に行政が行ってきた情報の出し方というのは，「情報提供」や「情報公表」というもので[24]，広報や公示などの形式でなされてきた。今回の制度は，住民の開示請求によって行政機関が保有する情報の公開を義務づける制度である[25]。行政が保有する情報は文書の状態で存在するので，

14　前掲12，p.209

15　前掲12

16　小山永樹「高度成長期～戦後地方自治制度の定着・発展期（1961-1974年）」『我が国の地方自治の成立・発展』第7期，自治体国際化協会・比較地方自治研究センター編，2010，p.11-12，http://www.clair.or.jp/j/forum/honyaku/hikaku/pdf/HD_JLG_7_jp.pdf，（参照2018-05-10）

17　西尾隆編『現代行政学』（'12）放送大学教育振興会，2012，p.189

18　前掲16，p.16

19　前掲17，p.190

20　長洲一二『地方の時代と自治体革新』日本評論社，1980，p.17

21　前掲20，p.20

22　前掲20，p.22-23

23　前掲20，p.18

24　福井県情報公開懇話会『情報公開制度に関する報告書』福井県，1985，p.3

これは公文書を公開する制度ということになる。これにより住民と行政が公文書を媒体として同じ情報を共有して共に議論できるようになったり，住民が能動的に行政の政策を検証するための手段にしたりすることができるのである。伊藤修一郎によれば，公文書公開制度の導入は都道府県と政令指定都市の場合，1982（昭和57）年に神奈川県と埼玉県が導入した後，1984（昭和59）年に4府都県，1986（昭和61）年には15自治体が整備をし，以降1998（平成10）年までにすべての都道府県と政令指定都市では，条例の制定を完了している[26]。宇賀克也によれば，行政職員にとって公文書は，「執務の便宜のためのものとする考えが一般的であり，庁舎等と同じく，国や公共団体の使用に供される「公用物」として観念されていた」[27]ということである。しかし，公文書を公開する制度を設けることにより，公文書の定義をはじめ，公文書管理の根本的な改革がなされることになったのである。

　公文書の定義を決めることは，開示する範囲を決めるということである。1980年代のこの制度で開示される公文書とは，決裁済みの完結文書であった。福井県の例を見てみると，「「公文書」とは，実施機関の職員が職務上作成または取得をした文書，図画および写真（これらを撮影したマイクロフィルムを含む。）であって，決裁または供覧の手続き終了後，県において管理されているものをいう[28]」としている。制度の導入に合わせ，福井県では「文書を体系的に整理して"いつでも，だれでも，すぐに"必要な文書を取り出せる新しい文書管理システムを実施」するということで公文書管理の方法を変えている。それは①文書の管理体制，②保存文書の入れ物，③文書の所在の把握の方法を見直したことである[29]。ひとつずつ見ていくと，①文書の管理体制は，文書取扱主任の職務を強化したことと，さらに新たにファイル責任者をおくことにした[30]。②保存文書の入れ物とは，文書は指定のファイルに綴じ込むことにし，ファイルには時系列に文書が綴られることになり，紛失が防止できる。そして表紙には保存期間，分類番号，標題，ファイル整理番号などを記入することにした[31]。③文書の所在の把握の方法は，いわゆる台帳を作って文書を管理しようというものであるが，その種類はファイル基準表・ファイル管理簿・保存文書索引の3つがあった。なかでもファイル管理簿は，文書の所在が一覧でわかるようにしたもので，ファイルの作成年度，執務室か文書倉庫かの保存場所，廃棄予定年月日などが記入されることになっており，ファイルがどこの部署で作成されたもので，今どこで保存されていて，廃棄予定はいつかといったことが一覧できる台帳になっている[32]。

　公文書という一次情報に住民がアクセスできることは，自治体に緊張を促すことにな

25　前掲24，p.3

26　伊藤修一郎『自治体政策過程の動態』慶應義塾大学出版会，2002，p.93

27　宇賀克也『情報公開と公文書管理』有斐閣，2010，p.1

28　福井県公文書公開条例　昭和61年条例第2号　第2条（定義）

29　総務部文書学事課『新しい文書管理の手引』福井県，1987，p.1

30　前掲29，p.1

31　前掲29，p.26-27

32　前掲29，p.38-39

138 | 第Ⅱ部　戦前・戦後における文書管理の導入と普及の背景

る。これは内部統制につながるものである。住民との関係づくりは，行政活動の透明化を志向させ，公文書の概念を変容させていった。公文書公開制度は，保有する公文書が確実に把握され，ライフサイクルが管理されていないと成り立たない。公文書公開制度により，公文書管理に新しい要件や方法が考え出されることになったのである。80年代に自治体から取り組みが始まった公文書公開制度は，1999（平成11）年情報公開法によって刷新され，再び公文書管理のあり方が見直されていくことになる。

（3）大量の機関委任事務と情報技術の進展

　戦後，日本国憲法と地方自治法で地方自治を保障し，団体自治と住民自治によって地方自治が行われることになった。しかし実際は，権限や財政面で国から制約をうけた地方自治が行われており，国の事務を地方に行わせることを義務づける機関委任事務の存在など，国と地方は上下関係にあった。機関委任事務は地方自治の妨げになるものであるが，国の政策を全国一斉に執行するには効力がある。経済高度成長期には公共事業が増大したため，行政機構が拡大し，事務も大量に発生していた。

　情報技術の進展が与えた文書事務への影響を見ておきたい。平野秀康によると，自治体では情報技術を導入した事務処理は1960年代から始まるとする。大型コンピュータ導入により，給与や税，国民健康保険料などの定型で大量に存在する計算事務の効率化が図られた[33]。神奈川県海老名市では1967（昭和42）年に事務の電算化の検討を始め，翌年に稼働させている[34]。三重県鈴鹿市では1970（昭和45）年に導入し，給与計算，住民記録，税の普通徴収・特別徴収，国民健康保険税，国民年金，固定資産税，軽自動車税などの業務を行っている[35]。北海道滝川市では1969（昭和44）年から電算処理を開始し，これまでそろばんや電卓を使って人海戦術で行っていた税金や料金の反復計算，転記作業業務が，大型汎用コンピュータによって飛躍的に効率化されたとしている[36]。70年代後半からは事務のOA化（オフィスオートメーション化），80年代後半からはホストコンピュータのオンライン化が進められた[37]。このことにより，手書きで行われていた文書事務や，住民記録や証明書発行事務が正確に時間を短縮してできるようになった。鈴鹿市では1981（昭和56）年住民基本台帳のデータベース化と1983（昭和58）年住民異動処理業務のオンライン処理化が始められ，窓口届け出の即時更新と，住民票に関する証明書のオンライン発行が実施された[38]。滝川市を見ると，1986（昭和61）年からオンラインでの住民記録システムが始まり，1987（昭和62）年には課税証明発行の業務に導入され，その他の業務でもシステムの再構築が行

33　平野秀康『自治体のIT戦略』学陽書房，2001，p.67
34　海老名市市長室IT推進課『情報化のあゆみ』海老名市，2016，p.7
35　『鈴鹿市行政情報化基本計画』鈴鹿市，2005，p.7
36　滝川市総務部企画課情報化推進室『滝川市情報化基本構想』滝川市，2003，p.5
37　前掲33，p.67
38　前掲35，p.7

われている[39]。1960年代大型コンピュータの導入が業務の大量処理だったのに対し、70年代から80年代のOA化、オンライン処理化というのは、職員一人ひとりが担う事務の効率化に貢献した。

90年代後半には、インターネットが普及し始めた。インターネットは、コンピュータ同士をつなぐ情報通信技術（IT）で、OA化が個別業務の機械化であったのに対し、IT化はデータ処理とネットワークが結びついてコミュニケーションも可能にした技術である[40]。滝川市は「誰もが・いつでも・どこでも必要な情報を得られ、その恩恵を享受することができる高度情報化社会」とし、行政にとっても「電子自治体の構築による市民サービスの向上、事務の効率化など変革が求められている」時代と位置づけている[41]。滝川市では、1999（平成11）年にイントラネットの試験運用を開始し、インターネットに接続、2000（平成12）年に市の公式ホームページを開設した[42]。鈴鹿市も1997（平成9）年にインターネット接続とホームページを開設し、行政情報の共有と電子メールでの情報交換を始めている[43]。

中央集権型の行政システムは、全国的な政策を推し進めるときには効果があるが、地方や一地域で起きている問題には対応が遅れてしまう。1960年代の国土開発は、経済や産業の構造を急激に変えるものだったので、各地で変化に追いつけないために悪影響を生じさせた。この時代は自治体において政策的自立[44]が促されたとし、自治体に自治機能を発揮させることになったのである。住民との関係を見直すようになった自治体は、住民が行政に参加する手段として、公文書を開示する制度を導入していった。これまで行政組織のものとして認識されていた公文書が、行政と住民と共有されるものという概念に変わっていった。また公文書を公開することは、行政活動の透明化を志向させることにもつながった。そして国と地方が上下関係で結ばれていた中央集権体制下では、地方には機関委任事務という下請け業務が大量に流れていた。情報技術の進展に伴い、文書事務の改革が進み、これもまた公文書に影響を与えた。これまで多くの時間と労力を費やしていた事務処理が、電算化、OA化により大量に正確に実施できるようになり、職員一人ひとりの事務効率が向上した。執務環境のIT化により業務処理だけでなく、大量の情報をやり取りしコミュニケーションをとることも可能になった。そして行政の情報とは、紙に記述されている文書のことを指すという認識だったものから、電子媒体の公文書が登場したのである。

39　前掲36, p.6
40　OA情報化政策討論集会実行委員会編『IT・電子自治体をどう見る』自治体研究社, 2001, p.5-6
41　前掲36, p.7
42　前掲36, p.7
43　前掲35, p.7
44　前掲17, p.190

4．アカウンタビリティの浸透と公文書に託された役割

（1）アカウンタビリティの浸透

　1990年代よりアカウンタビリティ'accountability' という言葉を目にするようになった。この言葉が広く知られるようになったきっかけは，1996（平成 8 ）年行政情報公開部会が「情報公開法についての検討方針」において，最終報告要項案の目的規定にアカウンタビリティの観念を明示する方針を打ち出したことよる。それがマスコミに取り上げられ，使われるようになったという[45]。そして「情報公開法要綱案」（1996（平成 8 ）年11月 1 日）では，情報公開法に行政運営の公開性と行政の説明する責務を明記し，この法律が行政への監視と参加に資することを目的にすることが示された。

　アカウンタビリティとは，信託をされた者が信託した者に対して果たす責任であり，「説明責任」という訳語があてられている。またアカウンタビリティは「挙証責任」ともいう。井出嘉憲は，責任を果たすということについて，「責任は，それを負うべきものの主観的ないし恣意的判断に委ねられる抽象的で曖昧なものではなく，具体的客観的にとらえられ，外部からの追求が可能であるように，明確に示される必要がある」[46]と述べている。さらに井出は，「「アカウンタビリティ」は単なる「説明」―ややもすれば「釈明」などの意に受け取られかねない―にとどまらず，当の事実や結果そのものを明らかにし，それらについての判断を信託者たる人民に委ねるという基本姿勢につうじる」[47]としている。つまりアカウンタビリティを果たすには，客観的な証拠を示しながら行う必要があるということである。

　1999（平成11）年 5 月行政機関の保有する情報の公開に関する法律（平成11年法律第42号）（情報公開法）が成立し，2001（平成13）年 4 月に施行された。法律の目的は「国民主権の理念にのっとり，行政文書の開示を請求する権利につき定めること等により，行政機関の保有する情報の一層の公開を図り，もって政府の有するその諸活動を国民に説明する責務が全うされるようにするとともに，国民の的確な理解と批判の下にある公正で民主的な行政の推進に資すること」（第 1 条）である。この条文にある「説明する責務」がアカウンタビリティを指している。情報公開法で開示対象となる行政文書の定義は「行政機関の職員が職務上作成し，又は取得した文書，図画及び電磁的記録であって，当該行政機関の職員が組織的に用いるものとして，当該行政機関が保有しているもの」（第 2 条第 2 項）

45　宇賀克也『新・情報公開法の逐条解説』第 4 版，有斐閣，2009，p.19
46　井出嘉憲「公開パラダイムの需要と変容―情報公開制度における「統合性」の課題―」井出嘉憲他編『講座　情報公開―構造と動態―』ぎょうせい，1998，p.127
47　前掲46，p.128

第5章　アカウンタビリティと公文書管理の改革　|　*141*

となっている。この法律は，1980年代に地方で先行されていた公文書公開制度よりも開示
対象が拡大している。地方の制度では，完結文書を対象としていたのであるが，この度の
情報公開法では，組織共用文書といわれるものになっている。

（2）情報公開法における公文書

　組織共用文書とはどのような状態にある文書かというと，総務省が示した基準によれ
ば，まず組織共用文書としての実質を備えた状態とは「①決裁を要するものについては起
案文書が作成され，りん議に付された時点，②会議に提出した時点，③申請書等が行政機
関の事務所に到達した時点，④組織として管理している職員共用の保存場所に保存した時
点」[48]としている。この状態が組織で業務上必要なものとして，利用または保存されてい
る状態を意味するという理解である[49]。職員が個人的に検討しようと収集した資料や作成
したメモは除外されるが，決裁や供覧といった処理段階を踏んでいない文書であっても，
共用空間に保管している文書であれば開示対象になる。このような段階の文書を情報公開
の対象にすることについて，宇賀克也は，意思形成過程に住民が関与するという観点から
は，早い段階で組織的に用いた文書が開示される必要があると述べている[50]。

　それから公文書管理で変更があったのは，保存期間に永年の設定がなくなり，代わって
30年保存の有期限になった部分である[51]。情報公開法施行令で，30年を経過した文書は廃
棄されるか国立公文書館に移管されるかが規定された（施行令第16条）[52]。情報公開法と同
じ年に国立公文書館設置法（平成11年法律79号）が成立し，国立公文書館は内閣府の独立
行政法人となった（2001(平成13)年1月施行）。そして保存期間が満了した行政文書のう
ち，歴史的価値のある文書を保存した。情報公開法では，開示対象となる文書の範囲とと
もに，適用除外される文書の範囲も示された。その中には「政令で定める公文書館その他
の機関において，政令で定めるところにより，歴史的若しくは文化的な資料又は学術研究
用の資料として特別の管理がされているもの」（情報公開法第2条第2項第2号）とあ
り，同一の公文書を取り扱う情報公開の制度と公文書館の制度は，お互いを認知し現用段
階と非現用段階で役割分担をした。

　このたびの情報公開制度の設計で，現用段階からも非現用段階にある歴史的公文書の存
在が見えるようになった。保存期間が有期限になった公文書はライフサイクルに乗ること
になり，文書の所在や保存状況が一層的確に把握され，適切な管理の実施が期待される。
情報公開制度は公文書管理が基盤になっているので，この度の新しい規定からもアカウン

48　総務省「行政機関の保有する情報の公開に関する法律にもとづく処分に係る審査基準」（総務省訓令第126
　　号），平成13年3月30日
49　前掲48
50　前掲45，p.33
51　「行政文書の管理方策に関するガイドラインについて」平成12年2月25日，各省庁事務連絡会議申合せ
52　朝日崇『実践アーカイブ・マネジメント』出版文化社，2011，p.67

タビリティを果たすという考えが，公文書管理のあり方に影響を与えていることがわかる。情報公開法が施行されると，自治体もそれまで運用していた公文書公開制度を見直し，順次，情報公開法の趣旨にのっとった情報公開条例を制定，施行していった。

（3）情報公開法における課題

2001(平成13)年の情報公開法施行以降，自治体における情報公開条例制定率は毎年増加していった。当時の自治省の調査結果によると，1998(平成10)年4月1日現在の「情報公開条例（要綱等）の制定状況」は580自治体で，全体的に見ると17.6％であった[53]。翌年1999(平成11)年4月1日には制定率が27.5％になり，都道府県においては，すべてで条例の制定が進んだ[54]。年々制定率は増加し，2003(平成15)年4月1日で全自治体における制定率は90.1％となり[55]，急速に情報公開制度が浸透していったことがうかがえる。これと並行して公文書管理の見直しも進められているはずであるが，問題はこの制度を支える公文書管理例規のレベルが規則や規程であり，しかも部局ごとで別々の運用になっていた。これは全部局で統一したルールでなければ，公文書開示の対応が不均一になることも考えられる。例えば保存期間の設定が部局によって異なることがあれば，廃棄年度も異なるということになり，情報公開制度の運用に支障をきたす不安が見込まれた。情報公開制度を支えるには，当時の公文書管理の運用レベルは軟弱であった。

公文書館法に基づくアーカイブズ制度の運用では，公文書館は廃棄決定文書を引き継ぐため，その文書は行政的価値から解放されているという理解である。情報公開制度は，現用段階の公文書を開示することを通して，行政活動の透明化とアカウンタビリティを果たすことを目的にしているが，公文書館にある歴史的公文書に同様な責務を担わせることにはならなかった。ところがこの度の情報公開制度では異なることがあった。情報公開制度が対象とする行政文書の範囲において，公文書館等で管理されているものは「適用除外」とし，公文書管理における非現用段階の歴史的公文書の存在を認知していることである。

公文書管理のあり方が強く問われるようになったのは，やはりずさんな管理が引き起こした不祥事であった。社会保険庁は年金記録約5000万件をその持ち主と照合できなくなったとし，その一因に原本を廃棄してしまったためとした。厚生労働省はC型肝炎の感染者リストを放置した問題で，文書は存在しないと言っていたが，探し直してみると実は保管されていたことが判明した。そして防衛省では，海上自衛隊が航泊日誌を誤って廃棄していたということがあった[56]。このような状態では，情報公開制度も適切に機能せず，公文書館に歴史的公文書を引き渡すこともできない。公文書管理を内部規程ではなくもっと上

53　自治省行政局行政課「情報公開条例（要綱等）の制定状況調査の結果について」平成10年7月
54　前掲53，平成11年7月6日
55　前掲53，平成15年7月22日
56　瀬畑源『公文書をつかう』青弓社，2011，p.10-13

位の法令にすることが求められるようになった。そうした動きは2003(平成15)年4月「歴史資料として重要な公文書等の適切な保存，利用等のための研究会」の発足を起点とし，2009(平成21)年6月に公文書管理法が成立するまで，会の体制や名称を変えつつ，公文書管理のあり方の議論が続いたのである。

　2001(平成13)年施行の情報公開法と，その主旨に準じて制定されていった自治体の情報公開条例によって，公文書でアカウンタビリティを果たすという考えは広く普及していった。80年代に自治体で先行された公文書を公開する制度と異なるのは，今回の制度の目的が住民は主権者であるという理念に基づいていること，行政側は説明責任を果たす能動的な姿勢が打ち出されていることである。それは公文書の定義にも影響し，決裁や供覧といった処理段階を踏んでいなくても，組織で共用されている「組織共用文書」を公文書とするというように範囲が拡大した。これは主権者である住民の存在が意識されているからにほかならない。さらに情報公開制度では，公文書館等で管理されている歴史的公文書を適用除外とし，現用段階からその存在が見えるようになった。問題は，情報公開制度が公文書管理を基盤とする制度にも関わらず，管理のルールは各部署でつくられており対応がばらばらであった。国の公文書管理で不祥事が相次いだのをきっかけに，公文書管理のあり方の議論が高まり，公文書管理の統一的なルールづくりに向けて法制化の動きが出てきたのである。

5．同じ土俵に乗った現用文書とアーカイブズ

（1）公文書管理法の成立

　2007(平成19)年福田康夫が第91代内閣総理大臣に就任し，公文書管理の法制化に向けた動きが加速した。福田総理は，2008(平成20)年1月の施政方針演説で，公文書管理法を整備することを明言し，公文書管理担当大臣を新設した。そして初代大臣には上川陽子衆議院議員が就任し，「公文書管理の在り方等に関する有識者会議」が設置された。この有識者会議で作成された最終報告が公文書管理法の土台となった。最終報告のタイトルは「時を貫く記録としての公文書管理の在り方—今，国家事業として取り組む—」である。その中にある「時を貫く」という文言は，上川大臣の要望で入れられたものである[57]。この最終報告では，現用段階からアーカイブズ段階への移管の際，その前後で可能な限り整合性がとられるような制度になるよう求めている[58]。2009(平成21)年6月，公文書等の管理に関する法律（平成21年法律第66号）（公文書管理法）が成立した。

57　松岡資明『アーカイブズが社会を変える』平凡社，2011，p.119
58　公文書管理の在り方等に関する有識者会議「時を貫く記録としての公文書管理の在り方」最終報告，平成20年11月4日

この法律でアカウンタビリティに触れた部分は冒頭，第1条にある。「行政が適正かつ効率的に運営されるようにするとともに，国及び独立行政法人等の有するその諸活動を現在及び将来の国民に説明する責務が全うされるようにすること」とし，これが公文書管理の目的になっている。最終報告で「時を貫く」とされたとおり，文書の作成から保存管理，そして国立公文書館への移管，閲覧利用までをひと続きとして捉え，公文書は「民主主義の根幹を支える国民共有の知的資源」とされた。この法律は，これまで省庁ごとにばらばらに運用されていた文書事務に対する一般原則となり，公文書管理の主管部署は内閣府に一元化された。

公文書管理法の主な条文をみていくと，第4条ではどんな文書を作成しなければならないのか，その基準を定めている。それからレコード・スケジュールが導入されたことも本法律の特記すべきことである（第5条5項）。レコード・スケジュールとは，保存期間が満了する前に，できるだけ早い段階で，保存期間が満了した後の処置を一つひとつの公文書にあらかじめ決めておくのである。そうすることにより，「歴史公文書等（第2条6項）」として移管すると決めた文書は，国立公文書館に自動的に移管され，保存しないと決めた文書は廃棄される（第8条1項）。国立公文書館に移管された歴史公文書は「特定公文書等」と呼ばれる（第2条7項）。そしてアーカイブズ段階になった公文書（特定歴史公文書等）の利用のための規定として，利用請求権が新しく設けられている（第16条）。また国立公文書館は，展示その他の方法で積極的に利用に供するよう努めることとし（第23条），能動的な活動を求めたのである。

（2）コンプライアンス機能の重要性

公文書管理法には，コンプライアンス機能がついている。公文書の管理が適切に実施されるために要所でチェックポイントが設けられている。まず文書を作成するとき，その保存期間を設定してファイル管理簿に掲載するのであるが，その報告を毎年度行うことが義務づけられている（第9条1項）。さらに必要があるときには管理状況に関する報告や資料の提出を求めたり，内閣府職員が実地調査を行うことができることになっている（第9条3項）。これは国立公文書館にも同様の権限を持たせている（第9条4項）。それから有識者で構成される公文書管理委員会を設置し，委員会に諮問すべき事項が定められ（第29条），専門的な知見を取り入れるしくみがある。省庁の公文書管理について横断的に専門的に取り仕切る権限を持つ組織がこの法律で規定され，法律の適切な運用を見張ることになった。

歴史的公文書は，公文書管理法によって現用文書と同じ土俵に上がった。上川陽子公文書管理担当大臣が，最終報告のタイトルにこだわって「時を貫く」という言葉に込めた意味は，「国としての営みは脈々と続いていくものであるし，その中で，記録というものが大変大きな役割を果たすものである」ということだった[59]。公文書館に保存されている歴

史的公文書が行政活動の説明責任を果たすために，現用段階からの維持管理が重要で，その措置を現用段階のいたるところに仕掛けている。飯尾潤は，秘密保持の必要性とアカウンタビリティを果たすことの両立に，アーカイブズとして保存されることが手段となると述べている[60]。情報公開，秘密保護，公文書管理は三位一体になって機能するようにし，秘密情報こそ公文書館に移管され，将来的な審判を仰ぐしくみとしてアーカイブズ制度は構築されるべきだと考える。その点でもこの法律のコンプライアンス機能は重要である。

　しかし解消できなかった課題もある。まず専門職員の配置である。公文書管理法では，レコードマネジャーやアーキビストの配置を規定しなかった。公文書館法の附則第2項にある「当分の間，地方公共団体が設置する公文書館には，第4条第2項の専門職員を置かないことができる」という条文も，削除されることはなかった。公文書管理法では，公文書管理委員会を設置し，国立公文書館の機能の強化を図り，公文書管理に専門的知見が必要であることを認識しているにもかかわらず，現場に専門職員を置くという規定は設けなかった。それから専門的知見に関連してさらに，歴史公文書等の移管を決めるのは省庁側であり，国立公文書館は選別に関わらない。公文書管理法が成立した当時は，罰則規定は設けられなかったのであるが，2018(平成30)年に起きた公文書管理の不祥事で，例えば不存在といわれてきた防衛省のイラク派遣日報が後に見つかったこと，森友学園の土地取引に関して財務省が公文書の改ざんをしていたなどという不誠実な行為が明らかになり，公文書管理法を改正して罰則規定を設けるか否かの議論になっている[61]。

（3）公文書管理の役割

　高度経済成長が終了すると，公的事業の対応のため肥大化した行政機構と，税収状況が悪化した財政が課題となった。1981(昭和56)年に設置された第二次臨時行政調査会では，「増税なき財政再建」を基本方針とし，そのために行政改革の推進をするとした答申を1983(昭和58)年3月までに5回出した[62]。自治体においても1980年代から，自治省の主導で「行政改革大綱」を策定し行政改革が進められた[63]。行政改革における公文書管理や文書事務の捉え方は，「行政情報の公開と管理」の項目で「OAの活用，文書資料等の集中管理への移行，ファリング・システムの導入，文書分類の整備，文書管理規程の整備などを通じて文書管理のシステム化」の推進を求めている[64]。「OA等事務処理の近代化」という項目では，「減量化及び情報化社会の進展への対応を，行政の重要な課題としてとら

59　前掲58，「第8回議事録」平成20年6月23日

60　飯尾潤「公文書管理と行政の転換」『公文書管理の法整備に向けて』商事法務，2007，p.224

61　「公文書管理，法改正論が加速　罰則規定も浮上」朝日新聞，2018年4月15日

62　臨時行政調査会「行政改革に関する第五次答申（最終答申）」昭和58年3月14日

63　金井利之「行政統制と自治体改革」磯崎初仁・金井利之・伊藤政次『ホーンブック地方自治』北樹出版，2007，p.217

64　前掲62

え，OA をそのための有力な手段として位置づける」としている[65]。行政改革では，情報技術を業務に活用することを推進し，事務の簡素化，効率化が主眼となっている[66]。

　この路線を変えるきっかけになったのが，1988（昭和63）年に発覚したリクルート事件である[67]。この事件はリクルート社が自民党政治家や官僚に贈賄を行った事件であるが，その背景に政官関係の癒着や，国会議員の地元選挙区への利益還元など政治構造に問題があるとされた[68]。ここから地方分権の推進が政治課題となり，1980年代から続けられてきた行政改革と合わさって，地方分権改革が進められることになった[69]。1999（平成11）年7月に成立した地方分権一括法では，「機関委任事務制度の廃止」「関与のルール化」「必置規制の廃止・緩和」「国・地方の係争処理制度の創設」など[70]，地方自治を推進する環境を整備し，上下関係にあった国と地方は対等の関係とされた。自治体は自己決定の範囲が拡大し，住民参加のもとで自分たちの地域のことは自分たちで決定して実行するという環境が整った。どのような政策を立てて地域づくりをするのか，同じ情報を共有できてはじめて，住民と行政は同じテーブルに着くことができるのである。

　今日にいたる社会構造の変化や行政システムの改革は，自治機能の強化，すなわち自治体と住民との関係が近づく方向に動いてきた。自治体が国と主従関係にあった時代は，いずれにしても同種組織の間柄であったのであるが，住民と自治体が地域の自治を共に行うということになれば，公文書をはじめとするその他の行政情報の取り扱いを変えていかなければならない。公文書管理の質的転換を促したのは，アカウンタビリティという行政責任の考えが浸透したことにある。新しい概念がいつの時点から見え始めたのかという転換点を捉えることは重要なことである。

　公文書管理の事例研究は豊富にある。これに加えて公文書管理の変化についても，大局的に長期的視野で取り組んでいくべきである。なぜ今日，公文書管理法が制定されるに至ったのか。公文書管理の法制化の必要性は，公文書館法時代，公文書館への歴史的公文書の引き継ぎがスムーズにいかない時から気づいていた。情報公開法の運用には，公文書の適切な管理があってこそ機能するということも，長く言われてきた。公文書管理が適切に運用されることにより情報公開が機能し，そして公文書館への歴史的公文書の移管が実現するということから，公文書管理は主権者住民にとって必須のしくみである。情報公開法が制定される時，行政改革委員会は，「情報公開法制の確立に関する意見」（平成8年12月16日）の「情報公開法要綱案の考え方」において，情報公開法と行政文書の管理の関係は

65　前掲62

66　前掲62

67　西尾勝『行政学』新版（第2版），有斐閣，2009，p.376-377

68　前掲67，p.376-377

69　前掲67，p.377

70　伊藤政次「地方分権改革」磯崎初仁・金井利之・伊藤政次『ホーンブック地方自治』北樹出版，2007，p.38-41

「車の両輪」であるとした。筆者の捉え方はそうではなく，公文書管理は，民主政治という車のタイヤに動力を伝える駆動装置のような役目を果たすものと見ている。

6．おわりに

公文書管理の質的変化を促した転機，社会的背景を研究することは，公文書管理の要点を理解する上で重要である，という認識から日本の政治や経済，情報技術の動向を含めて本章では述べてきた。公文書管理の「質的変化」を「事務効率から説明責任へ」という方向で捉えてきたが，政治的要素が込められていることは，公文書管理の改善を進める上で，周囲の無関心な人々を説得できる戦略的な方策としても用いることができる。

本章が述べてきた政治経済，情報技術などといった枠組みを用いれば，多角的な公文書管理研究ができるようになるのはもとより，もし実務者が組織内部で公文書管理の改善を検討する際も，根本的なことを共有する助けになるだろう。本章のような視点での研究が増えていき，また公文書管理を捉える枠組み自体を研究する視点も現れてくるようになれば，公文書管理がうまくいかない理由として，よく口にしてしまいがちな言葉で「意識が低いから」という意識の問題に終着させてしまいそれ以上の原因にたどり着かない雰囲気も次第に減らしていけるに違いない。

公文書管理の質的向上にともない，その延長線上にどのようなことが実現していくのか。本章が述べてきた公文書管理の質的変化の背景を，もっと住民との関わり方に求めていくなら，公文書管理の改善によって自治をさらに深めていくことが可能になるのだろうか。先進的な住民参加の取り組みを実践する地域があるとしたら，そこでは公文書の開示はもとより，行政情報へのアクセスは容易になっているのだろうか，というような仮説が立てられる。これらは次の研究課題としたい。

公文書管理の研究を深めていくには，政治や経済，情報技術といった他の分野と共同研究を実施していけるよう，幅を広げていく必要がある。公文書管理を取り巻く社会の動きを分析するのと同時に，公文書管理の実務と研究が互いに向上するような，双方向性のある関係を築いていきたいのである。

第Ⅲ部

レコード・マネジメントとアーカイブズの
未来像と概念整理

第6章

アーカイブズの未来のための提言：
現用文書におけるコンサルタントの視点からひも解く

執筆：壺阪龍哉

（1）はじめに：アーカイブズの現状と問題点

　最近「アーカイブズ」に関する内容の記事が，テレビや新聞など各所に散見される。尖閣諸島や竹島の領有権をめぐる歴史認識，沖縄の基地移設案件を証拠づける記録の存否が問われている。また，東日本大震災で多くの行政文書が破損，あるいは喪失された事実など，数多く報道されている。

　そもそもアーカイブズなる用語の定義はあいまいで，広く社会的に認知されていない。あえて定義づければ，個人または組織体における発生から30年以上経過した古文書（非現用文書）およびそれらを収納する保存・保護する機関や資料保存プログラムを意味する。その役割は，主として後世の人々に説明責任を果たし，事実確認の証拠を示し，健全な民主主義の根幹を支える国民共有の知的資源の継承を提供できる点である。

　例えば，第二次世界大戦当時，米国司法省戦時経済局が日本の商社の動き，鉄道や港湾，発電所などを詳細に調査し，わが国の戦争遂行能力を測っていた事実が判明した。これらの調査レポートは，米国国立公文書館記録管理庁に保存されていたからである。まさにアーカイブズの重要性を十分に認識する米国だったから可能であったといえる。利用度が低い，あるいはかさばるという理由で，公文書が次々と廃棄されているわが国の現状とは比較にならない。

　このような状況下においても，日本国内のアーカイブズを巡る動向からは，目を放す訳にはいかない。1987(昭和62)年に「公文書館法」，2001(平成13)年には「情報公開法」，続いて2011(平成23)年には「公文書管理法」が施行された。これに呼応して，国立公文書館をはじめ，学協会の活動も活発となり，2004(平成16)年には「日本アーカイブズ学会」が発足した。また，遅々とした動きであるが，「アーキビスト養成と資格制度」のプログラムに着手され始めた点は，注目に値する。

　いずれにせよ，歴史的価値のある記録を確実に保存しようとすれば，記録の発生段階からの管理が必要になる。そのうえ，わが国では，政府各省庁に共通する記録管理システムの確立と所管する専門組織を設けなければならない。さらに将来に向けて，増え続ける記録をいかに評価選別し，効果的に管理していくかが大きな課題になるであろう。

　私は長年，現用・半現用文書の改善整備に係るコンサルタントの仕事を続けてきた。そ

第6章　アーカイブズの未来のための提言：現用文書におけるコンサルタントの視点からひも解く　｜　*151*

の間に体得した体験的ノウハウや知識を参考に，現用文書の視点から，アーカイブズの将
来像に関して，提言することとする。

（2）まず記録ありき

　国としてどのような内容を記録しておいたらよいか，具体的にリストアップしてみよ
う。

- ・戦争の記録（第二次世界大戦，朝鮮動乱など）
- ・災害の記録（阪神淡路大震災，東日本大震災など）
- ・政治の記録（歴代総理大臣，消費税導入など）
- ・裁判の記録（東京裁判，一票の格差裁判など）
- ・外交記録（沖縄基地，拉致被害など）
- ・経済の記録（バブル経済，アベノミクスなど）
- ・技術の記録（パソコン，携帯電話，エネルギーなど）
- ・スポーツの記録（オリンピック，国体など）
- ・気象の記録（台風，竜巻など）

　このような事例からも理解できるように，どのような行為に対して記録を作成すべきで
あるか，あるいは記録管理の対象となる「記録」とは何かを，明確に定義づけておきた
い。一般論として，その時代の人々が体験した事実を，ありのままに責任をもって記録に
残すことが必要とされる。したがって，無責任な発言やつぶやき（Twitter），ブログへの
書き込みなどは，個人の主観的な意見や発言が多く，記録に含めるにはふさわしくない。
要するに，記録に残すという行為によって，人間の記憶や実体験を後世の人々に正しく伝
え，「視える形」にすることができよう。

　時の権力者や評論家による偏った意見や評価は，時として，後世の人々に先入観を植え
付け，間違った判断をさせてしまう危険性があるだろう。そのうえ，人間のさがとして，
自分たちの都合の悪い事実は，できるだけ隠しておきたい，記録に残したくないという傾
向がある。したがって，記憶にとどめるか，個人のメモ程度でお茶を濁してしまう。たと
え正式な記録に残したとしても，秘密性が高いという尺度をもって，非公開にしてしま
う。このような状態で，後世の人々に説明責任を果たすことができるのであろうか。

　これらの課題は，まさに現用文書の領域における解決テーマであり，発生（作成，取
得）の時点がないがしろにされていたのでは，その後のプロセスを議論する余地はないと
いえよう。例えば，東日本大震災をめぐる15の会議のうち，10の会議で議事録を作成して
いないというずさんな対応が波紋を広げている。これまでも閣議や安全保障会議などの議
事録や議事概要は，作成されていなかった。内閣府の公文書管理委員会は，議事録の作
成，一定期間経過後の公表を提案しているが，公文書管理法に処罰規程が盛り込まれてい

ないので，責任のあり方が不明である。要は，政府や政党に，政策の意見決定記録を残す仕組みが欠けているからである。

（3）専門職による評価選別

　アーカイブズは，前述したように，歴史的価値のある古文書を収納する保存・保護機関である。しかしながら，国立公文書館の保存スペース（本館とつくば分館）が2016年度末に満杯となり，新たな受入れ文書が収納できなくなる見通しと報じられている。その理由は，2011年に施行された公文書管理法の影響で，保存対象が大幅に増加したからである。一方，地方自治体においても，平成の大合併により，永年文書を含めた保存対象文書の収納スペースが不足してきている。もちろん，保存文書のデジタル化を進めてはいるが，原本は紙媒体で保存しているので，原則廃棄できない傾向にある。

　ところで，評価選別に先だって，記録のライフサイクルに現用段階，半現用段階，そして非現用段階の三段階があることを理解しておきたい。現用段階と半現用段階の記録は，毎日の仕事の上で現役として扱われ，利用頻度や対応速度が尺度となり，文書管理規程などの保有期間表に示された期間内のものである。収納場所としては，事務室（オフィス），および保存文書庫（中間書庫と呼称される）を挙げることができる。保有期間が満期を迎えると，記録は毎日の仕事の上での役割を終え，大半の記録は不要になり廃棄されるが，非現用記録（歴史的価値のある古文書）と呼ばれる貴重なものは，文書館に移送され収納される。非現用段階では，各組織体が保有している記録が広く国民，県民そして市町村民のために，30年，50年そして100年後の将来に向けて役立つかといった評価基準で選別することがポイントになる。

　これらの評価選別作業は，アーキビストと呼ばれる専門職集団によって行われることが望ましい。このようなアーキビストや文書館は，現用段階や半現用段階に関与する必要はないのだろうか。消極的に，単なる非現用記録が，文書館に移送されるのを待っているだけでよいのだろうか。また，歴史的価値のある記録を保存する番人に甘んじていないだろうか。アーキビストは，非現用段階における単なる記録の評価選別や保存・保護の仕事だけでなく，前段階の記録を取り扱う実務担当者や記録管理者と十分に協力して，発生から文書館までの記録の流れを，トータルなシステムとして構築することに参加しなくてはなるまい。玉石混交である「永年文書」を対象に，評価選別をしてみてはいかがだろうか。

（4）安全に保存・保護する

　東日本大震災からの教訓として，各組織体が保有する貴重な古文書などの文化資源を地震や津波からいかに守るかが重要な課題となろう。例えば，陸前高田市では大津波が直撃し，文書庫全体が海水に浸かってしまった。また，南三陸町では，現用文書や永年保存文書は一部を残しすべて流失したという。その結果，行政機能がマヒしてしまい，歴史的価

値のある古文書もおそらく多大な被害を蒙ったに違いない。保存記録をおびやかす災害には，地震や水害に限らず，戦争，放火，失火そして盗難，テロ活動さらに市町村合併による文書廃棄などの人為災害も含まれる。

では，すでに被災してしまった地域に存在する組織体を支援するには，いかなる活動をしたらよいのだろうか。その答として，被災しなかった組織体や個人がネットワークを誕生させ，ボランティア活動として被災文化資産の救出および修復，保全に乗り出すことが求められる。このような地道な活動は，地域の歴史を後世に残すために不可欠なものである。例えば，神奈川県立公文書館のスタッフが，被災した陸前高田市の行政文書の修復支援に乗り出したように，被災した組織体だけでなく，公文書館や大学，市民団体などが連携して事にあたっているのは注目に値する。

ところで，組織体から発生する記録は，加速度的に増加しており，前述したように紙媒体の保存スペースは限界にきているように思われる。その解決策としてデジタル化やマイクロフィルム化を進めることになるが，媒体の長期保存に暗雲が立ち込めている。例えば，500年もつといわれているマイクロフィルムでさえ，保存のやり方次第では，表面が溶け出したりするケースもある（紙媒体も酸性紙の問題があり安心できない）。

利用面では多大な働きをするデジタル記録も，長期保存面では，いくつかの不安材料が存在している。媒体そのものに経年変化の危険性がつきまとっており，将来再生するソフトウェア，ハードウェアを確実に入手できるかといった問題を解決しなければならない。このような諸問題と取り組むには，新たな技術開発を待つだけでなく，媒体（紙，電子，フィルム）の特性を活かしながら，バックアップを入念に行い，リスク分散を図っていく方法が効果的である。このような不測の事態に対処するには，原本を紙媒体に依存している今日においては，バックアップやリスク分散はもちろんのこと，少なくとも次のような条件が整っている保存・保護スペースに収納しておきたい。

・建物が耐震，耐火構造でガス消化設備がある。
・定温定湿（20℃±3℃，50%±10%）である。
・中性紙の材質である長期保存専用保存箱を使用する。
・入庫前に殺虫処理として燻蒸を行う。

（5）公開して利用に供する

「歴史は繰り返す」とか「温故知新」といった名言を待つまでもなく，公文書館が公開している古文書（非現用文書）を利用し，ひも解くことによって，過去の事実を検証でき，将来の動向を予想することができる。

利用者の視点に立って，文書館と図書館を比較してみよう。文書館が保存している古文書は，博物館の展示物と同じように，世界中でそこにしかない。これに対して，図書館の保有物は，重複して存在する可能性が高い。また，図書館の保有物は，だれもが読んだり

見たりすることが前提になっている。一方，文書館の古文書には，「30年経過の時点で公開しよう」という国際的な目安が適用されるが，この段階で利用者に提供しては具合の悪いものもある。例えば，個人情報に関する記録や，行政運営や組織管理上の秘密記録，さらに外交・防衛面で機密性の高い記録などが挙げられる。

2013年12月6日，特定秘密保護法が成立したが，日本版NSC（国家安全保障会議）と一体のもので，海外から外交，防衛などに関する質の高い情報を得るために，この法律は不可欠であるとされている。すなわち，日本の安全保障に関する情報などを保護するのがねらいで，秘密の有効期間は「上限5年」とされ，違反者には最高10年以下の懲役が科せられる。具体的には，外交，防衛，テロ活動防止など4分野で機密性の高い情報を「特定機密」に指定としている。しかしながら，秘密の指定範囲が曖昧なうえ，秘密指定を監視する重層的なチェック機関が打ち出されているものの，行政が行政を監視する構図が見え隠れしている。したがって，国民の知る権利を損なう恐れがあり，今後さらに議論を尽くし見直す必要が要請されよう。このような法律が国民の知る権利や報道規制につながらないことを切に願うものである。

ご都合主義から，保存期間満了後の公文書が理由なく廃棄されたり，記録そのものを作成しなくなる危険性も無視できない。

要するに，長期間にわたって保存・保護されてきた歴史的価値のある非現用文書は，広く利用されるために存在するといっても過言ではなかろう。当然のことながら，利用に供するためには，公開が前提となる。ところで，情報公開制度においては，あくまで現用文書，半現用文書が対象で，閲覧を求めた当人が指定した当該部分だけを開示されるので，それ以外の部分を見ることはできない。これと比較して，公文書館で公開される古文書は，公開まで50年，100年と多くの時間を費やしており，しかも当面必要とされる情報以外に，関連する情報群を手に入れることができる。文書館，利用者の両者が，このようなメリットを十分に理解し，文書館は積極的に情報提供を行う必要があろう。

（6）専門職の養成と働く場の確保

まず文書館の仕事内容を明らかにする必要があろう。
・評価選別（歴史的価値を見出す）
　　↓
・受入［引継・寄贈・寄託］の交渉・手続き・契約
　　↓
・保存・保護［燻蒸，修復，耐震・免震，温湿度，除塵，防火，セキュリティ等］
　　↓
・閲覧［利用・公開・リファレンス対応］
（目録作成，媒体変換（電子化・マイクロ化），データベース構築・検索システム維持

等）

↓

・普及［展示・教育等］

　このような仕事を効果的に行うには，公文書のライフサイクル全体を見据えた組織体の記録の総合的な管理に参加しなければなるまい。すなわち，現用文書を主として扱う専門職である「レコードマネジャー」と保存期間が満了した非現用文書を扱う「アーキビスト」が緊密に連携し，発生から廃棄，文書館までのフローを計画的かつ組織的に運用することが要請される。

　非現用文書を扱うアーキビストにとって，どのような専門知識が必要だろうか。例えば，記録管理学，古文書学，歴史学をはじめ，IT化の分野まで習得しなければならない。役立つ技能は，実務の仕事を相当期間こなすことにより身につくものである。もちろん，現用文書を扱うレコードマネジャーも，それ相応の専門知識と技能を習得しておく必要があろう。レコードマネジャーの能力検定として，日本経営協会のファイリングデザイナー，電子ファイリング，公文書管理検定，そしてJIIMAの文書情報管理士検定などを挙げることができる。一方，アーキビストを養成する研修コースには，国立公文書館のアーカイブズ研修，国文学研究資料館のアーカイブズ・カレッジ，アーカイブズ学会や全史料協（全国歴史資料保存利用機関連絡協議会）の研究部会による研修等があり，さらに学習院大学大学院では，アーキビストを育てる「アーカイブズ学専攻」コースが設けられている。

　このような機関や団体による専門職の養成は不可欠であるが，わが国においてより根本的な問題は，初等教育から，文書や記録管理の大切さと具体的な方法が教えられていないことである。そのためには小学校から指導カリキュラムに組み込み，先生方が十分に理解し，実践する必要がある。こうした教育指導を受けないまま，社会人となって役所や会社に就職し，先輩たちから自己流の経験に基づく文書や記録の取り扱い方法を受け継いでいるのが実態である。このような非能率なやり方では，現用，半現用段階はもちろんのこと，非現用段階の制度整備の大きな妨げとなろう。

　ところで，このような有資格者たちは，十分に働く場が与えられているだろうか。どんなに専門的な教育を施し，有資格者になったとしても，働く場としての就職先がなければ，学生たちは集まってこない。これまでわが国には，ゼネラリストばかり重用する風潮が存在しているが，専門知識や技能を習得して資格を保有する人たちを，より有効に活用することが重要な課題となろう。司書や学芸員の資格を持つ人たちの就職が困難とされている今日，数が限られている図書館や博物館に限定することなく，行政体や民間企業においても，積極的に専門知識や技能を持った人材を活用していただきたい。アーキビストも例外ではないはずである。韓国などでは，アーキビストとしての専門知識や技能を持つ職

員を，公文書館などに配属することを法律によって義務づけているようである。少なくとも，文書館の運営に携わる管理職には，アーキビストの有資格者あるいはそれ相応の専門知識と技能を習得している人たちを配置させることを提言したい。

（7）おわりに：記録管理に対する社会的認知を求めて

　記録管理の手法は，アーカイブズの歴史の中から生まれたといってよいだろう。そのような記録を後世のために残すかがテーマだったからである。世界中のそれぞれの国において，国レベルの文書館が設けられ，残すべき重要な記録を保存・保護し，その役割を果たしてきた。しかしながら，わが国は残念なことに，アーカイブズの分野においては，後発の発展途上国と評価されているのが現実である。国の行政機関に公文書の作成と適切な管理を義務づけた公文書管理法が施行されて5年以上が経過しても，多くの職員の意識は施行前となんら変わっていない。文書館が門戸を開いても，利用者が少なく閑古鳥が鳴いているようではアーカイブズ先進国と比較にならない。業務担当者は，目の前の仕事に目を奪われ，将来のことがないがしろにされがちである。「痛い目にあう」（地震や水害など）「大きな影響をこうむる」（基地問題，領有権紛争など）といった状況に遭遇すると，慌てて証拠となる古文書の存在を確かめるといった泥縄式が慣行しているのである。

　一方，現用，半現用の段階においても，文書や記録の処理に関しては，「仕事が忙しいから」とか「少しも困っていない」と無理に逃げ出す理屈をまくし立てている人たちを多く見かける。要するに，記録の果たす役割についての理解が不十分で，広く社会的に認知されたものになっていないのである。

　今や，文書館，図書館そして博物館は，情報資源のサービス機関としてこれまで経験したことのない転機に立たされている。例えば，学術情報や映像記録，データベースなど，デジタル化された知的資産や記録の長期保存体制を早急に確立しなければならない。

　どのように変わればよいのだろうか。解決すべき課題が山積している中で，個々の努力や改善では時代の流れに呼応した，大きな影響を社会に与えるような活動は不可能であろう。文書館，図書館そして博物館は，生い立ちも果たす役割も違いはあるが，今こそ緊密に連携して独りよがりにならず，利用者をはじめ社会全体に対して発信することが求められているのである。その一方で，特に文書館の運営に不可欠な専門職，アーキビストの養成システムを充実させると共に，初等教育から記録管理を教え込むことを提言する。

　最後になるが，中長期の課題として，「文書保存基本法」の施行と「記録管理庁」や「記録管理大学」の実現に向けて，官民一体となって取り組む必要があろう。

　（『レコード・マネジメント』，No.66（2014）掲載文を再掲。収録に当たって一部表記を変更した）

第7章

文書管理の概念整理と問題提起

執筆：壺阪龍哉・齋藤柳子

　この章では，記録管理に関する用語の意味を明確にして，レコード・マネジメントやアーカイブズに関する概念を定着させたいと試みた。これは問題提起であり，読者の間で具体的に議論がなされ，検討され，日本でも広く概念が定着していくことを願っている。

1．文書と記録

記録（records）とは

・将来伝えるべき事実を文字や音声，映像に記しておくこと，またはその記されたもので，近年はアナログ（紙，テープ），デジタル（電子）の媒体の区別は問わない。
・一般的には，競技などで数値として表わされた成績や結果，またはその最高数字，レコード。
・歴史学，古文書学では，史料としての日記や部類記をさす。
・司法上では，法廷で保存され，完結した行為の真正な証拠として法廷で認められる文書。または，ある特定の活動についての証拠を提供するもの。
・組織または個人にとっては，法的な義務の履行，あるいは業務処理における証拠及び情報として，作成・取得・維持される情報（小谷允志『文書と記録のはざまで』，p.25）。
・データ処理の時に使う用語。互いに関連するデータ要素をグループにまとめること。このデータ要素は，ファイルの基本的単位を形成している（「文書館用語集」，p.28）。
・ISOでは「法的な義務の履行または仕事のプロセスにおいて，証拠および情報資産として作成，保持される情報」。

記録の4条件（ISO15489-1，JISX0902-1　（2011年9月）
1）真正性（Authenticity）
2）信頼性（Reliability）
3）完全性（Integrity）
4）利用性（Usability）

［注］ISO15489-2の定義と適用範囲[1]（2016年4月改訂）は，アーカイブズ記録の管理も含む。ISO15489-1の4条件が備わっていることが信頼できる記録といえるが，さらにそのような信頼されるべき記録を扱う記録システム（records systems）は，記録制御を適用し，記録の作成・捕捉・管理のためのプロセスを実行し，記録の内容と記録のためのメタデータ（metadata for records）の論理的関係の作成・維持を支えるべきであるとされる。

そのためには以下の5条件も備えるべきである。

1）信頼性（reliable）

2）安全性（secure）

3）コンプライアンス（compliant）

4）包括性（comprehensive）

5）体系性（systematic）

文書（documents）とは

・意志伝達・集合記憶・意思決定のために，文字で書き記したものの総称。書類・書状。事実を述べ証拠的価値があるものは記録と呼ばれ，記録は文書の中で特化したもの。

・組織体の活動においては，文書方式が整備・定型化され，用途に応じて使い分けられたもの。作成から一定の時間が経過し，現用的な意義が減少する中で歴史的な意義を増す「文書（もんじょ）」と呼び直されることも見られる（「文書館用語集」，p.115）。

・ISO9000では「情報及びそれを保持する媒体」とあるが，品質マニュアルや手順書等，仕事をする時の参照資料を指し，改訂版を出し維持されることが多い。

記録と文書の相違点

「記録」とは，活動を実施したこと又は活動によって達成した結果を示すものであり，証拠としての性格が強く，後から手を加えることは基本的にはない。そのため，記録は改訂することができない。文書が改訂され旧版が回収されたものは，やがて記録になり得る。すなわち，同じ文書でも指示機能を失った文書は，文書でなく記録になる。

「文書」とは，物事が何であるか，あるいは物事をどのように行うか，管理するかを記述したものであり，そのため，プロセスの改善や状況の変化によって反映され，改訂しながら利用される。

参考のため，記録や文書を記す「言語」についても述べる。

1　中島康比古「記録管理の国際標準 ISO15489-1の改定について」『アーカイブズ』vol.61，http://www.archives.go.jp/publication/archives/no061/5131，（参照2017-11-22）

第7章　文書管理の概念整理と問題提起　｜　*159*

言語（language）とは

　音声や文字によって，人の意志・思想・感情などの情報を表現・伝達する，または受入れ，理解するための約束・規則。また，その記号の体系をさす。音声を媒介とするものを音声言語（話し言葉），文字を媒介とするものを文字言語（書き言葉），コンピュータなどの機械を媒介とするものを機械言葉・アセンブリ言語などという。言語（記号）により，記録や文書が作成される。それは，音声言語でも文字言語でも，アセンブリ言語でもかまわないが，範囲内の人間同士が理解し，ある媒体を使って伝達できることである。

　民族により言語が異なる。一方，二人以上の世界では共通言語をつくることができる。例えば，来客をもてなす飲み物について，家族間の隠語で「コをくれ」といえばコーヒー，「ルをくれ」といえばビールが出てくるようにルールを決めておけば，「コ」や「ル」は共通言語となる。言語は共通ルールの中で意味を成し，標準語でなくても記録や文書を形成する。三沢のカタカナ語も，共感者の間で利用された。文字言語を持たない少数民族の記録は，音声言語による録音や，オーラルヒストリーで記すしかない。

　1歳から2歳児の真っ白な頭の中で言葉を覚えるときは，絵本の中の図や生活の中で見られるさまざまな物体を指しながら，その呼称（＝言語）を社会（＝大人）が伝え，幼児はそれを口真似しながら音声を身に着け，脳に蓄積していく。そして今度は，絵本の中の図を幼児自らが指で指しその言語をとなえる。大人がそれを承認すると幼児は認められたことで覚え，環境の中で言語力を身に付ける。やがて3歳〜4歳児になると，クレヨンや鉛筆で絵や文字を書きだす。それも大人が手本を見せると真似る場合もあるが，幼児が視覚したものを自分なりに描いたりするので「逆さ文字」を書いたりする場合もある。逆さ文字であっても，本人の3歳時代の記録となる。つまり言語の種類を問わず，社会の共通認識があれば，記録や文書が作成される。

2．ファイリングシステムとレコード・
マネジメント（records management）

　「ファイリングシステム」の用語は三沢仁が1950(昭和25)年発行の初版『ファイリングシステム』に基づく。この中で「バーチカル・ファイリング」とは，「フォルダーに収納した書類を，カードのようにタテに並べ，見つけやすくする方法」である。三沢にとり「ファイリングシステム」がレコード・マネジメントと同様の内容を持つものとして多用されることになった。

　「ファイリング（filing）」とは，ひとつのファイル（簿冊またはフォルダー）の中に個々の書類を一定の区分でまとめて入れること」で，業務を確実に進行させるための裏方の仕事であり，秘書の重要な任務であると加藤氏は語っている（本書第4章第2節）。「ファイリング」は，世界共通の概念であるが，そこに「システム」という言葉が続くと，「資料

を仕分け，分類，相互参照，保管し，検索する時に従う基準や方法，手続きのこと（「文書館用語集」，p.109）」となり，英語ではそれを「ファイル・メンテナンス（file maintenance）」[2]という。

壺阪は，1978年にニューヨークのレコード・マネジメントのコンサルタントに会ったとき，「ファイリングシステム」という用語は全く通じなかった経験がある。ファイリングとは，オフィス・サプライズ（office supplies）とファイリング・キャビネット（filing cabinet）が連動して初めて機能するものであり，開発したメーカー双方のコラボレーションが実現し，これが日本でシステム化され，「ファイリングシステム」と呼ばれるようになった。淵時智の『文書整理法の理論と実際』にも，事例で「M神戸製作所営業課ファイリングシステム」と書かれているようであるが，日本独特の表現と思われる。

「レコード・マネジメント」とは，「組織体における記録の作成，保管，利用，最終処置を効率性や全体的な観点から制御するためのマネジメントの一分野（「文書館用語集」，p.29）」である。三沢の改訂版『ファイリングシステム　三訂』では，「オキカエ，保存年限，廃棄のことも全て含み，広く解釈すれば，組織体の記録と統制・処分の方式」であり，これを米国では「レコード・マネジメント」という。「全社的な書類でないものについても，少なくとも永久保存の書類については集中管理し，問合せに答える部署がある」と記している。

日本語の「文書管理」という語は第二次大戦後に登場する。戦前は「文書整理」と言った（井出嘉憲）[3]。「文書管理」は文書整理事務が近代化されたもので，文書について，その作成と経営管理への役立ち，及びその保管処分ということを，総合的見地から，調整するシゴトである。（小野寛徳）[4]

行政管理庁は，昭和49年に「レコード・マネジメント」の語を使用した。つまり，日本語でいう「文書管理」とは，「レコード・マネジメント」のことを意味する。[5]

三沢の初期の「ファイリングシステム」とは，図1の中でいう，活用〜保管 を意味したが，改訂版の中では，活用〜保管〜保存〜廃棄 に考え方を拡げた。しかし，本当の意味のレコード・マネジメントとは，発生〜伝達〜活用 のステップからも，文書管理規程により統制をかける必要がある。そこでは，例えば用語，書式設定，一件一枚主義，ファイル名の付け方，回覧決裁手続き，送信受信のルール等も含まれ，各組織で詳細に設定さ

2　file maintenance procedures. “Records Management Manual”, US department of the Interior Office of Surface Mining Reclamation and Enforcement, p.18-19. https://www.osmre.gov/LRG/docs/directive942manual.pdf,（access 2017-11-21）

3　井出嘉憲「行政における文書管理：「生きた施設」の理念と現実」社会科学研究，1984，vol.35, no.5, p.76

4　小野寛徳，“事務のとりかたの種々相”。新事務読本：管理と執務，同文館，1954，p.161

5　萩本信義「レコード・マネジメントについての一考察」O&M情報，1974，vol.13, no.7

れているのが観察される。本書第二章で，発生〜伝達〜活用 の各ステップについて，最近，IT が進んでいる企業では，SNS（Business LINE 等）で一気呵成に実施されることが述べられているが，それも当然，統制がかけられるべき対象である。

保管〜保存〜廃棄 の段階は，記録媒体が紙でも電子であろうとも，業務の機能分析の結果，「リテンション・スケジュール表」（＝レコードスケジュール）で保存年限の設定を行い，個人情報保護，情報セキュリティ対策，コンプライアンス対策も含めた施策（組織の透明性と説明責任，情報に基づいた意思決定，業務リスクの管理，組織及び個人の権利・義務の保護，法規制へのコンプライアンス重視）からの視点を追記して，アクセス権設定を行い，組織として情報の運用・統制・保存が実施される仕組みをつくる。従来の日本の文書管理はファイリングシステムが基本となっていたので，実体は文書整理にすぎず，情報を管理するという機能が弱かったが，ボーン・デジタル（born digital）の情報環境では，記録管理の専門職「レコードマネジャー（records manager）」の存在がシステムの構築や維持活動で求められる。[6]

3．アーカイブズからレコードキーピングへ

「アーカイブズ」とは何か。三つの意味があり，ひとつは「保存記録・史料」，二つ目は「保存施設・機関」，三つ目は「コンピュータ上のデータ保全のため，データとメタデータとを関連づけを一体に保って保管すること」で，データの世代管理の目的のための手法である。アーカイブズの語源は，ギリシャ語の「アルケイオン」に由来する。語義の第一義は「はじまり，最初」，第二義は「第一人者たる地位，権威，支配者」であるが，アルケイオンはさらに第二義に対する形容詞で「権威者に属する」という意味もあり[7]，統治と密接に結びついている。

現用文書が非現用文書（歴史的資料）になるには，現用の保存期間が満了した時点で，アーカイブズ（公文書館等）へ移管され，専門職（組織の変遷を把握できる熟練者や地域の歴史家やアーキビスト）による 評価選別 という過程を経て，歴史的資料として登録され，保持されなければならない。何を歴史的資料と判断するかは，国，地域，民族，組織，個人の歴史的社会的背景によって異なるが，証拠的価値，業務参照資料としての価値，組織記憶を維持する教育・文化的価値に基づき，自らの組織や個人のアイデンティティとして次世代に遺す史料であるか否かで評価される。最近は組織内だけの価値範囲にとどまらず，地球規模で考えるべき気象・災害情報，難民移民問題等も判断すべき情報とし

6　小谷允志「神戸製鋼のデータ改ざんを巡って」レコード＆インフォメーション マネジメントジャーナル，ARMA 東京支部，2017，vol.34，p.5

7　筒井弥生「アーカイブズの語源アルケイオンについての一考察」人文・自然研究（9），100-115，2015，一橋大学大学教育研究開発センター，p.104

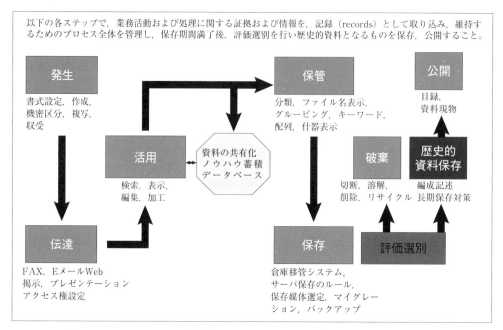

図7-1　レコード・マネジメントからアーカイブズへ（作成：齋藤柳子）

て含まれる。選別後，検索キーワードがタグ付けされ，ファイル名を目録に登録する。この目録作成において，ISAD（G）[8]に準拠した記述であれば，アーカイブズに移管されてから，追加の記述プロセスをほとんど必要としない。

　紙媒体で保存されるアーカイブズが多い中で，資料のバックアップ，保存量の圧縮と利用閲覧の利便性から「デジタルアーカイブ」が進行している。紙をスキャニングして電子情報として保存するものと，発生の段階から電子媒体である「ボーン・デジタル」の双方があり，どちらも記録内容に基づく文脈（コンテクスト）によりタグ付され保存される（電子媒体の保存標準についてはここでは省略）。

　図7-1では詳しく書いていないが，アーカイブズへの受入から普及に至る過程では，以下のようなさまざまな業務が発生するので，専門職の存在は欠かせない。

受入［引継・寄贈・寄託］の交渉・手続き・契約
　↓
保存・保護［燻蒸，修復，耐震・免震，温湿度，除塵，防火，セキュリティ等］
　↓
閲覧［利用・公開・リファレンス対応］
（目録作成，媒体変換（電子化・マイクロ化），データベース構築・検索システム維持等）

8　国際アーカイブズ評議会（International Council on Archives）によって公表された国際標準：アーカイブズ記述の一般原則（General international standard archival description: ISAD（G））2000

　　　　↓

普及［展示・教育等］

　歴史的資料として移管される文書量のうち，公文書館において保存期間到来ファイル数は，毎年0.6～0.7％程度[9]といわれ，量的には少ないように見えるが1冊毎の保存手当てのコストは嵩むので，年度別に実施の優先順位を決め，見積を作成しておく。それらは収蔵スペースへ移され，紙文書であれば保存環境は温度25度以下，湿度 60％以下であれば100年以上の寿命が期待できる。電子媒体に関しては，媒体や再生機器の技術進歩が速いため，長期保存のためには，保存環境に応じ3年から10年ごとにマイグレーションが必要である。保存した文書の法的効力を保障するためには，タイムスタンプ，電子署名の有効性に関しても配慮する。

　日本の公文書は原則30年経過を一区切りとして移管[10]され，公文書館で保存されるよう定められている。開示申請の手続きは，現用の段階は「情報公開手続き」であるが，アーカイブズになると「利用請求」となることが一般的である。但し，個人情報（プライバシー）の内容に応じ，別途50年，80年，100年の利用制限（非公開期間）が定められている[11]。

　以上のように，記録・文書の発生からレコード・マネジメントの管理を経て，アーカイブズに移管され，知的資源と説明責任のために活用される一連の仕組みを青山英幸は著書『電子環境におけるアーカイブズとレコード―その理論への手引き―』で「レコードとアーカイブズ管理の基本的構成」については，英語文化圏における「レコード管理（recods management）」「アーカイブズ管理（archives administration）」の諸要素や相違点を概観しつつ，この両者を首尾一貫したものとして統合しようとする「レコードキーピング（recordkeeping）」の発想を提言している。

　オーストラリアの記録連続体（records continuum）の影響を受けて，「レコードキーピング」とは，業務の完全かつ正確で信頼できる証拠を，記録情報の形で作成し，維持することであると，Ann Pederson が定義している。一方，米国国立公文書館（NARA）でも「レコードキーピング」という言葉が用いられるが，"Disposition of Federal Records"では「記録を作成（取得）し，維持する行為または過程であり，記録の適切な処分の必要性を担う」と定義しており，オーストラリアにおけるレコードキーピングの概念とは若干異

9　移管実績の推移「歴史的公文書等の移管について」内閣府，2007.12.14，http://www.cas.go.jp/jp/seisaku/gyouseibunshou/dai1/pdf/siryou04_1.pdf，（参照2017-11-22）

10　公文書等の管理に関する法律施行令（平成22年政令第250号）p.11-16，http://www8.cao.go.jp/chosei/koubun/hourei/kobunsyokanrihosekou.pdf，（参照2017-12-01）

11　梅原康嗣「日本の公文書館における個人情報保護と情報公開」『アーカイブズ17』p.17-27，http://www.archives.go.jp/publication/archives/wp-content/uploads/2015/03/acv_17_p19.pdf，（参照2017-12-01）

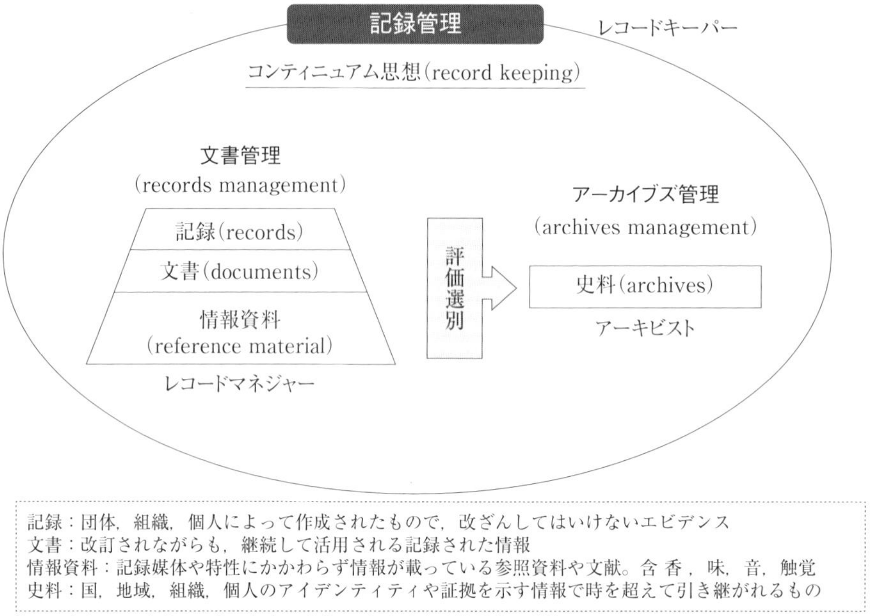

記録管理 レコードキーパー

コンティニュアム思想（record keeping）

文書管理
（records management）

記録（records）
文書（documents）
情報資料
（reference material）

レコードマネジャー

評価選別

アーカイブズ管理
（archives management）

史料（archives）

アーキビスト

記録：団体，組織，個人によって作成されたもので，改ざんしてはいけないエビデンス
文書：改訂されながらも，継続して活用される記録された情報
情報資料：記録媒体や特性にかかわらず情報が載っている参照資料や文献。含香，味，音，触覚
史料：国，地域，組織，個人のアイデンティティや証拠を示す情報で時を超えて引き継がれるもの

「レコードキーパー」「レコードマネジャー」「アーキビスト」は管理者の呼称　　　　2017.04.17 Ryuko Saito

図7-2　記録管理における日本語の定義（作成：齋藤柳子）

なり，アーカイブズ・マネジメントまで含む広範な概念ではない[12]。

　しかしこの第7章では，オーストラリア型の記録処分規定に基づく考え方を推奨したい。

　ボーン・デジタルが増加していく将来に向けて，物理的なライフサイクル論ではなく，情報管理の視点で，組織に所属する者は，作成段階からレコードキーピングや情報マネジメントに積極的に関わることが重要である。

　その視点とは，官民を問わず，組織体における内部統制，危機管理システムの構築や説明責任，そして急速なデジタル化などのニーズから，広く「情報資産」という概念を意識し，管理することである。この考え方は，人，物，金，情報そして時間といった組織活動に不可欠な要素に基づいている。情報資産に含まれるものとは，
⑴記録　⑵文書　⑶単なる情報　⑷IT資産（ハードウェア，ソフトウェア，ネットワーク）　⑸工業所有権　⑹著作権　⑺ノウハウ「形式知」　⑻ノウフウ「暗黙知」
などである。

　イギリス国立公文書館（TNA）では，2008年，電子環境内部のレコードキーピングを改良する責務とともに，内閣府内に知識と情報の管理部門を設立した[13]。知的資源を次世代

12　坂口貴弘「オーストラリア連邦政府のレコードキーピング」『レコード・マネジメント』vol.49, p.55
13　清原和之「電子環境下のアーカイブズとレコードキーピングに関する批判的考察─マイケル・モスの議論を中心に─」西洋中世文書の史料論的研究（平成23年度研究成果報告）p.173, http://www2.lit.kyushu-u.ac.jp/~his_west/siryo_ron/houkoku_syo/kiyohara.pdf,（参照2017-12-06）

に遺すためには，政権や権威に左右されることなく，客観的な事実として記録を残す仕組み（インフラ）を作り上げ，存続していかなければならない。

あとがき

　日本の戦後からのレコード・マネジメントについては，その時代を生きてきた人が存命で記憶の中にあるため，導入の現場の経緯を改めて文字に起さなくてもいいだろうと思っていた。さらに，これまでの日本のレコード・マネジメントは，「オフィスを快適に，仕事を効率的に進めるという観点でしか推進されてこなかった。説明責任やコンプライアンスという視点は希薄であった。」という批判も受けている。

　電子化が進み，すでに物理的な文書量と格闘する時代ではなくなったが，紙文書全盛の時代，それなりの工夫と努力でレコード・マネジメントが実施されてきた経緯があったことを記しておきたい，と思い直した。終戦間もない時期，マッカーサーから「日本人は12歳の少年（like a boy of twelve）」といわれながらも，皆生きるために必死で，黙々とその時代で求められる仕事をこなし，創意工夫しながら成果を生みだしてきた経緯があり，インタビューをいくつか重ねてみると，オフィスワークもファイリング関連事業も同様であったことがわかる。

　本誌はレコード・マネジメントやアーカイブズの初学者に，親しみやすく，わかりやすく読んでもらえるように書いたつもりである。第2章ではインタビューに出席された方々のご意見で，現代のレコード・マネジメントの課題にも照準を当てることができた。紙文書から電子媒体へ急速に変化している今日，壺阪先生が「レコード・マネジメントとアーカイブズのシェイクハンズ」と言及されているように，現用と非現用という分断された運用管理ではなく，「情報資産管理」の観点で一貫した運用体制が構築されていくことを示唆したいというのが本書のねらいである。

　今日，公文書管理にかかわる諸問題が問われているが，レコード・マネジメントやアーカイブズの基本的な考え方や所作を普及させ，問題解決の糸口と改善の方向が示せるよう，コンサルタントとして努力していきたい。

　本誌の企画は，2012年，学習院大学大学院アーカイブズ学専攻博士後期課程に所属していた3人（清水惠枝，渡邉佳子，筆者）で，壺阪先生のインタビューを実施し記録をまとめた時，「内輪で留めておく情報とするにはもったいない話であり，本にしよう」と話し合ったことからスタートした（本書第Ⅰ部第1章）。しかしなかなか企画がまとまらず，出版計画は中断していた。2017年4月，壺阪先生が高山正也先生に監修をお願いしてから，進行に拍車がかかり，現在の構成で出版に至る道が見えてきた。お二人の先生に感謝申し上げたい。

2018年6月　齋藤柳子

私は縁あって福井県文書館の建設準備の段階から歴史的公文書の業務に携わり，開館後も文書館の業務にしばらく従事した。貴重な期間を体験したと思う。福井県庁の地下にある文書倉庫は，とても奥行きが長い書庫で，細い通路を挟んで両側に可動式の書架がびっしりはめ込んであった。福井県の行政文書は２穴ファイルに綴じる簿冊型で，ファイルは水色をしている。その水色ファイルがどの棚にも満杯に収められていた。背表紙には保存年限ごとに決められた，赤・青・緑・黄の色を付ける。課の名前，作成年，それの保存年限を特定すれば，どこの棚にそのファイルがあるかがわかるようになっている。初めての私でも少しの時間でそのルールをすぐ覚えることができた。どれも同じ姿をしている水色ファイルが並ぶ棚から，目的の１冊をすぐ探し出せるようになったのはうれしかった。

　その書庫で，作成課と文書主管課で保存年限が満了した文書の廃棄作業が行われた。その期間中，文書館の者が立ち会って，歴史的公文書を受け取ることになっていた。文書館用の段ボールに詰め込んでいくのである。歴史的公文書なのでこちらにください，と言って手を出したとき，作成課の職員がこれは廃棄したいと言って譲らなかったことがある。個人情報がたくさん入っているからという理由だったと思う。私の上司が，一言二言その職員を説得したが，強くは言わなかった。結局，目の前でその文書は解体された。私は採用されたばかりの時で，すぐに連れ立っていった歴史的公文書の現場で，どうしてそんなことになるのかさっぱりわからなかった。私も歴史的公文書の「収集」の時期を見てきた一人である。

　数年福井県文書館に勤めた後，アーカイブズを研究するため静岡大学に進んだ。この間，公文書管理の研究会や懇談会が設置され，課題が次々とあぶり出されていった。そして学習院大学アーカイブズ学専攻に在学していた時，公文書管理法が成立した。内部の規定程度だった公文書管理が，民主主義の看板を背負って社会に躍り出てきたのである。このたび壺阪龍哉先生にレコード・マネジメントの歩みについてお話をうかがう機会を得て，考えを整理することができた。さまざまな社会的事象がいろいろな角度から，じわじわと公文書管理に質的転換を促してきたことを理解した。社会の動きを大局的に見ること，文書事務をよく観察すること，これから自分が公文書管理の研究に携わっていく上で，いつも意識にとどめておきたい。

2018年6月　清水惠枝

　「科学的管理法の事務管理」の中で述べられた「文書整理」が，戦後，日本の官公庁において，どのように展開して行くのか，若干，触れて，あとがきに代えたいと思う。

　行政管理庁行政管理局行政能率調査班が，1963年に刊行した「O&M情報」（Vol.1,No.3）は，文書管理を特集している。これによると，行政における文書管理についての研究は，昭和23年から30年までの人事院主催の公務能率研究会で取り上げられたが，この研究会

は，職員の相互啓発の場で，組織的に研究し育てる体制ではなかったという。1962（昭和37)年，文書管理は今後如何にあるべきかについて研究するため，行政能率調査班が事務局となり，O&M の一環として各省文書管理研究会が設置される。この O&M については，同調査班が，1964年刊行の「びぶろす」（Vol.15,No.11）に，「O.M. 活動」のタイトルで，O&M（Organization and Methods）の概念やアメリカやイギリスにおける OM 制度の歴史について説明している。この OM 制度は，日本では行政運営の改善という視点から取り入れられ，各省庁の官房文書課長が OM 官として各省庁の管理改善推進の責任者となった。文書管理改善の今後の方向として，文書管理体制の整備と科学的事務方式を確立するため，紙文書だけでなく他の情報媒体物を積極的に取り入れようとする認識が必要と述べられているが，この時期の「文書管理の近代化」の中にアーカイブズ制度についての認識は，残念ながら有されていなかった。まがりなりにも，制度として国のアーカイブズを管理する国立公文書館が設置されるのは，1971(昭和46)年７月であった。

　筆者は，長年，京都府に在職し，その大半を京都府立総合資料館（当時）で，京都府の公文書館的な業務を行ってきた。その間，情報公開条例や個人情報保護条例が制定される中で，主として公開に関わる部分について整合性が問われ，さまざまな調整を余儀なくされた。この時，強く感じたのは，公文書の管理に関わる法規の差異であった。府の文書管理は，「京都府文書規程」や「京都府文書等の保管，保存等に関する規程」という府の訓令，アーカイブズとしての公文書の取扱いは「行政文書取扱規程」という館の訓令であり，組織内部で定められる「内規」であった。議会で定められる条例とは比較にならない弱いものである。調整をするにあたり，「アーカイブズ」に対する認識の希薄さを痛感した。「公文書等の管理に関する法律」を有する今，課題は多いが文書管理，アーカイブズ制度が拡充されるための努力をして行きたいと思っている。

2018年６月　渡邉佳子

附録

附録1：「年表」日本のレコード・マネジメントとアーカイブズの動向 …… *172*

附録2：戦後の復興とファイル用品・スチール家具メーカーの努力 …… *186*

    1．各メーカーの努力とコンサルタントの動き　*186*

    2．綴じる（バインダー）文化と挟む（フォルダー）文化　*212*

    3．日本ファイル・バインダー協会による規格と生産数量統計　*213*

    4．紙寸法規格の動き　*216*

    参考資料：壺阪龍哉　ファイリングに関するコレクション一覧　*219*

附録3：日本の民間におけるファイリング要領 …… *221*

附録4：電子メール社内規程（モデル）…… *232*

[附録 1]

日本のレコード・マネジメントとアーカイブズの動向（年表）

作成：齋藤柳子

和暦	西暦	日本の文書管理（レコード・マネジメント関連）の動向	日本の歴史的資料（アーカイブズ）の動向	国内外　関連情報
寛政元	1789			仏国 Archives Nationales 設立
天保9	1838			英国 PRO（Public Record Office）設立
明治元	1868	維新政府、記録管理担当部局として行政官事に記録掛設置		明治維新（神祇官／太政官の下には民部省・大蔵省・兵部省・刑部省・宮内省・外務省が設置されるという二官六省制）
明治4	1871		大政官記録担当部局記録課は国史編纂業務を担当。新政府の行政組織や諸規程が整備され、各行政組織に記録課（局）、図書寮（局）等が設置され、謄写した公文書の類編編纂と原本の保存が行われる	廃藩置県　岩倉使節団、欧米の図書館・博物館・文書館（アルチーフ）を見学
明治5	1972			全国に郵便制度施行。学制制定。新橋・横浜間に鉄道開通。殖産興業。殖産興業として官営富岡製糸場開業
明治6	1873	渋沢栄一　欧米諸国と対等に並ぶために国民の知識水準の引き上げを図ろうと製紙業・印刷業を興し、現在の東京都北区王子に洋紙製造を担う抄紙会社を設立	内務省記録課設置。文書受付から記録編輯までの文書処理を行う。太政官に置かれた図書掛に内閣文庫設置。明治以降内閣によって保管されてきた古書・古文書のコレクション。江戸幕府から受け継いだ蔵書を中核として明治政府が収集した各種の資料を加えたもの	陰暦から太陽暦へ切替（明治5年12月3日→明治6年1月1日へ）。徴兵令公布。内務省設置。地租改正条例布告
明治7	1874		外務省「就通信全覧」を編纂（1861（文久元）年から1868（慶応4）年までの外交史料。編輯文書に修好・貿易を加え編集し分類）	自由民権運動（明治7年板垣退助らの民撰議院設立建白書の提出に始まり、明治17年秩父事件の鎮圧で衰退）
明治8	1875		内務省 全国の記録文書保存事業を開始	
明治9	1876			ボストンの公共図書館で、索引カードのヒントを得て、バーチカルキャビネットの原型を考えだす
明治10	1877			西南戦争。第1回内国勧業博覧会
明治11	1878			陸軍士官学校創立。参謀本部設立（統帥権独立の端緒）
明治14	1881	「諸省事務章程通則」が制定され、各省卿の職務	内閣書記官局記録課編纂掛「公文録」「公文附	

日本のレコード・マネジメントとアーカイブスの動向（年表）　|　173

元号	西暦	文書管理	編纂・記録	社会・法制度
明治17	1884	権限が統一。内閣記録局の組織整備。「記録処務規程」制定	録」「布達進呈書」「太政類典」「布令便覧」「職員表」「布告及達全書」の類聚を編纂。明治15年以降の公文書の分類基準は改正され、名称も「大政類典」は「公文類典」と改称	
明治18	1885	内閣制度発足に伴い「各省事務ヲ整理スルノ綱領」にて「繁文ヲ省ク」で文書事務の迅速化と事務手続きの簡素を指示。万国メートル法条約加盟	宮内省書陵部設立（前身宮内省図書寮「天皇実録」編纂	太政官制度廃止。内閣制度発足。登記法制定
明治19	1886	「内務省文書保存規則并細則」制定。「凡ソ保存ノ文書ハ膽本ヲ作ラス原本ヲ以テ臨時ノ用ニ供スヘキモノナレハ縦ラ取扱ニ注意シ厳シ散逸汚損ラ戒ムヘシ」とあり、膨大な文書謄写事務が縮小される。保存年限と保存・廃棄は事務事業に沿って実施。保存年限は永1年／6ヶ月の3区分。各種別に編纂・保存し、保存期間満了分は廃棄	内閣制において明治8年開始の全国記録保存事業は、「繁文ヲ省ク」の趣旨により終了。地方の戸長役場史料が廃棄されることが多くなる	国務大臣の所掌を定めた「各庁官制」制定。「天皇→各省大臣→官吏」の縦割り体系と各行政機関の「分担管理」が明確化
明治20	1887			版権条例、脚本楽譜条例、写真版権条例制定／明治の大合併（市政・町村制施行）明治22-23
明治21	1888	「内務省文書保存規則」制定。保存年限は永久／20年／5年／1年に区分。秘密文書の規定も設定。中央官庁と府県庁にも導入される		
明治22	1889			大日本帝国憲法・皇室典範公布。憲法55条「国務各大臣ハ天皇ヲ輔弼シ其ノ責ニ任ス。官僚は天皇にのみ責任を担ったことが明文化。国民に対する責任の概念が生じる余地がない
明治23	1890			府県制・郡制公布（地方自治権の確立）。民法（一部）・刑事訴訟法・民事訴訟法・商法公布。第一回帝国議会開催
明治25	1892			ボストンのローズノー博士（Rosenau）がバーティカル・ロジカル・キャビネットを開発し、1893年シカゴの万国博覧会に出品
明治26	1893	内閣記録局が記録課へ格下げ。以後、政策決定過程がわかる文書の編纂は行われない。国民から記録を隠匿するしくみの始まり		版権法制定

和暦	西暦	日本の文書管理（レコード・マネジメント関連）の動向	日本の歴史的資料（アーカイブズ）の動向	国内外	関連情報
明治27〜28	1894〜95			日清戦争	
明治32	1899				文学的及び美術的著作物の保護に関するベルヌ条約加盟。著作権法（旧著作権法）制定
明治34	1901	天皇制下の官僚国家の記録は、国民から隠蔽して保存するように設定され、国家の正当性を根拠づける「国史」研究は、同時代史を学問対象外とする状態になる	「大日本史料」刊行。「国史」編纂業務は、修史局→修史館→帝国大学（現在の東京大学史料編纂所）へ引継		
明治37〜38	1904〜05			日露戦争	
明治40	1907		宮内省官制 皇室令38条「公文書類ノ編纂及保管ニ関スル事項」を担い、非現用公文書を各部局から受入		公式令（法令形式の仕組み）制定。軍令（立法において軍部の統帥権独立）制定
明治44	1911				東京・大阪に特別高等警察を置く
明治44〜大正9	1911〜20				1880年代にフレデリック・ウィンスロー・テイラー（Frederick Winslow Taylor）が「科学的管理法」を打ち出し、工場における生産作業の合理化に乗り出し、フォード自動車の「ベルトコンベアシステム」（T型自動車の生産体制）という工場管理へ展開、この延長上で事務も科学的に管理されるようになった。具体的には、タイプライターの発明、ファイリングキャビネットの考案、オフィスレイアウトの設計、文書の帳票化の進展、ファイリングクラークという職業発生
大正2	1913	三菱造船長崎事業所 戦艦「金剛」のアートメタル製のキャビネット、机、椅子を将官クラスに一人一台装備。三菱商事がイギリスのロネオ社からバーチカルキャビネットを購入する			
大正3〜7	1914〜18				第一次世界大戦 各国政府文書量の増加
大正9	1920	伊藤忠兵衛（1886-1973）伊藤忠商事二代目、カナモジカイ（カタカナ横書き運動）で、事務効率化を図る。伊藤忠・丸紅両社では戦前から戦後にかけて正式な社内文書にカタカナが使われる			

和暦	西暦			
大正11	1922	上野陽一（1883-1957）は帝国大学卒業後、産業心理学から米国のギルブレス（Frank Bunker Gilbreth）を知り、最新のマネジメント理論と方法を研究し、日本初の作業改善コンサルテーションを実施。政府による産業合理化運動で重視される。11月「協調会」により、「産業能率研究所」が上野陽一を所長として設立される		H.ジェンキンソン「フィジカル・デフェンス」「モラル・デフェンス」論
大正12	1923	震災後、「非常持ち出し書類」が発想される		関東大震災発生
大正14	1925	「産業能率研究所」が閉鎖され、上野陽一「日本産業能率研究所」を設立。金子利八郎「事務管理」出版		
昭和元	1926	川口輝武『書類整理の研究』出版		
昭和2	1927	石原通『官庁事務能率増進法の研究』出版		
昭和6	1931	商工省臨時産業合理化委員会「事務用紙仕上寸法（1：√2）」を決定後告示。B5版用紙の標準化推進		
昭和7	1932	淵時智『文書整理法の理論と実際』出版。バーチカルファイリングの紹介		
昭和9	1934	上野陽一編『事務必携』出版		米国 NARA (National Archives and Records Administration) 設立。レコード・マネジメント手法生まれる
昭和10	1935	横澤光暉『第一線の行政事務刷新』出版		
昭和11	1936		外務省「大日本外交文書（1867〜68年）」公刊。「国民ノ外交ニ関スル認識ヲ深メル為メ材料ニシテ有能達識外交官作ル為ノ資料ナリ」戦前に公文書を公開したのは外務省だけである	米国 SAA (the Society of American Archivists) 結成
昭和13	1938	上野陽一『能率概論』出版		
昭和14	1939			米国 記録処分法 (Federal Records Disposal Act) 成立
昭和14〜20	1939〜45	1941（昭和16）年上野陽一『能率ハンドブック』出版		第二次世界大戦。1941（昭和16）年12月8日 日本、英米に宣戦布告（大東亜戦争開始）。真珠湾攻撃
昭和17	1942	上野陽一 日本能率学校を開設する		6月、ミッドウェー海戦。日本海軍は航空母艦4隻とその艦載機多数を一挙に喪失。この戦争における主導権を失う

和暦	西暦	日本の文書管理（レコード・マネジメント関連）の動向	日本の歴史的資料（アーカイブズ）の動向	国内外　関連情報
昭和18～20	1943～45	通商産業省の前身（軍需省～商工省時代）は、文書保存年限20、10、5、2年、完結廃棄の五種類が定められる	公文書の疎開	1944（昭和19）年11月、B29による東京空襲始まる。1945（昭和20）年4月、米軍、沖縄本島に上陸。8月、広島、長崎に原爆投下される
昭和20	1945	8月30日に専用機「バターン号」で神奈川県の厚木海軍飛行場に降り立ったダグラス・マッカーサーと伴に、「軍属事務官がミントンランド製のキャビネットとフォルダー、ガイドとファイリング手法を持ち込む／在日米軍レコードセンターが設置され、東政雄、矢板信夫が勤務する／GHQでは、フォルダーを使うバーチカルファイリングで文書を綴じない方式（消費社会ですぐ捨てることが可能）を導入する／バーチカル方式はすぐ日本には馴染まず、バインダーで時系列に次第付けて綴じ「その1」「その2」と内容の区別なくファイルを作り込む	外務省「文書処理方針及臨時外務省文書委員会ノ設置ニ関スル件」（8月7日 記録文書の焼却を決定）／宮内大臣官房主管から各部長宛「機密書類、焼却の件」指示（8月18日～22日　9:00-15:00　於宮城内三重櫓下）／11月 幣原喜重郎内閣により戦争調査会設置。日本の大東亜戦争に関する調査。審議機関である。設置当初は大東亜戦争調査会という名称であったが、GHQの指令により、1946（昭和21）年1月に戦争調査会と改められ、同年9月にGHQの意向を受けた第1次吉田茂内閣により廃止された	8月14日ポツダム宣言受諾決定。9月2日東京湾上の戦艦ミズーリ艦上で調印式。連合国代表を相手に正式に行われ正式に降伏。8月15日、昭和天皇による「大東亜戦争終結ノ詔書」の音読放送。9月、GHQ「言論およびプレスの自由に関する覚書」。10月、同、「郵便検閲に関する覚書」「教育制度に関する覚書」。東京5紙（朝日、読売、日本産業）に新聞事前検閲開始。12月、同、「神道に対する政府の保証・支援・保全・監督および弘布の廃止に関する覚書」
昭和21	1946			1月、GHQ「映画検閲に関する覚書」。3月、米国教育使節団、教育の民主化を勧告した報告書提出。11月、GHQ、日本国憲法公布に際し日本国民に対しメッセージを発表
昭和22	1947	上野陽一 GHQの要請により、人事院の創設に参加。1951年まで人事院人事官として公務員制度の刷新に努める	文部省科学教育局人文科学研究科 近世以降の史料収集事業開始	5月、日本国憲法施行／米国フーバー委員会、ナレムコの統計。50%廃棄・30%保存・20%保管を発表
昭和23	1948	国家行政組織法 第五条 行政事務の分担管理を定める。文書管理も各省庁の内部規定に基づき、保存期間満了文書は廃棄	学術研究会議（現 日本学術会議）特別委員会の一つとして近世庶民史料調査委員会発足	ICA（International Conference on Archives）がユネスコの諮問機関に発足
昭和24	1949	行政管理庁行政制度審議会「行政運営の能率化としてファイリング・システムを採用する」等科学的事務処理の方法を整備することに答申 日本事務能率協会（現 日本経営協会）発足	国立国会図書館 憲政資料蒐集保存設置（幕末から現代に至る政治家、軍人、官僚所蔵の日記、書簡、草稿などの私文書を所蔵）／宮内庁書陵部発足。／野村兼太郎他95名「国立史料館設置に関する請願および趣意書」を衆議院議長に提出。／文部省史料館として三井文庫の建物を国が購入。史料整理業務開始	

日本のレコード・マネジメントとアーカイブスの動向（年表）

和暦	西暦			
昭和25	1950	上野陽一 産業界において近代的経営管理論と技法を実践すべく指導。産業能率の近代化に大きな影響を及ぼす。わが国企業経営の近代化と東洋思想を融合したF.W.テーラーの科学的管理法は独自の哲学的世界観を形成 三沢仁『ファイリング システム』初版出版。元来技術者であったが、人事院に入り標準課の責任者として。人事院におけるファイリングシステムの企画に当たる。ツミアゲ方式、ワリツケ方式の融合を提唱。GHQの指導の下、上野陽一の秘書となり、産業能率短期大学の 我が国事務能率およびファイリングシステムの普及に努める（内弟子は有賀秀春、外弟子は壺阪龍哉、廣田傳一郎） 東畑政雄はGHQ退職後、イトーキ研究所へ入社。イトーキは江戸時代からの金庫製造会社で米軍仕様でレミントン式のキャビネットを製造（5GYというミリタリーカラーの塗装） 八板信夫はGHQ退職後、くろがね工作所へ入社。法務庁ファイリングシステム講習会実施	日本歴史学協会創設。日本学術会議、学術資料の保存ならびに活用について内閣総理大臣に答申。地方史研究協議会結成	図書館法公布、施行。文化財保護法公布。米国 連邦記録法（Federal Records Act）
昭和26	1951		文部省史料館（国文研の前身）創立。資料保存運動開始。近世・近代史研究者が、皇国史観ではない被支配者の視点から歴史研究を始める中で史料の保存を展開	10月、GHQによる検閲の終了。博物館法公布
昭和27〜30	1952〜56	人事院公務能率研究会文書部会「公文書の左きの推進、文書の保存整理の研究」1956年には行政監察局調査研究班設置。民間企業の近代的経営管理技術に着目		
昭和27	1952	外務省「文書課記録班事務処理系統図」で、中央集権の整理方法を採用する	東京都、都政史料館設置（現在の東京都公文書館の前身）	4月28日 サンフランシスコ講和条約が発効。日本主権回復。GHQ/SCAPの進駐が終わる。占領軍のうちアメリカ軍は、講和成立と共に締結された「日本国とアメリカ合衆国との間の安全保障条約」（旧日米安全保障条約）に基づいて駐留継続（在日米軍）。
昭和28	1953	通商産業省「事務効率はまず文書の整理から─文書整理運動」	防衛研修所戦史室（防衛省防衛研究所戦史部の前身）に米国立公文書館所蔵の日本の公文書	

和暦	西暦	日本の文書管理（レコード・マネジメント関連）の動向	日本の歴史的資料（アーカイブズ）の動向	国内外 関連情報
昭和29	1954		が返還	中国 国家档案局成立
昭和30	1955	新文書管理規程では「永久保存」が復活。地方通産局にも波及		米国 ARMA 設立
昭和31	1956	日本国有鉄道盛岡鉄道管理局「ファイリング・システムの実際」海外の事例に学ぶ	防衛庁内に「戦史に関する調査研究及び戦史の編さん」を目的として戦史室設立 自治庁、都道府県総務部長宛「市町村の沿革資料の蒐集整理について」通牒	T.R. シェレンバーグ「一次的価値・二次的価値」の評価選別論発表。ライフサイクル論へつながる 昭和の大合併
昭和31〜36	1956〜61	伊藤忠兵衛が経営する呉羽紡織株式会社では、カナタイプの利用を開始。会計に伝票を使いつつライティングシステムを採用し、その伝票にはカナタイプで記録。本社と支店や工場を結ぶカタカナのテレタイプを使いはじめ、やがて伝票だけでなく稟議書もカナタイプで書き、社内情報もカタカナ左横書きで組まれるようになる。カタカナタイプの講師を招き、わからカタカナタイプから講習会も開く		
昭和33	1958	日本マイクロ写真協会（現 日本画像情報マネジメント協会）発足	日歴協、日本学術会議に「国立文書館建設の要望書」を提出	
昭和34	1959	イトーキ研究所 ファイリングシステム指導開始。紙寸法、メートル法専用で完全実施	山口県文書館設立（日本初の文書館） 日本学術会議 内閣総理大臣宛て「公文書散逸防止について（勧告）」を提出	特許法制定 中国 中央档案館が開館
昭和35	1960	スチール家具誕生 共栄工業入社。三沢仁との出会いにより、キャビネットの使い方、ファイリングシステムを学ぶ	国立国会図書館「公文書館制度研究会調査資料」出版	
昭和38	1963		第4回公文書保存制度等調査連絡会議で、「国立公文書館（仮称）設置についての要綱」決定。京都府立総合資料館設立	
昭和39	1964	IBM ホストコンピュータ上陸。高度経済成長で、紙媒体の氾濫。捨てる技術がファイリングに求められる		東京オリンピック開催、高度経済成長始まる

西暦	元号			
1965	昭和40	小澤暢夫 三菱商事で文書サイズをA4に標準化。コンピューターの連続伝票用紙のA4版。三菱商事、カット紙の効率性により、先鞭をつける	全国主要国立大学に地域資料を集める「日本史資料センター」構想と、それに反対する地方史研究活動の発展	行政管理庁臨時行政調査会「行政には原価意識が乏しい。行政機関の職員は適法か違法かには関心を持つが、それが国民にどの程度の利益をもたらすか、損失を与えるかには関心はどうではない。」発表
1966	昭和41	自治省官房文書広報課 藤田秀夫「戦前は法令文書立案等に文書課員の専門知識が必要で有能な人材が配置されていたが、戦後は統計や広報等も引き受けることになり、職務の量的拡大に追われ、質的充実が二次的に扱われた。そこで起案だけに誇りを持つようになった。文書作成や整理は軽視されるようになり、トップの無理解も加わり、文書課には中高年齢の職員が配置されるようになった。」行政管理庁「O＆M情報」に投稿。 樋口捨三 ワンビシ倉庫株式会社（現 ワンビシアーカイブズ）設立。書類と磁気テープの保管サービスを開始	歴史学系34学会連合「国立公文書館設立・運営に関する要望書」を総理府に提出。財団法人三井文庫設立 1966～80年、防衛庁防衛研修所戦史室（現在の防衛省防衛研究所戦史部の前身が）『戦史叢書』刊行。目的は「自衛隊教育又は研究の資とすることを主目的とし、兼ねて一般の利用にも配慮した	フレンツェ（イタリア）の大洪水。ICA, IFLA（the International Federation of Library Associations and Institutions）等で、水害事故を契機に、資料保存への取り組みが本格化。 米国 連邦情報公開法（the Freedom of Information Act）制定
1967 ～77	昭和42 ～52	行政管理庁「各省庁統一文書管理改善週間」で行政文書の肥大化に伴う文書管理の改善として、ファイリング・システム、マイクロフィルム化、機械化の改善を図ったが、増加量に対応するには、文書廃棄量を増やすことにほかならない。」	→行政管理庁「各省庁統一文書管理改善週間」で行政文書の肥大化に伴う文書管理が推奨されたが、のちの検証のためや国民への説明責任を果たすために文書を残すという観点は希薄であった	政府業務全般に渡り、電子計算機の導入が著しく、それに伴う経費が増大した。しかし、その管理や推進体制に対する基準がなく、受入体制が極めて不十分であった
1967	昭和42		下関文書館発足	
1968	昭和43	霞が関ビルに壁面収納家具が初めて登場	財団法人日本経営史研究所設立。東京都公文書館設置	経済発展を遂げた結果、深刻な環境汚染が社会問題となり、公害対策基本法が制定される 日本初の超高層ビル竣工
1969	昭和44	紙の原紙寸法の規格JIS P 0202（A判、B判、四六判、菊判、ハトロン判）を制定	日本学術会議「歴史資料保存法の制定について」勧告。埼玉県立文書館設立（歴史的価値ある民間文書と公文書の保存）。福島県歴史資料館設置	韓国 政府記録保存所を設置

和暦	西暦	日本の文書管理（レコード・マネジメント関連）の動向	日本の歴史的資料（アーカイブズ）の動向	国内外 関連情報
昭和45	1970			著作権法全部改正
昭和46	1971	くろがね工作所 ファイリングシステム指導開始	国立公文書館 総理府（現内閣府）附属機関として設置。公文書の散逸防止を各省庁に呼びかけ、国内の各公文書の保存状況、資料の散逸防止及び一般利用の方策、外国公文書館制度などの調査結果を踏まえ、『公文書等の保存、閲覧・展示などへの利用、公文書の調査研究を行う機関』を目的とする	ジャン・ファヴィエ著・永尾信之訳『文書館』刊行（白水社）
昭和46	1971		外務省外交史料館設立	
昭和47	1972		文部省史料館、国文学研究資料館史料館と改組	H.ブームス「能動的記録評価選別論」発表。記録群の社会的背景を重視して分析を行う評価
昭和48	1973		茨城県歴史館設置	
昭和49	1974	岡村製作所 オフィスプランニング指導開始	歴史資料保存利用機関（全史料協の前身）第一回懇談会開催。藤沢市文書館設立（市町村初の文書館）	
昭和50	1975代	減速経済に入り、残した文書をルール化し、分類、保存年限を定め、ライフサイクル管理が行われる	尼崎市立地域研究史料館発足。学習院大学史料館設置	減速経済に入る（1975〜1985）
昭和51	1976	山下貞磨 日本レコードマネジメント(株)設立。原子力発電所に於いて業務請負方式で開始	全国歴史資料保存利用機関連絡協議会（以下全史料協）発足。国文学研究資料館 アーカイブズ大系設立	ロッキード事件発生。大平政権で情報公開運動の兆し
昭和52	1977		岐阜県歴史資料館設置。広島市公文書館設置。日本学術会議「官公庁文書資料の保存」を政府に要請	
昭和53	1978	東政雄『ファイリング入門』出版	岩上二郎参議院議員「歴史史料保存体制のあり方」国会で質問	米国 大統領記録法（Presidential Recods Act）制定。「第一回地方の時代シンポジウム」が横浜市で開催
昭和54	1979		読売新聞「21世紀には読めなくなる」酸性紙劣化問題を報道。全史料協「歴史資料保存法の促進に関する要望書」衆参両議長・都道府県知事等・同教育長へ提出	国立国会図書館現代政治史資料室開設（米国国立公文書館所蔵 SCAPIN 公開開始）
昭和55	1980	壺阪龍哉 ファイリング・クリニック(株)設立。メーカー、商社に於いて診断実地指導方式で開始。壺阪龍哉 ファイルボックスを考案	日本学術会議「文書館法の制定について」を政府に勧告	

日本のレコード・マネジメントとアーカイブスの動向（年表）　|　181

和暦	西暦			
昭和55〜	1980年代〜	オフィスオートメーション時代。オフィスコンピュータの導入により、業務データは帳簿からデータベース（11×15インチの出力が主流）へ、書類作成はワードプロセッサーとプリンターで実施。		行政改革「増税なき財政再建」を掲げ第二次臨時行政調査会設置
昭和56	1981	壺阪龍哉『OA 導入の前に読む本』出版	企業史料協議会発足。横浜開港資料館設置	
昭和57	1982	日本経営協会 グッドファイリング賞開始。社内書類をA4判に推進（新日鉄・本田技研・日本電気・東芝等）	山形県金山町 日本初の「公文書公開条例」制定。群馬県立文書館設置、京都市歴史資料館開館。渋沢史料館設置	神奈川県、埼玉県が公文書公開制度を導入
昭和58	1983		神奈川県、都道府県で初の「情報公開制度」施行	オーストラリア NAA (National Archives of Australia) 創立
昭和59	1984		川崎市公文書館設置、静岡県沼津市明治史料館設置	
昭和60	1985		安澤秀一『史料館・文書館への道』出版。兵庫県公館設置（県政資料館部門）	地方自治体における行政改革推進の方針。「地方行革大綱」の作成／土地バブル経済始まる
昭和61〜平成3	1986〜91	ニューオフィス推進協議会発足		IFLA「図書館資料の保存と保護のための原則」公表
昭和61	1986		ICA（国際文書評議会）に加盟。マイケル・ローパー日本視察。文書館法の制定やアーキビスト制度の樹立を勧告。品川区立品川歴史館設置、北海道立文書館設置、福岡県柳川市古文書館開館、大阪府公文書館設置、愛知県立文書館設置／高野修「ユネスコ加盟120国のうち記録史料保存法がなかったのは日本だけ…」。富山県公文書館設置、東京大学史料室設置（安田講堂内）。国立史料館「文書館学研修会」開催	
昭和62	1987		日本学術会議 1988年と1991年の2回、公文書専門職員の養成体制についての報告並びに要望提出。千葉県文書館設置、大阪市公文書館設置、広島県立文書館設置／国立公文書館「公文書館等職員研修会」開始	公文書館法制定、公布
昭和63	1988			公文書館法施行。リクルート事件発生（自民党政治家、官僚に贈賄）
平成元	1989	ARMA 東京支部、記録管理学会発足。	神戸市文書館設置。名古屋市市政資料館設置。北九州市立文書館設置。八潮市立資料館設置。	天安門事件。公文書館法施行一周年を記念し、国立公文書館がジャン・ファビエ ICA会長（仏

和暦	西暦	日本の文書管理（レコード・マネジメント関連）の動向	日本の歴史的資料（アーカイブズ）の動向	国内外	関連情報
平成2	1990	蜜阪竜蔵、㈱トム・オフィス研究所設立。自治体、民間企業を対象としたコンサルティング活動を開始	全国大学史資料協議会発足。鳥取県立公文書館設置、徳島県立文書館設置	東京都立公文書館新宿へ移転	国立公文書館管理庁長官）を招請、記念講演会開催。レセプション席上で岩上二郎参議院議員にICA名誉メダル授与。同年8月、岩上議員は現職のまま死去
平成3	1991			T.クック、L.ハッケマン、R.コックス「マクロ評価選別論（ドキュメンテーション戦略）」発表	
平成4	1992	各省庁の事務連絡会議の申合せ（「行政文書の用紙規格のA判化に係る実施方針について」。最高裁規格のA判化に係る実施方針について」。最高裁規格の事務総長通達、事件簿や諸帳簿類が、永久保存から70年保存に変更	新潟県立文書館設置、沖縄県北谷町公文書館設置。企業史料協、第1回ビジネスアーキビスト養成講座開設		
平成5	1993		大宮市公文書館設置。全史料協、司法資料の保存を考える会発足。「文書館専門職員養成制度の確立に関する要望書」内閣総理大臣に提出。和歌山県立公文書館設置。秋田県公文書館設置。神奈川県立公文書館設立（情報公開と公文書保存の結合）。国立公文書館。「公文書公開に関する研究会」設置。養成機関の養成機関の整備等に関する専門職員の養成機関の整備「民事裁判官会議「民事判決原本の廃棄撤回」決定。最高裁判官会議「民事判決原本の廃棄撤回」決定	1990年代 D.ベアマン 証拠性確保、情報公開による説明責任で市民の知る権利の保障を論じる。ICA東アジア地域支部発足（EASTICA）。不正競争防止法改正（営業秘密の保護）。	
平成6	1994		香川県立文書館設置、長野県立歴史館設置。駿河大学文化情報学部「レコード・アーカイブコース」開設。第47回国際情報ドキュメンテーション連盟総会で、ARM（アーカイブズ・アンド・レコード・マネジメント）部会開催		製造物責任法（PL法）制定
平成7	1995	震災後、内閣府主導で、事業継続計画（BCP）が策定される 日本経営協会 トータル・ファイリング賞開始	大分県公文書館・大分県立先哲史料館開設。沖縄県公文書館業務開始。村山富市首相「アジア歴史センター設立について」戦後50周年の終戦記念日にあたり談話発表	阪神淡路大震災発生 Windows95発売。ネットワーク時代始まる	
平成7〜17	1995〜2005				ITバブル経済。インターネット関連企業の投資が異常に過熱

平成	年			
平成8	1996	日本経営協会 ファイリングデザイナー能力検定開始	安藤正人・青山英幸編『記録史料の管理と文書館』出版。福岡市総合図書館設置	米国 電子情報自由法（Electric Freedom of Information）。F.アップワード、S.マケニッシュ「レコード・コンティニュアム論」発表。オーストラリア記録管理標準 AS4390制定
平成9	1997	日本経営協会 電子化ファイリング能力検定開始	文書館用語集研究会 代表小川千代子『文書館用語集』発行	
平成10	1998	富士ゼロックス ドキュメックス発売。オフィスコンサルティング参入 廣田傭一郎『自治体ファイリングシステム』発行	松本市文書館設置。国立公文書館、つくば分館を設置。つくば分館市内に、書庫等の拡充を図る	電子帳簿保存法制定 中国国家档案局と中央档案館が統合
平成11	1999	民事訴訟法第四章証拠－第五節書証で「文書提出命令権」制定	西宮市城川文書館設置	国立公文書館制定 行政機関 情報公開法制定 韓国「公共機物管理に関する律」制定
平成11〜17	1999〜2006			平成の大合併（市町村数1821〜）
平成12	2000		守山市公文書館設置。板橋区公文書館設置 中野目徹『近代史料学の射程－明治太政官文書研究序説』出版	電子署名及び認証業務に関する法律制定。e-Japan計画
平成13	2001	地方自治体では情報公開条例が定められ、文書管理の実施のきっかけをつくる。保存年限に永年がなくなり、30年保存に変更される	アジア歴史資料センター、国立公文書館の組織として開設。国立公文書館、独立行政法人に改組	IT基本法（高度情報通信ネットワーク社会形成基本法）制定。米国同時多発テロ事件発生（9.11）
平成13	2001	宇土市 文書管理条例公布（日本初）		米国 SOX法制定。ニューヨークの同時多発テロ発生 ISO15489（記録管理の国際標準）制定
平成14	2002	ICT（情報通信技術）ソリューションコンサルティング参入	本渡市天草アーカイブス設置。防衛省（当時庁）防衛研究所 図書室に史料室新設	米国「SAAガイドライン」アーキビスト教育プログラム発表 電子政府・電子自治体の推進のための行政手続オンライン化関係三法制定
平成15	2003	NPO法人行政文書管理改善機構（ADMiC）設立 e文書法制定されるが、紙とマイクロフィルムの併用保存を求められる。3万円以下しか電子文書を認定されず。さらにタイムスタンプ費用もかさみ、普及しない	国文学研究資料館史料館『アーカイブズの科学』出版。「歴史資料として重要な公文書等の適切な保存、利用のための研究会」発足	個人情報保護法制定 英国 PRO を TNA（The National Archives United Kingdom）と改称
平成16	2004		日本アーカイブズ学会発足	公益通報者保護法制定。e-文書法制定 新潟県中越地震発生

和暦	西暦	日本の文書管理（レコード・マネジメント関連）の動向	日本の歴史的資料（アーカイブズ）の動向	国内外　関連情報
平成17	2005	内部統制で文書管理も重視される	福田康夫衆議院議員「公文書館制度強化推進議員連盟」設立。国立公文書館 デジタルアーカイブ開始。国立公文書館 総務大臣宛「市町村合併時における公文書等の保存について」要請	会社法の施行に伴う関係法律の整備等に関する法律（新会社法）制定
平成18	2006	小谷允志『今、なぜ記録管理なのか』出版。山下貞麿『たかが文書、されど文書管理―企業の存亡を左右する文書管理』出版	棄川文書館設置	金融商品取引法制定。デフレスパイラル経済へ
平成19	2007	中央官庁、文書管理をなおざりにしていたことで問題発生 ・厚生労働省 C型肝炎感染者リスト放置問題発生 ・社会保険庁 年金記録データ未登録や不一致問題発覚 ・防衛省 海上自衛艦の航海日誌の誤廃棄問題発生	福田総理「公文書館推進議員懇談会」立ち上げ。小山市立文書館設置	
平成20	2008		上川陽子 公文書管理担当大臣就任。「公文書管理の在り方等に関する有識者会議」尾崎護が「最終報告書」を政府に提出。学習院大学大学院人文科学研究科アーカイブズ学専攻創立。出版文化社 アーカイブサポート事業開始	J-SOX法（金融商品取引法改正）制定
平成21	2009	日本経営協会 公文書管理能力検定開始	読売新聞 佐藤元首相邸に核密約文書の日米首脳「合意議事録」存在確認。松岡資明『日本の公文書』出版	公文書管理法制定
平成22	2010			内閣府に公文書管理委員会設置
平成23	2011	震災後、危機管理意識により、バイタルレコードの認定が重視され、リスク分散を図るために、自ずと文書整理も求められるようになる	三豊市（香川県）公文書館条例制定（日本初）公文書管理法施行。行政文書について、統一的な管理ルールを策定・実施し、レコードスケジュールを導入し、府省内の管理状況についての報告を義務付け。内閣府による実地調査・勧告制度を新設するほか、外部有識者の知見活用。歴史公文書等の利用促進などを規定	東日本大震災発生
平成24	2012	東日本大震災に関する政府の会議で議事録が作成されなかった問題で、有識者委員会は、事前にマニュアルを整備することや3カ月以内に議事録を作成する等の提言をまとめる	日本アーカイブズ学会 アーキビスト資格認定度開始	著作権法最終改正

和暦	西暦			
平成25	2013		国立国会図書館＆総務省 東日本大震災アーカイブ ポータルサイト「ひなぎく」を開設	マイナンバー制度関連四法制定。東京オリンピック2020年開催決定
平成26	2014			領収書等の印紙税の非課税範囲が3万円から5万円に引き上げ。和紙（石州半紙「本美濃紙」「細川紙」）が無形文化遺産に登録
平成27	2015			電子帳簿保存法 施行規則改正。関東・東北豪雨（茨城県常総市）
平成28	2016		公文書管理法が施行後、5年が経過し、附則に定められたが公文書管理委員会で検討され、報告書が2016年3月23日に提出される。国立公文書館アーキビスト資格認定制度検討開始	不正競争防止法改正。電子帳簿保存法の要件改正。熊本地震発生 官邸 働き方改革の実現会議開始
平成29	2017	防衛省、文科省、財務省、内閣府、記管理上の問題露出（PKO部隊日報、加計学園、森友学園）。JIIMA 電子メールの運用管理規程（モデル）提示	大仙市アーカイブズ開設。国立公文書館、人材育成の基礎資料として「アーキビストの職務基準書」を発表	線状降雨帯発生による洪水（福岡県朝倉市、大分県日田市、秋田県大仙市）改正個人情報保護法施行
平成30	2018	あるべき文書が「不存在」「廃棄済」と国会で回答され、公文書の管理に関する制度の見直し論が沸騰		行政文書の管理に関するガイドラインの改正

注1：法律は制定年で表示

注2：年表作成にあたっての参照文献　安藤正人『草の根文書館の思想』岩田書院（岩田書院ブックレット③）．1998：安藤正人・青山英幸編著『記録史料の管理と文書館』北海道大学図書刊行会．1996（参照2018-05-25）；村山内閣総理大臣談話」http://www.mofa.go.jp/mofaj/press/danwa/07/dmu_0815.htm.（参照2018-05-25）；学校法人産業能率大学総合研究所「創立者 上野陽一（1883-1957）について」http://www.hj.sanno.ac.jp/ri/page/1320．（参照2018-05-25）；行政管理庁「行政における電子計算機利用の進展」．1968：カナモジカイ ホームページ http://www.kanamozi.org/index.html.（参照2018-05-25）；『呉羽紡績30年：1929-1959』呉羽紡績株式会社．1960：公益財団法人紙の博物館「紙の知識」http://www.papermuseum.jp/column/paper/006.html.（参照2018-05-25）；国税庁「スキャナー保存の要件改」https://www.nta.go.jp/publication/pamph/sonota/03.pdf.（参照2018-05-25）；国立公文書館「戦時下の文書管理」『ぶん蔵』No61．1985：児玉幸多編『標準 日本史年表』吉川弘文館．2016：小林清吏『紙の寸法画とその制定の経緯について』瀬畑源「公文書をつかう：公文書管理制度と歴史研究」青弓社．2011：全国歴史資料保存利用機関連絡協議会「戦後の史料保存運動年表」http://www.jsai.jp/kanko/sonota/chronological_table_on_JSAI1946-95.pdf.（参照2018-05-25）；高橋史彦「史料保存問題とアーカイブズ制度」日本歴史学協会年報 No21．2006：壷阪龍哉 インタビュー記録　2012.7.13：野木香里・崔誠姫共訳『現代韓国国家記録管理の展開』記録学研究8号．2011：李華瑩「中国における档案管理の制度に関する検討」『学習院大学人文科学論集』XXV．2016

［附録２］

戦後の復興とファイル用品・スチール家具メーカーの努力

執筆：齋藤柳子

　レコード・マネジメント（紙文書）では，整理のためのツールであるバーチカル・キャビネットやフォルダー等，用品が必需品である。ここでは，戦後すぐの日本において，その製品はレミントンランド社を通じての輸入品しかなかった。それがやがて国産化されるようになった経緯と発展に焦点を当て，述べてみたい。

１．各メーカーの努力とコンサルタントの働き

　1890年代前半，米国，ボストンの慈善団体連合の書記，ローズノウ博士が，図書館の索引カードの木箱からヒントを得て，同じ原則が文書のファイリングにも適用できると発想した。この発想は，デューイ十進分類法の発明者メルビル・デューイが設立したライブラリー・ビューロー社に受け継がれ，やがてレミントンランド社に吸収されて，バーチカル・キャビネットの原形となり，その引出しの中にフォルダーを立てて配列するファイリング方法（バーチカル・ファイリング）を生み出していった[1]。

　日本では，1945(昭和20)年8月31日，連合軍最高司令官ダグラス・マッカーサーが厚木飛行場に降り立ち，ほどなくして12月19日，管下部隊に対して「歴史的，文化的，宗教的物件及び施設は，注意深く保護され且つ保存されるよう」というアーカイブズに関する調査指令が出されている[2]。一方レコード・マネジメントに関しては，すぐに実務上，ファイルをメンテナンスする必要性があり，GHQの軍属（事務担当）がレミントンランド製のキャビネットと，そこに収納するマニラフォルダーやガイド板を日本に持ち込んで進められた。しばらくは本国からの在庫でまかなっていたものの，事務量が増えるに従い，日本レミントンランドを通じて事務用消耗品・備品のメイド・イン・ジャパンを探していた[3]。

　同じ頃，戦前には軍需産業として航空機産業の工場であった岡村製作所[4]は，戦後すぐ生産停止を命じられ仕事が枯渇していたが，やがて横浜税関本庁舎にあった第八軍の物資調達に食い込み，軍関係の厨房品，ブラインド，ナンバープレート，ラジエーターカバー，家具等の生産へと事業を拡げ，やがてスチール家具の製作にも携わった。1950(昭和25)年から53(昭和28)年にかけて朝鮮戦争による特需景気の恩恵を受け，1951(昭和26)年にはスチールデスク・椅子の製造に乗り出し，1954(昭和29)

1　坂口貴弘「検索手段としての文書整理法とその改革」『アーカイブズと記録管理　米国型記録管理システムの形成と日本』第1章，勉誠出版，2016，p.32-43

2　坂口貴弘「日本占領と米国型記録管理システム：GHQ/SCAPによるアーカイブズ調査」『アーカイブズと記録管理　米国型記録管理システムの形成と日本』第7章，勉誠出版，2016，p.318

3　それ以前の日本は，三菱合資会社でロネオのキャビネットを1916(大正5)年に輸入し，使われていた。黒澤商会が米国のヨーマン・エルベ社製を輸入・販売していた。銀座伊東屋は「製作需要に応せむと企図して居た」。坂口貴弘「バーティカル・ファイリングの紹介」『アーカイブズと記録管理　米国型記録管理システムの形成と日本』第6章，勉誠出版，2016，p.258-259

4　岡村製作所　1945年，航空機製造の技術者を中心に，設立の主旨に賛同した人たちが資金を持ち寄り横浜市磯子区岡村町で創業。「オカムラの歩み」http://www.okamura.co.jp/company/history/，（参照2017-11-15）

年には素材より製品まで一貫した作業設備を完成し[5]，その成功過程を見て，他社も追随した。

　一方，文具メーカー，シールド[6]（当時，東京都中央区日本橋馬喰町）の社員であった日興産業[7]の創業者水野純雄が，営業エリアである日本タイプライター㈱（当時，東京都中央区京橋）のショウルームを覗き，何となく直感で同ビルに飛び込み営業を仕かけたのが，偶然にも，テナントとして入っていた日本レミントンランド東京支店であった。幸運にも，「カーデックス」の引合いに遭遇し，通訳，上田勇（通称サムさん）[8]を通じて，日系人軍属松山氏と対応するチャンスに恵まれ[9]，レミントンランドと取引が始まった。

　カーデックスとは，コンピュータシステムが開発される前の時代に，バインダー式帳簿に代わる一覧性のある個別口座管理システムで，カードを階段状に配列し，検索と口座管理をすばやく実現できるようにしたものである。各口座のカードのページを少しずつずらした配列により，口座の見出し名と各口座（例：在庫管理，販売管理，帳票管理，資産原価償却管理，病院の入院患者管理，人事管理，株主管理，信用調査等の各口座）のシグナルを一定の標準値を超えた例外に対して変動時に見つけやすくする記録方式である。その需要は爆発的に拡がり，昭和50年代の終わり頃まで，企業，自治体に導入された。カーデックスはレミントンランド社の商標であったので，各メーカーが模倣して作り，イトーキは「アイデックス」，内田洋行は「ユーデックス」，くろがねは「バイデキス」等，それぞれの商標を付けて，競合販売された。

　そこで使われるカードは，一定の紙の堅牢さとサイズ，設計仕様が求められ，鋼製家具とのコラボレーションで開発された。カーデックスを発端として，フォルダー，ガイド板の用品も同様に，その後独立創業した水野の日興産業が製造を引き受け，米国仕様のそれらの商品を見様見真似で試作したので，レミントンランドをもじって「イミテーション・ランド」と呼ばれていたらしい。日興産業はレミントンランドと技術提携を結び，製造技術はもとより，ファイリングシステムの運用法やその概念を習得し，形状と品質のノウハウを蓄積して国内仕様を固め，さらにスチール家具メーカー，共栄工業[10]と共同開発をしながら研究を進め，現在のJIS[11]基準の原案となるものを作成していった。社名は世間的に知られていなくても，当業界を長期に渡り支えている[12]。

5　「スチール家具メーカー岡村製作所の成立と展開」『横浜市史Ⅱ（上）』1999.3，p.460-461

6　株式会社シールド　1932年創業，前身である「服部商店」を台東区に設立，文房具の卸問屋としてスタート，戦後，日本橋馬喰町に新店舗設立のうえ営業再開。現在，本社荒川区西日暮里。

7　日興産業（東京都板橋区），創業1953（昭和28）年，ファイル用品のOEMと特注を担うメーカー。戦後，水野は名古屋から叔父を頼って上京し，シールド㈱（叔父が経営する文具メーカー）の社員となる。のち，シールド㈱から独立し，日本興業，日本カード，日興産業と3回社名を変更。1990年，さらにファシリティ・マネジメント・サービス㈱と商号変更。http://www.nikko-fams.biz/gaiyou.html，（参照2017-11-07）

8　上田は後に「ジラード事件」の通訳をした。1957（昭和32）年1月30日，群馬県群馬郡相馬村（現・榛東村）で在日米軍兵士・ウィリアム・S・ジラードが日本人主婦を射殺した事件である。「ジェラード事件と刑事裁判権」信夫隆司，日本大学法学部法学研究所『法学紀要』p.119，http://www.law.nihon-u.ac.jp/publication/pdf/kiyo/58/3.pdf，（参照2017-11-08）

9　ファシリティ・マネジメント・サービス代表取締役水野安憲を通じて，創業者水野純雄よりヒアリング。2017年11月15日

10　共栄工業　1946（昭和21）年東京都江東区にて鋼製事務用家具の製造販売を開始。1948（昭和23）年，東京都大田区に工場移転。日興産業との共同開発に応じ，1952（昭和27）年ファイリング・キャビネットの生産開始。「会社案内」http://kye.jp/company/history.html#content_bgtop，（参照2017-11-07）

11　JIS S 5506（FBA/JSA），日本工業標準調査会　審議，平成26年7月22日改正。

12　日興産業　会社案内パンフレットより参照。

当時は食うか食われるかの時代であり，イトーキ[13]の山岡越夫東京支店長は，お家芸である金庫以外の物を売らなければならないという使命で，日本橋馬喰町のシールド社を訪ね，キャビネット内への収蔵物を探していた。そこでセールス担当エリアが京橋や日本橋界隈である水野と出会い，懇意になり，アイデックスの販売という金庫以外のビジネスに足がかりをつけ，東京進出を図り，日興産業，共栄工業と三社共同で製品開発を進めた。

カーデックスを手始めに，バーチカル・キャビネットもファイル用品の開発と連動して仕様が統一化され，「高品質，高能率，低価格」で経営合理化に優れた共栄工業が努力し，その後OEM[14]工場として，イトーキ，オカムラ，内田洋行，コクヨ等から一括して生産を受託するようになった。1962（昭和37）年には，ファイリング・キャビネットのJIS工場認可を受け，標準化された大量生産の時代に入った。材料の薄板鋼板のコイル状のものが，当時の八幡製鐵[15]君津製鐵所から東京湾上を船で運ばれ，共栄工業の自動生産ラインに乗った。当時，高度経済成長（1954年12月〜1973年11月）の中，薄板の消費量がトヨタ，日産……と自動車メーカー各社がランキングされる中で，その次に共栄工業が名を連ねた程，キャビネットの生産台数が伸び，1968（昭和43）年には，通産大臣賞を受賞している。

以上のように，レミントンランド（＝すなわちGHQ）からの引合いがきっかけで，ファイリングツールの国産化は，キャビネットは共栄工業，ファイル用品は日興産業というOEM二社のたゆまない努力で品質の向上が牽引された。

合わせて，三沢仁を祖とするレコード・マネジメント・コンサルタント，東政雄[16]，八板信夫[17]，壺阪龍哉，廣田傳一郎[18]らの活動により，広く自治体や各企業へ，ファイリングツールと伴に，ファイリングシステムが普及していったといえる。

以下に示す付図0〜5は，ファイリングシステム導入のために各社が作成した指南書である。

13　イトーキ　1890（明治23）年，発明特許品販売店「伊藤喜商店」として誕生。2代目社長伊藤善之助がドイツよりマシンを輸入し1914（大正3）年，「ベント式金庫」を発売。「イトーキの歩み」https://shashi.shibusawa.or.jp/details_nenpyo.php?sid=7000&query=&class=&d=all&page=5，（参照2017-11-07）

14　original equipment manufacturer：納入先（委託者）商標による受託製造。

15　八幡製鐵は1970年，富士製鐵と合併して新日本製鐵，2012年10月，旧新日本製鐵と旧住友金属工業が合併して新日鐵住金，2019年4月からは日本製鐵と社名変更。

16　東政雄　1923年生，京城高商卒，1947年より13年間，在日米軍レコード・マネジメント・スペシャリストとして勤務。産業能率大学の文書管理講師，イトーキ・システム研究所を経て，東ファイリング研究所長として，コンサルタント自営。この間，各官庁，企業のファイリングシステム，レイアウトを指導。著書『ファイリング入門』（日本能率協会，1983），『実例　ファイリングシステム』（日本能率協会，1974），『事務能率を2倍に挙げる工夫』（実務教育出版，1978）等多数。

17　八板信夫　株式会社くろがねのファイリングシステム・コンサルタント。「情報管理と文書分類」『事務と経営』日本経営協会，1975，27号，p.10-14

18　廣田傳一郎　駿河台大学大学院現代情報文化研究科文化情報学専攻客員教授，自治大学校講師，市町村アカデミー客員講師，上海大学，天津商学院客員教授，天津師範大学名誉教授他，文書管理に係る研修及び実地指導先は74団体。

戦後の復興とファイル用品・スチール家具メーカーの努力 | 189

■日本レミントンランドの事務管理の手引き（A4サイズ，全90ページ）（付図0-1～6）

付図0-1　表紙

付図0-2　裏表紙

写真説明
1. カーデックス方式による受取勘定管理（東京トヨペット）
2. 数千点に及ぶ航空部品管理の一例（日本航空）

難であります。

　そこで、上記の経済的理論を最終末端の倉庫管理からトップレベルの経営に至るまで、極めて合理的に在庫管理が出来る様に工夫されたのが、**レミントン**の**カーデックス**管理システムであります。

　カーデックス在庫管理システムの頭脳となる最も重要な部分は適正在庫を自動的に表示するシグナルと算出表であります。カーデックスポケットのセル見出しの右側には自動算出表と在庫状況を指示するための着色シグナルが挿入され、これによって、月間消費高、発註点、適正及び過剰の四段階を一目で知る事が出来ます。つまり一個々々の在庫高を調べなくても、シグナルが発註点を示しているか、過剰を示しているか不足を示しているか、等によって各口座に対する正確な事務処理をとる事が出来るのであります。特に数千、数万点に及ぶ部品管理の場合は、あたかもグラフの様に在庫調整判断の材料を一目で判読する事が出来るので、例外だけを即座に発見して、もって経営者の判定事務を迅速に行う事が出来ます。

　在庫管理用標準カーデックス様式（左図）

1. 出庫入庫記録
　　毎日の出庫、入庫記録には日付、註文番号、入庫、出庫、累計及び残高の諸欄が設けられていますので在庫記録を常に正確に保持する事が出来ます。

付図0-3　カーデックスの原理　(p.24, 25)

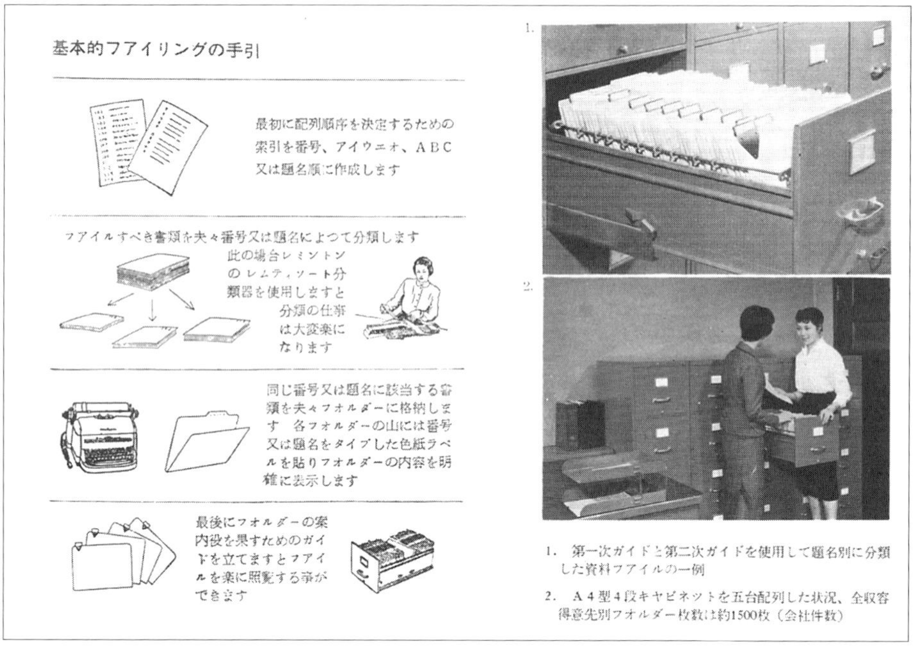

190 　附録

基本的フアイリングの手引

最初に配列順序を決定するための索引を番号、アイウエオ、ＡＢＣ又は題名順に作成します

ファイルすべき書類を夫々番号又は題名によつて分類します　此の場合レミントンのレムティ・ソート分類器を使用しますと分類の仕事は大変楽になります

同じ番号又は題名に該当する書類を夫々フォルダーに格納します　各フォルダーの山には番号又は題名をタイプした色紙ラベルを貼りフォルダーの内容を明確に表示します

最後にフォルダーの案内役を果すためのガイドを立てますとファイルを楽に照覧する事ができます

1. 第一次ガイドと第二次ガイドを使用して題名別に分類した資料ファイルの一例
2. Ａ４型４段キヤビネットを五台配列した状況、全収容得意先別フォルダー枚数は約1500枚（会社件数）

付図0-4　基本ファイリングの手引き（p.39）

事務管理

1 事務改善の考え方
—— 科学的なシステム設計のために ——

事務改善の理論と実際

最近、事務管理についての関心が特に深まり、これに関する理論的著作も多く現われています。しかし、どのように事務組織を改善するか、という技術的な問題となると、それを綜合的にまとめた手引書は、まだ少いように思われます。何故ならば、まだわが国では事務管理の理論と実務がよく結びついた段階ではなく、理論はまだ活字になつたばかり、実務は各事務室の片隅で部分的な思いつきによつて改善が考えられている、といつた状態であつたからでありましよう。

例えば戦後あれほど話題となつたコントローラー・システムにしても予算と実績を即時照合しながら経営の進路を調整して行く、という理論はよく理解されながらも、肝腎な実績の把握が即日行えるような事務能率のよい会社が少いことも一因となつて、結局数社にしか採用されなかつたような様子でありました。

しかし、近年進歩的な企業は、実務の面からの事務管理の確立に大きな努力を傾注して夫々大きな成果をあげつつあります。それには、単に「おもいつきの寄せ集め」というような改善ではなく、近代的な経営管理の理念に基ずく体系的な考え方が必要とされ、さらに事務分析や、事務機器に関する専門的な知識と技術が強く要求されるようになつてきました。

この時代的な要求に応えるために、この冊子では
1. 事務改善のもつともわかり易い具体的な分析方法
2. あらゆる事務機器の体系的な分類
3. 管理部門別の代表的な改善例とその原則的な考え方及び必要な事務設備
4. 中小企業の規模別の改善予算とその具体策
5. 近代的オフィスの実景

について、写真と図解を多く入れて解説したものであります。

事務管理
—— 経営の羅針盤 ——

分業化と専門化の進んだ今日の社会では一人残らずの人が、何らかの「組織」に属することによつて生活を維持しています。この「組織」が、——公企業であれ、私企業であれ——よく指導され、まとまつたチームとして活動した場合に、その活動は立派な成果を挙げるのであり、したがつて、その組織に属する個々人の生活も高い水準が約束されると考えられます。

「組織」のチーム・ワークをよく統制することを、経営学的には「管理」という言葉で呼んでいますが、この「管理」を効果的に行うためには、組織の活動に伴う一切の「情報の流れ」をよく整理し、記録し、活用する必要があります。この「情報の流れ」を処理する手続として「事務」という言葉の内容であり、「事務」は「管理のための不可欠の用具」と云われる所以であります。

したがつて、能率の高い事務組織がなければよい管理というものはあり得ず、よい管理がなければよい経営もあり得ません。よい経営のない社会には、個々人の豊かな生活というものも考えられないでありましよう。

この意味で、「事務能率」がよいか悪いかは、その企業の経営の程度を示すバロメーターであると考えられるようになり、進歩的な経営者は、この改善に多大の努力を傾注するようになつてきました。

記　　録
—— 事務の象徴 ——

私たちは、誰でも納得ができる分り易い出発点を設定し、そこから事務の簡素化を始めたいと思います。先ず事務所の中にあるものを眺めてみますと、次の四つのものが眼につきます。
1. 事務器具
2. 事務機械
3. 事　務　員
4. 記　　録（帳簿、伝票類）

この四つのものは、ある意味で、会社の経費が別の形をとつてあらわれたものであると云うことができますが、それでは、会社は、何のためにこれらに多大の経費をかけているのでしようか、云いかえれば、これらのものの存在意義はどこにあるのでしようか。

才1の事務器具—たとえばデスクとか戸棚とかは、云うまでもなく、「記録」を処理するための台となつたり、「記録」を管理保管するための道具であります。つまり、「事務器具」は「記録」を管理、保管、処理するための「手段」であつて、その「目的」とするところは、いうまでもなく「記録」であります。

才2の事務機械—たとえばタイプライターは「記録」を作成するための道具であり、計算機は「記録」に記入する数字を求める道具であつて、結局、「記録」の作成を「目的」とした「手段」としての存在意義をもつています。

才3項の事務員も、たとえばタイビストは「記録」を作るための「手段」であることが明白ですが、他の事務員も、伝票を書いたり、ソロバンをはじいたり、帳簿の記入をしたりする限り、記録の完成を目的とする手段であると考えることもできるのであります。

つまり、以上の三つのものは、ある意味で、すべて記録の処理ということを通じて会社のために役立つと考えられるのであります。

記録のはたらき

会社における記録の価値は、実際、いくら強調しても決して強調しすぎることはありません。税務所も裁判所も、記録をもとにして一切の判定を下すのですが、それよりも先ず、科学的な近代経営というものは、すべてこの記録上の事実をもととして始まつているのであります。

「記録」の会社に対する存在意義を列挙するならば、

　A　記　憶
　　……会社の対内外の出来事等の正確な記憶に役立つ。
　B　伝　達
　　……命令、報告、通信等、会社運営に必要な各種の意志伝達

付図0-5　「事務管理」の説明（p.1）

の手段である。

C 証憑性
……一切の取引の証拠となる。

D 指　　針
……経営の判断の根拠であり、会社の進路を照らす燈台としての役割を果す。

というような実に重要な機能をもっています。

そして以上から、結論的に考えられることは、会社は、その『記録』のために実に大きな間接経費を払つている、ということであります。たとえば、一枚の売上伝票は、その用紙代は30幾銭から50銭でありましようが、そのための人件費、設備費等の間接経費は数十円、数百円という大きな数字にもなるものであるという事実に注意を払うべきであります。

記録作成のコスト

アメリカで著名なプルーデンシャル損害保険会社が、会社記録に関する詳しい研究を行つたところ、1枚の手紙の製作にかかる平均経費は80セント（288円）という驚くべき数字がでてきました。またわが国の能率研究所の調査からは、企業の規模、業種の如何を問わず、一枚の紙きれであつても、会社に関することが一字でも記録されている限り、平均して約180円のコストがかつている、と伝えられています。

さらに、産業能率短期大学の三沢教授もその帳票統制に関する著書の中で、帳票作成の間接経費は、直接経費の50倍にもなることがあると記されています。

今日、わが国の能率専門家の間では、大体会社における記録の作成経費は1枚当り約100円であるということが常識的に認められています。

アナタの会社が一年間に生産する『記録』の量は何万枚、いや何十万枚になるでしようか、その中にムダに死蔵される記録が何枚あるでしようか。

レミントンの事務簡素化計画は、この点から出発しているのであります。

レミントン・システム

—— 綜合的な事務改善 ——

レミントンは諸企業の運営に欠くことのできない全ゆる記録を作成、整理、保存、管理するための事務用機械又は設備を製造販売致しているのでありますが、諸企業における事務能率の改善向上を計るために経営合理化に関する御相談を承り、それを具体的に実現するために 22,000種類の経営機器、事務機器を設計、製作しております。倫造、　建築において「設計」と「施工」の仕事があるように、建物の中の事務組織における「設計」と「施工」を承るのが私どもの業務であります。

レミントン事務席業部は、従来においては Systems Division ——直訳すればシステム部、あるいは組織部——と呼ばれているように、あらゆる企業のあらゆる事務組織の合理化のよき協力者であります。分りやすい表現をするならば、事務コンサルタント会社と事務機器の大百貨店を一つにしたものとも云えるでしよう。

レミントンシステムは、特に大企業のみでなく、あらゆる業態の中小企業の合理化にも大きく寄与してきたものであります。

事務設計に必要な知識と技術

—フローチャートと事務機器の使い方—

多くの企業においては、生産または販売そのものが事務の中心であつて、事務はその附随的な必要悪の一種であるというように考えられていたため、組織が大きくなり、業務が複雑になつてくるたび

に、その都度々々の思いつき的な方法を積み重ねてきており、従つて、大きなムダやムリをともなった、無計画的乃至自然発生的な事務組織となり、多くの経営者は自分で作り出した記録の山に埋り、あたかも自縄自縛といつたような状態に立たされています。

組織的で、科学的な事務組織をつくるためには、次のような知識と技術が要求されます。

フローチャート

現状を正確に把握する技術

事務は、よい管理を行うために上からの命令、下からの報告、社内相互間の通知や要請、対外的な取引、その他一切の情報を整理、記録し、経営上有効に活用するための手続を総称したものであります。したがって、事務の現状を把握するためには、情報の流れの前後関係を正確に理解しなければなりませんが、多くの場合、情報の流れは帳票として事務室の中を流れ、その軌跡は空間の軌跡であつて明確に跡を残すものではありませんから、非合理的な往復運動や

目　　次

1. **事務改善の考え方**

   事務改善の理論と実際 …………………………… 1
   事務管理——経営の躍動絆 ……………………… 1
   記録——事務の象徴 ……………………………… 1
   記録のはたらき …………………………………… 1
   記録作成のコスト ………………………………… 2
   レミントンシステム——綜合的な事務改善 …… 2

2. **事務設計に必要な知識と技術**

   フローチャート …………………………………… 2
   事務機器のひろく正確な知識 …………………… 5
   スペシアリストを利用すること ………………… 6
   オフィス・レイアウト …………………………… 6
   事務機器の大分類 ………………………………… 7
   　（イ）記録の作製と複製の事務機器 ………… 8
   　（ロ）記録の整理——ファイリング・システム … 9
   　（ハ）記録の管理——例外管理の原則 ……… 24
   　（ニ）記録の保護 ………………………………… 31

3. **管理別事務組織 —— 原理と実際と必要設備**

   帳票の基本的分類 ………………………………… 34
   販売管理 …………………………………………… 35
   生産管理と在庫管理、購買管理 ………………… 43
   会計管理——販売会計と仕入会計 ……………… 45
   会計管理——決算会計 …………………………… 47
   売掛伝票会計と SUIAP …………………………… 49
   統計会計機室の設計 ……………………………… 52
   人事管理 …………………………………………… 57

4. **企業に則した事務設計の実際**

   A　30万、70万、150万 の中小企業事務設計 … 59
   B　伝票の設計とオフィスレーアウト ………… 63

5. **新しい時代の美しいオフィス**

   　（近代的オフィス写真集）………………… 65

2

付図0-6　「事務管理」の説明（p.2）

レミントンランドの『事務管理』によると，「わが国の能率専門家の間では会社における記録作成経費は１枚あたり100円であることが認められている。レミントンの事務簡素化計画は，この点から出発している。」という前提で，まずコスト意識を挙げ，事務設計に必要な知識と技術が書かれており，その中のひとつに「記録の整理―ファイリングシステム」と書かれている。レミントンランドの事務改善のための科学的なシステム設計手法は，日本の事務用機器，什器・備品のメーカーの開発初期段階におけるバイブルのようなものであった。

　以下の付図１は，イトーキの初期のバーチカル・キャビネット（商品名「ファイルネット」）の取扱説明書である。ハンディなサイズ（W147×H82mm）で，営業マンが顧客に説明する際にポケットに持ち歩けるように作成されたと思われる。

　イトーキでは，1959(昭和34)年，三沢仁をファイリング研究室長として招請して以来，単にモノを販売するだけでなく，その製品を使った「ファイリングシステムの実際」を研究し，クライアントに指導して情報整理の技術を普及させていった[19]。ファイリング研究室のOBの方（現在90歳代）の話によると，三沢の下には，たえず２～３名のスタッフが入れ替わり立ち替わり付いていて，それもチームワークで動くのでもなく，また厳しい子弟関係があるわけでもなく，おおむね個人プレーに任せられていたそうである。

　三沢仁の活動を学び，内田洋行，コクヨ，オカムラ，くろがねも同様に，ファイリングツールの販売と同時に，ファイリングシステムの普及活動を展開していった。その活動は販売促進の一環と見なされる中で，マニュアルとなる冊子を各社が発行し，システムの真髄を伝えている。三沢の薫陶を受けた壺阪は，共栄工業の受託先各社へ，キャビネットの使い方を含めたファイリングシステム導入のセミナーを展開していった。

19　イトーキファイリング研究室『ファイリングシステムの実際　情報整理の技術』有斐閣ビジネス，1991

■イトーキの初期のバーチカル・キャビネット（商品名：ファイルネット）の取扱説明書（全13ページ）

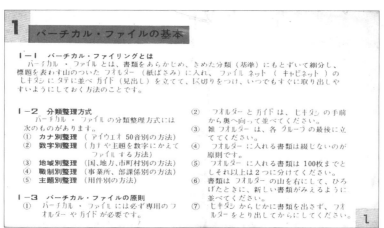

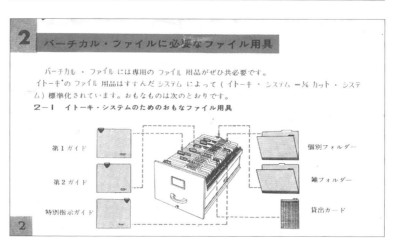

付図1-1　上から表紙, p.1, p.2

2-2 ファイルネット1台に必要なファイル用品の数量

ファイルネットに収容される書類の量とそれに伴うフォルダー・ガイドの枚数は整理する書類の厚さや整理方式によって変ってきますので、一概に基準はきめにくいものです。
しかし、一応標準的な方式で厚さ50ポンド〜80ポンドの書類を整理する場合は次の表のような基準になります。

書類	一フォルダー内 (約)(枚)	一グループ内 (約)(枚)	抽出内 (約)(枚)	2段ファイルネット (約)(枚)	4段ファイルネット (約)(枚)
	50〜60		3,000	6,000	12,000
個別フォルダー		5〜10	50〜60	100〜120	200〜240
雑フォルダー			8〜10	16〜20	32〜40
第1ガイド			3〜5	6〜10	12〜20
第2ガイド			8〜10	16〜20	32〜40
貸出ガイド			3〜5	6〜10	12〜20
指示ガイド			3〜5	6〜10	12〜20

3 ファイルネットのお取り扱い方法

3-1 ヒキダシの見出し表示

各ヒキダシには前部中央に見出し表示用の枠がついています。ここには同封の見出し用紙の表の白い方にタイプ又は手書きで大見出しを記入の上セルでおおって差し込んでください。特殊な表示には裏のオレンジ色を使ってください。

3-2 ヒキダシのアケシメ

① ヒキダシをあける時には図のようにヒキテ内側左にあるラッチを丁度ボタンを押すように左へ押してから手前に引いてください。
左右どちらの手でも簡単にあきます。(実用新案登録)

② ヒキダシをしめる時はラッチがカチリとかかるまでなるべく静かに押してください。ファイルネットは厳重なヒキダシ・スライド検査を行なっていますから強くアケシメしても故障は起りませんが近くの人の迷惑になりますからご注意ください。
③ ヒキダシのアケシメはカナラズ1ヒキダシずつ行なってください。書類の入ったヒキダシを2コ以上同時にあけますとファイルネットが前に倒れる恐れがありますので特にご注意ください。

3-3 ファイル・プレッシャーの使い方

各ヒキダシについているファイル・プレッシャー(移動式押え板)はフォルダーの数が少ない時に、後に倒れないように支えるものです。図のように手のひら全体でつつむようにもって、中央のレバー(ヨコ長の押え金具)を押していただけば自由に前後に移動します。ファイル・プレッシャーのうしろにフォルダーを入れるのは間違いです。

付図1-2 上から p.3, p.4, p.5

3-4 デバイダーの使い方

デバイダーを各ヒキダシに1～2枚ずつ補助的に使えばファイルの出し入れがずっと楽になります。デバイダーには次の2種類があります。

①アジャスト・デバイダー（可動仕切板）
　上部がヒキダシの前後に60°傾斜するようになった標準型のデバイダーです。
②ステート・デバイダー（固定仕切板）
　ヒキダシ内部を適当な間隔に区切るための固定式のデバイダーです。

……アジャスト・デバイダー
……ステート・デバイダー

6

取り付け方法は下端中央に突き出ている2コのツマミを親指と人さし指ではさんで、ヒキダシの低部の凹みの両端に並んでいる孔に入れてください。バネ仕掛けになっていますのでしっかりと取付けできます。

3-5 フレキシ・ファイルの使い方

フレキシ・ファイルを各ヒキダシに1コずつ補助的に使えばファイルがV字型に開き出し入れがずっと楽になります。フレキシ・ファイルは布と金具によって10区分されています。使い方としては、まずファイルプレッシャーをヒキダシのいちばんウシロへ移動させます。フレキシ・ファイルは図のように布底を丸棒によってとめてある方を手前にして、ナナメにしながら、ヒキダシへ入れこみます。フォルダーはフレキシ・ファイルの1区分に5～8枚位づつ入れるのが適当です。

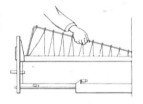

7

3-6 ロッドの使い方

ヒキダシ底部にある丸棒はロッド穴付のガイドを使うときにのみ必要です。ヒキダシ前部のツマミのネジをゆるめてひきぬきガイドを立てて差しこみますと自然に後部の保持部にロッドの先が入るようになっています。

3-7 施錠について

錠をかけるときはファイルネット本体上部の マークの右横についている小判型の錠
を指で押すだけですべてのヒキダシがかかります。
あけるときは同封のカギを錠に完全に奥まで差しこんで左右どちらへでも止まるまで廻せばカチリと音がして錠がとび出します。中途でムリに廻すと錠がこわれたり、カギが折れることがありますからご注意ください。なおカギ穴に油を差すのは故障のもとになりますから絶対にやめてください。

8

付図1-3　上から p.6, p.7, p.8

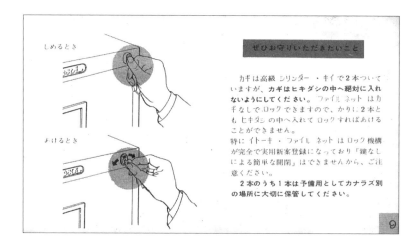

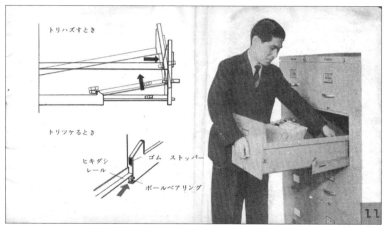

付図1-4　上から p.9, p.10, p.11

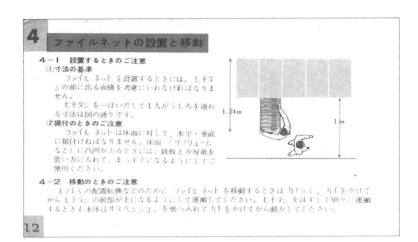

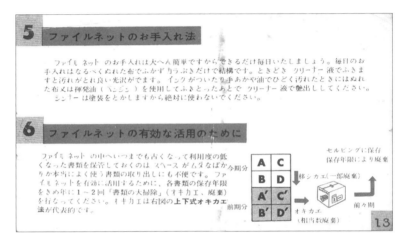

付図 1-5 上から p.12, p.13, 裏表紙

■内田洋行[20]，販売資料シリーズ第２集（付図２-１～３，B5サイズ，全27ページ）

昭和40(1965)年発行『トーホー　ファイリングシステム』

「トーホー」は内田洋行のブランド名

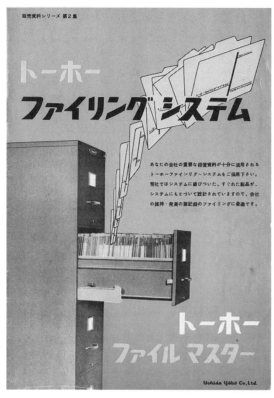

付図２-１　表紙

発刊にあたって

経営組織体の健全なる維持と発展のために，複雑化する事務と，増大する事務量，これにともなう文書を生きた経営資料として保存する事が，近代企業における根本的な問題として，強く要求されてまいりました。

この要求により生まれましたのが"すぐに役立つファイリング～システム"すなわち，必要とする重要な経営資料が，必要なとき，何時でも，すぐ取り出せることであります。

数多くの経営資料の中から，必要とする資料を，すぐ取り出し得るように，文書整理を理想的に立案しても，日々の実行が伴わず，整理が遅れて，未整理書類の山を築くようでは，かえって不便ですし，また，あまり簡単すぎると手続の不備から，目的とする書類が取り出されなかったりしますので，整理する書類の内容，性質，ならびに規模によって，最も目的にかなった整理法を採用することが必要となります。

トーホー　システム（本誌）は，特にこのような点に注目して，あらゆる業態の文書整理の合理化にマッチした専門技術と，製品が有効に活用されるシステムを解説していますが，小冊子のため十分な説明を尽し得ていませんので，ファイリング～システムに関心を持たれる皆様方の読後のご感想，ならびにシステムについてのご教示を頂きまして，皆様と一緒にファイリング～システムの研究が続けられますれば，これにすぎる幸いはありません。

編者　内田洋行企画室

発行所　株式会社　内田洋行
東京都中央区宝町１－３

付図２-２　まえがき

「ファリング・システムとは，必要とする経営資料が必要な時，何時でもすぐに取り出せること」と説明されている。

20　内田洋行，創業明治43(1910)年。創業者 内田小太郎（宗主）は南満州鉄道（通称：満鉄）を退職し，満鉄の御用商『翠苔号』（後の内田洋行）を設立。測量機や製図用品などを中心に取扱い，事業拡大に邁進した。http://www.uchida.co.jp/company/ir/policy/history.html，(参照2017-11-07)

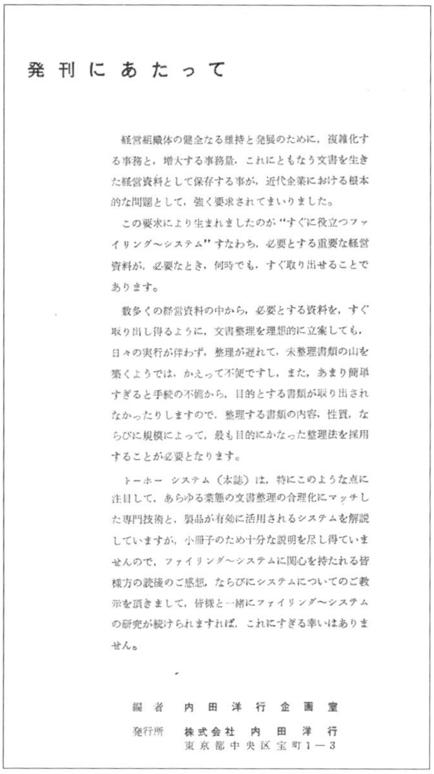

1. ヴァーティカルファイリング〜システムとは ……………………………… 1

2. トーホーファイリング〜システムの構成 ……………………………… 1

  2. 1 分類法によって見出しの位置が区別されています ……………………… 1

  2. 2 分類区分ごとに見出しを色分けして，文書の出し入れを能率的にします ………… 6

  2. 3 ハンガーフォルダーによって，部厚い資料が理想的に整理されています …………… 6

  2. 4 フレキシブル〜ファイルの併用は，文書の出し入れを能率的にします ………… 6

3. 往復文書のファイル ……………………………………………………… 7

4. トーホーファイリング〜システムによる書類の貸出しと督促制度 ………… 8

5. 書類のオキカエ・保存・廃棄のシステム ……………………………… 10

6. ナマエによる整理の各方式 ……………………………………………… 12

  6. 1 カ ナ 式 整 理 ……………………………………………………… 12

  6. 2 数 字 式 整 理 ……………………………………………………… 15

  6. 3 カナ数字式整理 ………………………………………………………… 17

  6. 4 地 理 式 整 理 ……………………………………………………… 19

7. 主題による整理方式 ……………………………………………………… 21

  7. 1 主 題 整 理 と は ……………………………………………………… 21

  7. 2 分 　 類 　 法 ……………………………………………………… 21

  7. 3 記 　 号 　 法 ……………………………………………………… 21

  7. 4 主題整理の一般方式 ………………………………………………… 21

  7. 5 カ ナ 式 主 題 整 理 ……………………………………………… 22

  7. 6 記 号 式 主 題 整 理 ……………………………………………… 23

  7. 7 十 進 式 主 題 整 理 ……………………………………………… 25

付図2-3　目次

■ 『コクヨ・ファイリングシステムのおすすめ』（B5サイズ，全28ページ）

昭和44（1969）年作成。事務効率化のための映画2本も同時作成。

「ファイリング・ドクター」（カラー：40分），「文書分類のしかた」（カラー：20分）

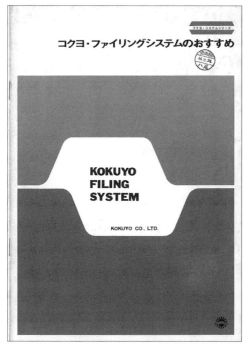

付図3-1　表紙　　　　　　　　　　　　付図3-2　裏表紙

202 | 附録

1. ファイリング・システムとはどういうことか 1
1.1 ファイリングシステム 1
1.2 システムの必要性 1
1.3 バーチカルファイリングの良さ 1

2. ファイリング・システムの基本的な考え方 3
2.1 ファイリングシステムを取り入れる場合の基本的な考え方 3
2.2 いつファイルするか 3
2.3 システムの管理はどこで 4

3. コクヨ・ファイリング・システムの基本構成 5
3.1 フリーシステムとコクヨシステム 5
3.2 フリーシステムによる書類整理 5
3.3 コクヨシステムによる書類整理 5
3.4 見出しを色分けする 7
3.5 書類の大きさとフォルダーの種類 8
3.6 ハンギングシステムによるファイリング 9

4. 分類の方法と整理への応用 10
4.1 名前別整理法 10
4.2 数字式整理法 11
4.3 カナ数字式整理法 12
4.4 主題別整理法 12

5. 文書分類と記号 14
5.1 記号のいろいろ 14
5.2 文書の調査 14
5.3 分類表の作成 14
5.4 分類記号をつける 15
5.5 ファイル基準表の作成 16

付図3-3　目次（1／2）

6. 書類の貸出 ·········· 17

6.1 書類の貸出制度·········· 17

6.2 貸出文書の督促·········· 17

7. 書類のオキカエ、保存、廃棄 ·········· 18

7.1 書類のオキカエ·········· 18

7.2 書類の保存と廃棄·········· 18

7.3 保存年限表の作成と保存年数の決め方·········· 19

8. ファイル手順と用品の扱い方 ·········· 20

8.1 ファイルの手順·········· 20

8.2 文書フォルダーの取扱い方·········· 20

8.3 ファイルに適する書類への道·········· 21

8.4 キャビネットの扱い方·········· 21

9. 往復文書の取扱い手続 ·········· 23

9.1 受信文書の処理·········· 23

9.2 起案文書の処理·········· 24

9.3 社内連絡文書の処理·········· 24

9.4 懸案文書の保管·········· 24

10. 一般書類以外の記録整理 ·········· 25

10.1 資料、カタログ等の整理·········· 25

10.2 伝票類の整理·········· 26

10.3 カードの整理·········· 28

10.4 図面の整理·········· 28

11. ファイリング・システム導入のステップ ·········· 29

11.1 計画の段階·········· 29

11.2 モデル部門実施準備の段階·········· 29

11.3 モデル部門実施の段階·········· 29

11.4 調整の段階·········· 29

11.5 本格的実施の段階·········· 29

付図3-4　目次（2／2）

コクヨの目次2.2 p.3に「いつファイルするか」という説明がある。現代にも通じる課題であり，懸案段階で作成された文書を個人資料とせず，共有文書扱いとすることを意味する。「ファイルする時期，これをまちがえますと不便になったり，私物化が生じたり，いろいろと問題がでてまいります。いつファイルするのか，それはその書類が完結した時にはじめて保管書類のキャビネットにファイルするのです。それまではあくまで懸案文書として，懸案フォルダーにファイルしておきます。」

■オカムラ　システムシリーズ・リーダー３／ファイリングシステム導入のプログラム『filing system』（B5サイズ，全24ページ）

付図4-1　表紙

付図4-2　p.1

オカムラのプログラムは，ファイリングシステム導入時に，推進事務局が配慮すべきことの留意点を中心に構成されている。

各ページの下に「改善メモ」という形で書かれており，また，全ページに該当内容を象徴するイラストが描かれ，理解しやすいマニュアルになっている。

改善メモ
1．事務改善の対象は，①事務手続きの検討，②事務所の検討，③統制ならびにサービスの検討などがあります。
2．事務の手続き検討とは：この改善の対象は一連の事務の流れをとらえ，例えば販売事務手続・購買事務手続のごとく機能別に把握することです。
3．事務所の検討：この改善の対象は事務作業者の執務を主体としての改善です。例えば設備・環境・机・什器・器具及び配置などです。

4. 統制ならびにサービスの検討：改善対象となったものを，それぞれの側面から改善すること
   です。例えば帳票統制・事務原価管理・報告書統制などがあります。
5. 事務改善をするための組織形式には，①各職制上の長に，その職務を与える型，②能率改善
   課のごとく専門部署型，③委員会制度を設ける型などです。
6. 事務改善の順序：事務を改善するには第一に，「現状」の把握です。即ち，事実を発見し事
   実の上にたって調査・立案してゆくことから始まります。
7. 事実にもとづいた改善案の立案に移り，これを各面からの検討を経た後に制度化することで
   す。
8. 制度化には組織・分課規定・手続規定及び，その他の諸規定の改正が含まれます。この制度
   化から次の実施という段階に入ります。
9. 決められた標準に従って統制をして，状勢の変化にともない，再び改善案の立案の段階に入
   ります。
10. 事務改善のステップは，「現状調査」～「改善立案」～「制度化」～「実施」～「標準維持」
    ～「情勢の変化」～初めの「現状調査」へと循環します。
11. 改善の着眼点：改善を考える場合，次の9項目が考えられます。
    ①廃止する，②重複部分を一本化する，③順序を変える，④簡素化する，
    ⑤動作上の無駄を省く，⑥定型化する，⑦機械化して自動化する，⑧権限移譲する，
    ⑨コスト効果をめざす

■くろがね[21]『台東区におけるファイリングシステム』(B5サイズ，全61ページ，昭和41(1966)年作成)

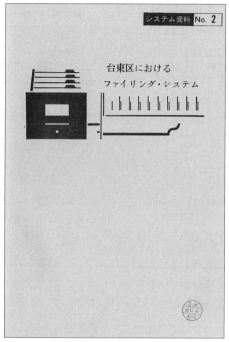

付図5-1　表紙　　　　　　　　付図5-2　裏表紙

---

21 くろがね工作所　昭和2(1927)年，大阪市北区浜崎町において創業。日本事務器株式会社が発売し，昭和50年代にオフィス情報処理がデジタル化へ移行する迄の長年にわたり，時代の最先端事務器械として事務作業の能率向上に多大な貢献を果たした一覧式カード容器（商品名：バイデキス）の製造事業が発端である。https://www.kurogane-kks.co.jp/corporate/history/，（参照2017-11-07）

```
——事務改善シリーズ No. 9 より——              昭和41年11月刊
台東区におけるファイリング・システム ……… 企画第1主査　真田重行…… 1
1  導入経過………………………………………………………………… 15
2  システムの概要………………………………………………………… 18
3  ファイル担当者と専門研修…………………………………………… 21
4  各課指導………………………………………………………………… 24
5  システムサービスとその内容………………………………………… 26
6  キャビネットとサプライズ…………………………………………… 29
7  システム導入に伴う諸問題…………………………………………… 31
8  ファイル基準表について……………………………………………… 34

——事務改善シリーズ No. 13 より——             昭和42年5月刊
システム導入をふり返って ………………………… 企画室　岩谷伸二…… 37
1  第2次導入計画………………………………………………………… 40
2  台東区における文書管理制度………………………………………… 44
3  各種記録………………………………………………………………… 50
（附）　関係規程類……………………………………………………… 54
```

付図5-3　目次

　以下の導入経過(1)〜(3)は，1965〜66（昭和40〜41）年に東京都台東区がファイリングシステムを導入した時の経緯が詳細に記録されている。事務局として，企画室職員がコンサルタント八板信夫とともに活動した経緯が読み取れる。産業能率大学のファイリングプランナーコースや，NOMA[22]文書管理講座を受講したり，先行導入の他区役所へ見学に行ったりして，ベストプラクティスを探りながら職員研修を実施し，まず，モデル部署で展開し，各課でファイル基準表を作成する指導を行い，全庁に拡げていった。

22　一般社団法人日本経営協会 NIPPON OMNI-MANAGEMENT ASSOCIATION（略称NOMA），創立年月日：昭和24年2月28日，旧社団法人から移行認可を受けた一般社団法人（平成23年4月）。

1. 導 入 経 過

年	月	記 事	参照項目及び頁
40年以前		・事務量調査等により，「文書探し」に要する無駄な時間が問題となる。 ・機会あるごとに関係者においてファイリング・システムの導入が検討された。	
40	6	・企画室において本年度にファイリング・システムを導入することを計画し，産業能率短期大学ファイリングプランナーコース（F・P・C）へ企画室職員1名参加。 ・F・P・Cのための研究対象として企画室と教育委員会学務課保健給食係を選ぶ。 ・つみあげ式で成功した中野区役所をF・P・C参加職員見学。 ・くろがねシステムマン八板氏来訪。企画第1主査他と懇談。主につみあげ式とわりつけ式について。 ・F・P・C参加職員江戸川区役所企画室と文書係を訪問，ファイリング・システムの状況を見学。江戸川区役所はわりつけ式といえるだろう。	
	7	・事務改善委員会において企画室よりファイリング・システムについて解説。モデル課として企画室と保健給食係を指定。くろがね映画「映えある一日前後編」を上映。助役も参加して委員他係長多数観覧。 ・13日庁議においてファイリング・システム・モデル課について議論があり，モデル課の規模を大きくすべきではないかとの意見もあったが，研究段階であるとの理由によって，原案「企画室と保健給食係」を決定。 ・関係各係長キャビネットとシステムサービスについて懇談。	システムサービスとその内容26頁
		・企画室と文書係でシステム導入計画粗案を作成，現状にし	

— 15 —

付図5-4　導入経緯（1／3）

		ばられず理想的なものを指向することで基本態度を確認しあう。	
	8	・品川区役所企画室をファイリング・システム見学のため，企画室，文書係の職員2名訪問。	
	9	・システム導入に当り，企画室と文書係との緊密化を目的として，文書係より職員1名が産業能大F・P・Cに参加。 ・事務改善委員会において40年度システム導入準備日程を決定。	
	10	・事務改善委員会においてシステム映画の上映と講演を開催し，委員のほか部課長も多数出席した。引き続き事務改善委員は中野区役所ファイリング・システムを視察。 ・事務改善委員会におけて，ファイリング専門部会が生れ，浜田委員（議会事務局長），真田委員（企画第1主査）が専門委員と決り，以後専門部会の指導により計画を進めることとなる。	
	11	・当区全職員を対象として「ファイリング・システム職員研修会」を3日にわたって開催，システムの啓蒙に努める。内容はシステム映画と講演。 ・プランナー2名くろがねの紹介により帝人(株)のシステム見学。 ・プランナー2名渋谷区役所の戸籍簿のファイリング状況見学。	
	12	・システム導入の準備として第1回文書保存書庫の整理。	システム導入に伴う諸問題，書類の廃棄31頁
41	1	・事務改善委員会においてファイリング・システム導入計画表を決定。 ・事務改善シリーズ No.6「ファイリング・システム」を全職員に配布。 ・キャビネットメーカーくろがねに決定。システムサービスについてサービス内容確認。	システムサービスとその内容26頁

付図5-5　導入経緯（2／3）

2	・事務改善委員会において各課ファイリング担当者（各係より1名）と専門研修日程を決定。	専門研修日程　21頁
	・プランナー2名江東区役所ファイリング・システム見学。	
	・企画室プランナー「NOMA文書管理講座」に参加。	
3	・ファイリング各課担当者打合せ会。	
	・14日第1回専門研修始まる。	
	・システムへの切り換えに先立ち庁内文書保管庫を企画・文書・管財・用品係と主管課の合議の上大幅に整理。	システム導入に伴う諸問題31頁
	・第2回文書書庫の整理。同時に雑品倉庫を設置，各課の事務室ふさぎの利用頻度の少ない書類を移す。	システム導入に伴う諸問題31頁
4	・キャビネット・サプライズを各課へ配布，専門研修の過程でファイリングへ切り換える。	
	・各課指導。八板先生・企画主査プランナーで各課を延4日にわたり指導。	各課指導24頁
	・各課職員へ実際的知識を与えるための映画とスライドと先生の講演の会を開催。4月下旬から5月上旬にかけて計3日にわたる。	
	・八板先生・企画主査・プランナーにより，これまでの全般的反省会議を持つ。	各課指導24頁
5	・各課の状況を検討の上，再指導を行なう。各課再指導により，各課ともはっきりとしたレベルアップが認められる。	
6	・各課仮基準表を決定。	
	・各課関係者懇談会開催。反省と諸問題の検討。	
	・出張所の統一分類研究。	出張所のファイリング・システム19頁
7	・企画室・文書係・八板先生により，第2次実施について基本的態度を検討。	

図5-6　導入経緯（3／3）

2 経費のあらまし（第1，2次計画）

第1次，2次の全計画を通じての経費のあらましを次に記してみます。

書庫の改造あるいは書棚の新設または会議の費用や消耗品のような軽易な費用はファイリングに直接，間接に関係しますが，正確な数字として出てこない場合がありますのでここに載せました数字は，ごく重要な項目のみのあらましの経費です。

内　　　　容	数　　　量	金　　　額	予　算　科　目
キャビネット　　　　　A4　　　　　　　　　　B4	248　　　　20	6,208,890円	一般管理費　備　品　購　入　費
プランファイルキャビネット　　　　　A1　　　　　　　　　　A2	2　　　　4	(73.3%)	
スチール書棚　　　書　　庫　　用　　　雑　品　庫　用	}118	1,095,360円　(12.9%)	一般管理費　備　品　購　入　費
工　　　　事　　　書　庫　拡　張　　　書　庫　棚　整　理		537,500円　(6.3%)	一般管理費　工　事　請　負　費
交　　通　　費　　　専　門　研　修　　　視　　　　察　　　各　課　指　導		30,595円　(0.4%)	一般管理費　旅　　　　　費　一般管理費　使用料及賃借料
職　員　啓　蒙　　　事務改善シリーズ　　　　No. 6　　　　No. 9　　　　No. 10	1,200　　700　1,200	299,500円　(3.5%)	企画調整費　需　　用　　費　印　刷　製　本　費
プランナーの研修	2名	71,640円　(0.9%)	企画調整費　負担金補助及交付金　旅　　　　　費
保　　存　　箱	2,550	22,900円　(2.7%)	消耗品費
計		8,472,985円　(100%)	

— 51 —

付図5-7　経費のあらまし

導入費用は約850万円で，全体の92%は備品購入関係費（含 工事費）である。職員数971名に対し，一人当たりの導入コストは約8,800円であった。

2．綴じる（バインダー）文化と挟む（フォルダー）文化

　第1章の14〜16ページで述べられているように，和本では伝統的に「こより」や糸で綴じる「綴じる文化」があった。その後，伊藤博文の一行が訪欧し，事務文書の整理方法としてドイツのドッジファイル＝バインダーが紹介された。そこへ戦後，GHQがレミントンランド製のバーチカル・キャビネットを持って上陸し，引出し内で垂直式に配列するフォルダー（紙ばさみ）も使われるようになった。

　この「綴じる」と「挟む」の二つの整理方法が現在の日本のオフィスでは混在し，これらの二つの用品の使い方についてルールを設けている組織は少ない。レコード・マネジメントを導入せず，ファイル用品の選択に関する方針も決めていなければ，その用品の選択は担当者の必要性と好みに任せられている職場が多々見られる。一見，その担当部署の周りだけはよくファイリングができている様に見えても，組織全体としては統一性がなく，保管庫仕様との相性も考えられておらず，組織全体としてはコスト高を生み，収納効率に無駄が生じているという現象が起きる。ファイル用品メーカーは，各種商品の販売量が伸びる中でその辺りを追及してこなかったが，特に東京や大阪等，大都市の狭隘なオフィスでは，事業所全体でいかにスペース・コストを抑え，床上・窓際，足元等に紙文書がはみ出さず，収納効率よく必要量のファイルを収納していくかは，総務部門の共通の悩みであり，その解決策はレコード・マネジメントの導入とともに，コンサルタントに任された。その時，説明に使う二つの用品（フォルダーとバインダー）の仕様比較と適切な使い方について述べてみたい。

　付表1のように，原則としてフォルダーは，実質的な文書の厚みだけのスペースで，整理がしやすく，使い勝手がよい。フォルダーに挟む文書量の厚みは，最大でも1.5cm程度が検索上も適切で，そ

付表1　フォルダーとバインダーの比較（作成：齋藤柳子）

使い方	フォルダー	バインダー
ファイル形態	内容や年度で分冊	発生順に月別，年度別綴じ
ファイル名	詳細に3要素を記入	○○伝票，請求書等，具体的な帳票名
移管・廃棄	保存年限に従って可 一般的に綴じず，挟むだけ	同一保存年限のものを，まとめて綴じ，その結果，移管／廃棄がしやすい
収納スペース	一般的に少なくて済む	文書量の実質的厚みのスペースで済む
収納什器	引き出しに適しているが，ファイルボックス*を利用すれば，棚でも可	棚に適している 背表紙にファイル名を付ける
適合対象物	移管・廃棄が明確な文書 1.5cm程度の厚みで，内容分冊可能なもの 差し替え，差込が多い文書	発生量の多い文書（例：10cm／月） 例：元帳，台帳，伝票，等 プロジェクト終了後の案件で製本状態（書籍扱いとするようなもの）

＊ファイルボックス：フォルダーを立てる補助道具として使用する。
バインダーは，文書の厚みに関係なく，背幅のスペースをとり，すべて綴じ込んで見直しや削減を実行しにくくするが，下記の条件がある場合は，使用してもよい。

　　　※1　差し替え差込が頻繁に行われ，しかも順不同になると困る。
　　　※2　客先に提出するため，外見を重視し，その同形態で保管したい。
　　　※3　現場作業で使用するので，防水のため，または劣化を防ぎたい。

れ以上の厚みの文書を要するファイルであれば，固有名詞やテーマ，年月期間，番号，シリーズ等で分冊し，具体的なファイル名[23]を表記する。フォルダーは予め文書量に合わせ，折り目の筋をつけておく。補助道具のファスナーは，順不同になると困る文書以外は原則使わない。綴じないで使う方が，メンテナンスが容易である。引出しからフォルダーを取り出す時は，ファイル名の見出し山でなく，表紙の裏表を同時につかみ取り出す。そうしないと見出し山がよれよれ（dog-ear）になってしまうからである。もし，ファイルボックスを併用してフォルダーを立てれば，場所が棚でも引出しでも両方で使いやすい。

　バインダーは，綴じ穴が2穴，3穴，4穴等，種類がある。原則として一連に続く文書を対象に利用するものである。継続して発生する文書で，時系列やシリーズで連続保存する必要があるもの（例：伝票，帳票，チェック表等[24]）が適する。また一件あたりの文書量が多く，かつまとめて利用をする必要のある文書（例：マニュアル，取扱説明書，各種仕様書等）や，一つのテーマについてまとまりのある資料で，個々の資料が単独で使われることが少なく，一度まとめたら追加・差替えがほとんどない文書（例：プロジェクトの最終報告書や工事完成図書等）に適する。バインダーの欠点は，文書量の厚みに関係なく，ファイル背幅の厚み（5〜10cm）で一定の棚スペースを占有してしまうことであるが，その解決策としては，背幅が伸縮するファイルを利用するのが望ましい。

　このような使い分けと運用を現用の段階で徹底しておけば，定型的な業務であれば，組織内でファイルの年間必要量はおよそ予測でき，収納棚やキャビネットのスペースの算出基準が見えてくる。さらに，アーカイブズへ移管する場合でも，評価選別後の必要な棚のスペースが予測しやすい。

3．日本ファイル・バインダー協会による規格[25]と生産数量統計

　日本ファイル・バインダー協会（File & Binder Association Japan: FBA）は，国内におけるファイル・バインダー製品及びその綴じ具などの部品を製造するメーカーの団体で，製品規格化推進を目的として，1956（昭和31）年に設立された。設立以来，日本工業規格（JIS）の制定に尽力し，またFBA規格を設定するなど，製品規格化に対する啓蒙を積極的に行い，現在に至っている。

　規格にあるS型（Side opening）は，綴じ側または挟む側が，長辺にあるものをいう。E型（End opening）は，綴じ側または挟む側が，短辺にあるものをいう。（JIS S 5505）

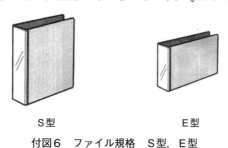

付図6　ファイル規格　S型，E型

23　「○○関係」「○○一般」「その他」のような曖昧なファイル名ではなく，「固有名詞／内容・形態／年月期間」の3要素を記載したファイル名であれば，検索が容易となり，将来的にデジタル化したり，アーカイブズに移管される際にも，タグ付となるキーワードの要素となり得る。
24　これらは近年，電子上で入力・保存が普及し，紙の出力は一時的な検証実施期間だけであり，長期保存量は少なくなっている。
25　日本ファイル・バインダー協会「FBA　vol.10　ファイルとバインダーのしおり　種類と規格」2005

S型のバインダーを使っているファイル群が，2100mmの高さの6段棚に収納してあった場合，E型のバインダーに入れ替えるだけで，棚板を1枚増設すれば7段使いが可能になる。たった1段と思うかもしれないが，これがもし1～10階のフロアの収納棚合計，何百本を維持するオフィスであったら，全体の14%の収納容量増を生み出すという，魔法のような効果が出る。

付図7によると，圧倒的にフラットファイルの需要が高いのは，バインダーよりも安価で綴じることができるからであろう。日本人には，未だ「ファイルすること＝綴じること」という発想が根付いていることがわかる。生産量は平成8年度をピークに，下降している。平成8年は，日本経営協会のファイリングデザイナー能力検定が開始された年である。

フォルダー生産量の最盛期は，平成元～2年度である。バブル期には土地価格が高騰し，オフィスビルの賃貸料が上がり，各企業ではいかにフロア効率よくオフィスを維持するかが課題であった。そ

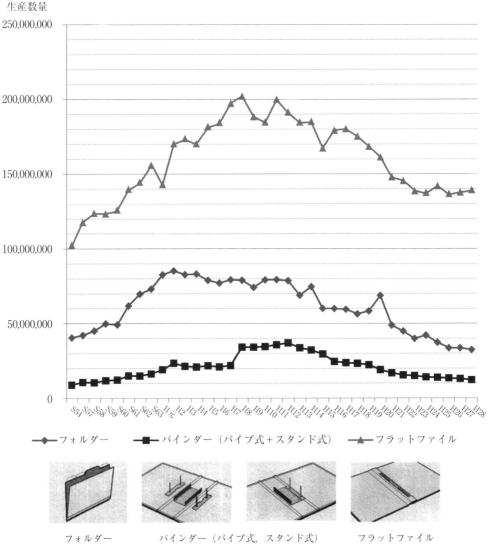

付図7　生産数量の推移（日本ファイル・バインダー協会による生産統計調査：単位：冊）
フォルダー，バインダー，フラットファイルの3種類に限定

こでレコード・マネジメントの導入においては，重複文書を廃棄し，低活用の文書をリテンション・スケジュールに従って，削減・保存倉庫へ移管する方向へ動き，さらにファイリング方法は，背幅の余分な厚みをなくすためにバインダーの利用を最低限に抑え，フォルダーに切り替えることで，省スペースを図った時期であった。

　平成19年〜20年でもフォルダーの需要が前年比よりアップしているが，中央官庁の文書管理が杜撰である事件が続出し（厚生労働省Ｃ型肝炎の患者リストの放置，社会保険庁の年金記録データの未登録や不一致，防衛省海上自衛艦の航海日誌の誤廃棄問題）また，J-SOX法（金融商品取引法改正）制定で，記録の説明責任が認識されてきた時期であり，文書を見直しきちんと整理しようという動きがあった時期である。

　バインダーが平成７年〜８年にかけて，約1,236万冊も増加した理由は，Windows95が発売されネットワーク時代となり，その仕様書やマニュアルはまだ紙媒体で分厚く，ファイルするためにバインダーの需要が急増した。何処の情報システム部門の棚にも，それらの分厚いバインダーが並んでいた。

　フォルダーやバインダーの生産量は，平成28年度では，調査開始の昭和54年より下回る近似値になっている。その理由はデジタル化の進行で紙文書のファイリングがそれほど求められなくなってきている現象が読み取れる。しかし，デジタル保存が普及してきたとはいえ，法律上，電子化が認められない文書[26]や原本保存が求められる契約書類，電子媒体で一旦提出・保存された文書でも，内容の検証のため紙文書の出力も必要な場合（例：調査報告書や申請書等）があるので，ファイル用品の需要がなくなることはないだろう。

　本書第２章で述べられているように，現代のオフィスにおいて，サーバやクラウドでデータの組織内共有化を図るには，従来のレコード・マネジメントの導入と，さらに個人情報保護，情報セキュリティー対策，コンプライアンス対策など，ITを駆使した文書管理体制に相当な資本を継続的に投下する必要があり，現場がそれに追いついていない職場がまだ多い。図８は，JIIMA（公益社団法人日本文書情報マネジメント協会）が実施したアンケート調査の結果であるが，電子化運用統制状況は，大手運輸，金融，サービス業の一部では進んでいるが，自治体においてはファイリングシステムの運用は定着していても，電子化の運用統制は予算の問題もあり，まだ到達していないことが見てとれる。

　働き方改革で「どこでもオフィス」を推進しようにも，その導入に至る過程では，職員は保身のためマイドキュメントに電子文書を保存し，紙文書のファイリングも併用している姿が見られる。今後の推移はどうなるか，見守りたい。

26　2005年４月，ｅ文書法の通則法「民間事業者等が行う書面の保存等における情報通信の技術の利用に関する法律」でも電子化対象外となるもの，①緊急時に即座に確認する必要のあるもの；船舶に備える安全手引書，②現物性が極めて高いもの；免許証，許可証，③条約により制限のあるもの，『文書の電子化・活用ガイド』経済産業省，http://www.meti.go.jp/policy/it_policy/e-doc/guide/e-bunshoguide.pdf，（参照2017-11-22）
　　電磁的保存が認められない，国税関係帳簿書類；最初の記録段階から一貫してコンピュータを使用して作成したものは認められるが，イ．手書きで作成した仕訳帳，総勘定元帳，補助元帳等の国税関係帳簿，ロ．手書きで作成し，相手方に公付する請求書の写し等の国税関係書類，ハ．取引の相手から書面で受け取る請求書等の国税関係書類，『電子保存帳簿法Q&A』p.8　問７，http://www.nta.go.jp/shiraberu/zeiho-kaishaku/joho-zeikaishaku/dennshichobo/jirei/pdf/denshihozon.pdf，（参照2017-11-22）

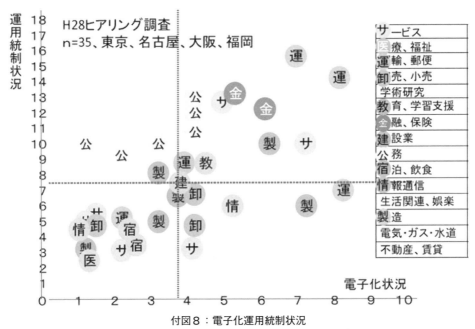

付図8：電子化運用統制状況

出典：木村道弘「電子文書管理運用のグッドプラクティス」p.5，JIIMA，2017年5月発表資料

4．紙寸法規格の動き

付表2，付表3の紙寸法規格は，ファイリングの対象物を考える際の基本的知識である。

米国ではレターサイズ（8×11インチ）とリーガルサイズ（8×14インチ）がある。わが国では，規格がA，Bの二系列に分かれている。

官庁では，長い間B判の使用を原則としてきたが，1992(平成4)年に開いた各省庁の行政文書の紙サイズについて，事務連絡会議の申合せ（「行政文書の用紙規格のA判化に係る実施方針につい

付表2　紙加工仕上寸法表（JIS P 0138）

単位 mm

判	A列	B列
0	841×1189	1030×1456
1	594× 841	728×1030
2	420× 594	515× 728
3	297× 420	364× 515
4	210× 297	257× 364
5	148× 210	182× 257
6	105× 148	128× 182
7	74× 105	91× 128
8	52× 74	64× 91
9	37× 52	45× 64
10	26× 37	32× 45

寸法許容差　150以下　　±1.5
　　　　　　150〜600　　± 2
　　　　　　600をこえる　± 3

付表3　紙の原紙寸法（JIS P 0202）

単位 mm

種類	寸法「縦目」	寸法「横目」
A列本判	625× 880	880× 625
B列本判	765×1085	1085× 765
四六判	788×1091	1091× 788
菊　判	636× 939	939× 636
ハトロン判	900×1200	1200× 900

寸法許容差　＋6mm　−0mm

て[27]」）に基づき，93年４月から行政文書のＡ判化を計画的に推進し，97（平成９）年には，行政文書の100％がＡ判化した[28]。

　民間ではそれよりも早く，新日本製鐵が1982年（昭和57）４月から社内の書類をＡ規格に統一したのを始め，本田技研，日本電気，東芝，川崎製鉄など，国際化を進める企業では，Ａ規格統一への動きが早かった[29]。

　それまでわが国では，伝統的に四六判，すなわちＢ版が好まれ，書籍にも多く用いられてきた。Ｂ列はＡ列との面積比をＡ：Ｂ＝１：1.5とし，幅と長さの比を１：√２としており，基本寸法であるＡ０およびＢ０の寸法は，以下の方程式で求められる。

　　Ａ0の場合　　x：y＝１：√２，xy＝１（㎡）
　　Ｂ0の場合　　x：y＝１：√２，xy＝1.5（㎡）

　では四六判の由来とは何か。江戸時代，半紙は標準寸法で八寸×一尺一寸（242×333mm）で，一般庶民が使う紙であった。しかし大名はその格式に応じて，異なった寸法の紙を用いた。加賀の前田候や仙台の伊達候は，小藩よりも大きい紙が許された。さらに御三家ともなれば，それよりも一寸大きい九寸×一尺三寸の紙を使っていた。これは美濃で漉かれた紙であったので美濃判といい，将軍家にも献納された。紙の寸法は当時，非常に厳しく統制され，間違えて美濃判をつかうものなら，将軍家や御三家をないがしろにしたということで厳罰に処せられた。やがて明治維新となり，徳川300年の間，使用が禁じられていた美濃判を使ってみたいという願望が庶民の間で広まり，わが国の標準寸法になった。

　さらに菊判とは何か，明治の中頃に日本橋の川上正助店が，横浜にあるアメリカン・トレージング商会に注文し，アメリカから輸入した。当初は新聞用紙の寸法だったがそれだけでは不経済であり，一般の出版物にも使われ始めた。販売するにあたって商標をどうするか検討した結果，輸入紙の商標がダリアの花であり，ダリアは菊に似ていることや，この紙が新聞に使用されており，新聞の「聞」の字は「きく」と読むこと，また菊は皇室紋（菊花紋章）であること，などの理由から菊の花を商標にし「菊印判」として売り出したといわれる。次第に菊印判が流行し，いつの間にか菊印判を略して「菊判」と称されるようになった[30]。

　話は現代に戻り，1980年代のＯＡ（オフィス・オートメーション）時代，特にプリンター，ＦＡＸ，コピー機の普及と出力用紙の標準化，海外取引の増加で，Ａ4判が定着していった。この用紙サイズの統一化が，ファイリングやファイル用品，備品の標準化に大きな効果をもたらした画期的な出来事であったといえる。

27　総務庁行政管理局行政情報システム企画課

28　行政文書の用紙規格のＡ判化に係る実施方針について（平成５年１月８日）http://wwwhourei.mhlw.go.jp/cgi-bin/t_docframe2.cgi?MODE=tsuchi&DMODE=SEARCH&SMODE=NORMAL&KEYWORD=％90R&EFSNO=48&FILE=FIRST&POS=0&HITSU=0，（参照2017-11-15）

29　小林清臣「紙の寸法規格とその制定の経緯について」紙の博物館『百万塔』№61，1985

30　東芳紙業株式会社　お問い合わせ「菊判」http://toho-paper.co.jp/topics/536/，（参照2017-11-15）

*

　本稿の執筆は，壺阪龍哉のコレクション資料の中から写真や図を引用して掲載している部分が多い。さらに日興産業（＝ファシリティ・マネジメント・サービス株式会社）の水野安憲社長から，日本ファイル・バインダー協会をはじめ，業界の様々な情報を提供していただき，記すことができた。さらに，JIIMA（公益社団法人日本文書情報マネジメント協会）より電子化運用統制状況の図をご提供いただいた。感謝申し上げたい。

参考資料：亜坂龍哉　ファイリングに関するコレクション

作成：齋藤柳子

作成元順	題名	日付	内容	作成元	形態	原秩序
1	住民台帳・被保険者台帳・配給カード	?	ビジブルカードのサンプル	?	A5	6
2	療養給付記録	?	ビジブルカードのサンプル	?	A5	8
3	印鑑登録・住民票（10回分記入用紙）	?	ビジブルカードのサンプル	?	A5台紙に折り畳み	9
4	ファイリングシステムとは	?	研修資料（プロローグ～エピローグ迄）	?	B5（5ページ）	11
5	RECORDS RETENTION SCHEDULE	1980.08.28	TORO リテンション・スケジュールサンプル	Informaco.Inc.	A4（1枚）	14
6	WHO WE ARE AND WHAT WE DO	?	INFORMACO.INC.の提案書	Informaco.Inc.	A4（10枚）	15
7	NOPA Handbook for Filing and Finding	1979.03.04	米国・カナダのオフィス家具メーカーが示すオフィス家具メーカーが示すファイリングの手引き	NOPA (NATIONAL OFFICE PRODUCTS ASSOCIATION)	A4（冊子/40ページ）	16
8	イトーキ　ファイルネット	?	キャビネット取扱いのしおり	伊藤喜商店	820×147カタログ	4
9	ホールンソートシステム	1967.05.16	事務処理はカードシステムにある	イトーキ・システム研究室	B5冊子（20ページ）	3
10	アイデックス・カード・システムの手引き	1967.05.12	ビジブル・カードシステムの手引き	イトーキ・システム研究室	B5冊子（20ページ）	5
11	イトーキ　スタックファイル　システム	?	ファイリングシステム導入方法（ルール・ツール）	イトーキ総合研究所　東政雄	B5冊子（64ページ）	36
12	イトーキシステム　ダイジェスト	?	イトーキのオフィスシステムの紹介	株式会社伊藤喜商店	B5冊子（28ページ）	30
13	イトーキ　ファイリングシステムのおすすめ…	1959.06.01	ファイリングシステム導入方法（ルール・ツール）	株式会社伊藤喜商店	A4冊子（29ページ）	35
14	トーホー　ファイリング　システム	?	ヴァーティカルファイリング　システムの説明書	株式会社内田洋行	B5冊子（27ページ）	28
15	オカムラ　オフィスプランニング	1973.07	オフィスプランニング　事例集	株式会社岡村製作所	A4冊子（28ページ）	26
16	オカムラ　DIA　システム	1961.12.10	1000萬人のファイル法／リーダー3. ビジネスと伝票整理	株式会社岡村製作所	B5冊子（12ページ）	29
17	ファイリング　システム	?	システムシリーズ　リーダー3. ファイリング・システム導入のプログラム	株式会社岡村製作所	B5冊子（24ページ）	45
18	オカムラ　DIA　システム	1961.12.10	1000萬人のファイル法／リーダー1　書類整理の基本	株式会社岡村製作所	B5冊子（16ページ）	46
19	台東区におけるファイリング・システム	1970.11.06	ファイリングシステム導入記録―事務改善シリーズ No.9, No.13より	株式会社くろがね工作所	B5冊子（62ページ）	19
20	シンプル　インデックス	1961.09.30	バーチカルキャビネットの使い方	株式会社くろがね工作所	A4冊子（41ページ）	32
21	ファイリングシステム　5S 運動推進委員会	1995.09	生産性の高いオフィスを目指して	株式会社東芝	A4冊子（12ページ）	38
22	ファイリング　マニュアル	1991.10.16	ファイリング　マニュアル	関東地方建設局業務改善委員会	B5冊子（30ページ）	33
23	文書保存カード A・B	?	文書保存リスト記入用紙	共栄工業株式会社	B4（B5で左右開き）	10
24	共栄工業株式会社　会社概要	1967	会社案内	光栄工業株式会社	A4冊子（16ページ）	44
25	国民年金確認カード	?	ビジブルカードのサンプル　2枚	コクヨ株式会社	153×111パンチカード	7
26	病院事務改善の手引き	?	近代化される病院経営	コクヨ株式会社	B5冊子（16ページ）	20

No.	タイトル	年月日	内容	発行元	形態	No.
27	学校事務改善のおすゝめ	?	学校事務の手続きの改善と用器の導入	コクヨ株式会社	B5冊子 (16ページ)	21
28	プロパンガス販売事務 その改善のおすゝめ	?	販売事務改善のポイント	コクヨ株式会社	B5冊子 (5ページ)	22
29	〈新法による〉プロパンガス販売事務 その改善のおすゝめ	?	販売事務改善のポイント	コクヨ株式会社	B5冊子 (5ページ)	23
30	ファイリング フリー・システム	?	フォルダーとガイドの立て方	コクヨ株式会社	B5冊子 (6ページ)	24
31	国民年金事務の改善	?	国民年金手帳をカードキャビネットに保管する	コクヨ株式会社	B5冊子 (4ページ)	25
32	コクヨ ビジュアル レコーダー	?	ビジュアルレコーダーの製品説明書	コクヨ株式会社	B5冊子 (12ページ)	27
33	コクヨ ファイリングシステムのおすゝめ	1969.10.24	ファイリングシステム導入手法の紹介	コクヨ株式会社	B5冊子 (29ページ)	31
34	コクヨ ファイリング用品・ファイリングキャビネット	?	製品カタログ	コクヨ株式会社	A4冊子 (6ページ)	34
35	ファイリング・システム	1990.02.06	ファイリング 維持管理 職員向けマニュアル	埼玉県総務部文書課	A4冊子 (18ページ)	37
36	時代の動き01 節目となる年	2011	文書管理 節目となる年	人材育成塾	A4 (1枚)	47
37	時代の動き04 新しい法律一覧	2011	情報開示/電子化/内部統制/訴訟	人材育成塾	A4 (1枚)	48
38	時代の動き05 OA・情報技術 (15年秋期) の歩み	2011	OA・情報技術 (15年秋期) の歩みを図式化	人材育成塾	A4 (1枚)	49
39	RMの歴史	2004.06.07	壺阪龍哉の活動 年代順に→(矢印) で流れ	壺阪龍哉	A4台紙に貼り付け B6	1
40	ファイリング技法	2004.06.07	簿冊とバーチカル双方に携わる関係者	壺阪龍哉	A4	2
41	情報ファイリングシステム 実例シリーズ	?	工場図面管理システム・石川島播磨重工業・富士電機製造・東京芝浦電気	日本レミントンランド株式会社	A4 (冊子/6ページ)	17
42	情報ファイリングシステム 実例シリーズ	?	生命保険会社契約者カード管理システム 明治生命・安田生命	日本レミントンランド株式会社	レターサイズ	18
43	事務改善100事例集 業種別・部門別・製品別	?	日本レミントンランドのコンサル事例集	日本レミントンランド株式会社	A4冊子 (38ページ)	39
44	事務能率の推進	1951	カラタイプライターによる事務能率の推進	日本レミントンランド株式会社	A4冊子 (33ページ)	40
45	ホテルのための専用事務設備	?	近代経営管理諸設備カタログ	日本レミントンランド株式会社	A4冊子 (8ページ)	41
46	インペリアル カーデックス	?	カーデックスの導入事例と製品カタログ	日本レミントンランド株式会社	A4冊子 (7ページ)	42
47	事務管理 科学的なシステム設計のために	?	事務管理-科学的システム設計のために	日本レミントンランド株式会社	A4冊子 (90ページ)	43
48	長崎造船所ファイリング要領	1969.09.01	ファイリング要領 (A4サイズ)	三菱重工業株式会社	A4 (両面・10ページ)	12
49	全所 (長研・菱興を含む) ファイリングシステムの手引き	1969.09.01	ファイリングシステムの手引	三菱重工業株式会社	A4 (両面・25ページ)	13
50	始めて学ぶ 文書管理 レコード・マネジメント入門	1996.12.10		門倉百合子 ミネルヴァ書房	B5 書籍	50
51	記録管理システム	1988.11.20		ウイリアム・ベネドン作/山宗久訳 勁草書房	A5 書籍	51
52	OA導入の前に読む本	1981.09.10		壺阪龍哉 ダイヤモンド社	B6 書籍	52
53	ファイリング・システム 3訂版	1964.06.01		三沢仁 日本能率協会	A5 書籍	53

[附録３]

日本の民間におけるファイリング要領

区分　所　標準	施行範囲　全所（研究所・関連会社を含む）	分類番号　A14-02　（改１）
名称　　所　ファイリング要領	所属課	総務課

１．目的

　　この標準は，社規則「文書保管・保存規則」に基づいて，文書の保管・保存および廃棄の諸手続きを標準化し，文書を円滑に能率的に整理することにより，所内情報を迅速，的確に活用し，事務効率の向上に資することを目的とする。

２．適用範囲

　　この標準は当所（研究所・関連会社を含む）で取り扱う文書の保管・保存・廃棄に適用する。

３．用語の定義

⑴　ファイリングシステムとは，業務上必要な文書の私物化をさけ，必要なとき，必要な文書がすぐ取り出せるよう，合理的に整理保管・保存し，保存期間が満了した文書は，すみやかに廃棄される一連の制度をいう。

⑵　文書とは，文書管理規則第２条に定める公簡・書庫類・帳簿・伝票類・資料類をいう。

⑶　年度とは，文書の処理単位年度をいい，４月１日から翌年３月31日までとする。

⑷　保管とは，日常業務に使用する文書を，事務所内に整理し，必要なときに直ちに取り出し，使用できる状態にしておくことをいう。

　　　準拠参照：文書管理規則，文書保管保存規則
　　　　　　　　文書保存期間基準表（14-08）

沿革	制定　44年９月１日　　施行　44・11・1　　改訂　47・11・25	制定者　㊞	㊞

○○株式会社

⑸ 移しかえとは，保管中の文書で，前年度の文書をキャビネットの上段から下段へ移すことをいう。

⑹ 置きかえとは，移しかえにより，キャビネットの下段に保管中の文書を文書保存箱に容れ書庫へ置きかえることをいう。

⑺ 保存とは，保管中または，保存中の文書で不要となった文書および所定期間書庫に整理し，管理することをいう。

⑻ 廃棄とは保管中または，保存中の文書で不要となった文書および保存期間が満了した文書を所定の手続きにより処分することをいう。

4．管理体制
　　所のファイリングシステムを確立し，これを的確に維持，運営するための管理体制を次のとおり定める。

4.1　所の総括管理体制（付図参照）
　4.1.1　所のファイリングシステム管理責任者（以下所管理責任者という）
　　　直属部門担当副所長がこれに当り，当所ファイリングシステムに関する業務を統轄する。

　4.1.2　所ファイリングシステム推進事務局（以下所事務局という）
　　　総務課長がこれに当り，当所ファイリングシステムに関する次の事項を所掌する。

　⑴ 導入，改善ならびに推進，維持
　⑵ 指導，教育
　⑶ 所ファイリングシステム連絡会議の運営
　⑷ ファイリング用具の次の事項についての管理統制
　　 (a) 種類および規格

○○株式会社

（b) 部門間の器具の有効配分

（c) 新規購入に対する審査および助言

4.1.3 所ファイリングシステム連絡会議

(1) 会議の目的

所のファイリングシステムを各部門間に相互に関連づけ，維持改善をはかり，精度を向上することを目的とし，次の事項を行なう。

(a) 問題点の調整

(b) ファイリングシステムに関する所標準の制定改廃

(c) ファイリングシステムの確立の横通しと，意見の交換

(d) その他必要事項

(2) 構成

事務局および部ファイリング推進者をもって構成する。

(3) 開催

事務局が必要に応じて開催する。

4.2 各部の管理体制

4.2.1 管理責任

(1) ファイリング責任者

(a) 各部課係にファイリング責任者を置く。

(b) 各部課係長は所管のファイリング責任者となり，ファイリングシステムに関する業務を統轄する。

(2) ファイリング推進者

(a) 各部課係にファイリング推進者を置く。

(b) ファイリング推進者はファイリング責任者を補佐し，その業務を遂行する。

(c) 各部長は，部課係のファイリング推進者を任命し，事務局（総務課長）へ登録する。

(d) ファイリング推進者の更新は毎年1回4月1日に行う。

〇〇株式会社

⒠ 年の途中でファイリング推進者に変更があったときは，すみやかに変更届を事務局に行うこと。

⒡ 部下係のファイリング推進者の数，資格および所掌事項は「付表１」による。

4.3 保管・保存単位

⑴ 保管単位は，課または課程度の業務単位とする。

⑵ 保存単位は，原則として部とする。

ただし，課が分散し部で集中管理することが不適当な課または直属課は課とする。

5．ファイリングの方式

当所における文書の分類整理方式は，積み上げ方式とする。

積み上げ方式とは文書の分類整理にあたって，各保管単位がそこの責任で現実に持っている文書を最も利用しやすいようにファイルを作り，個別フォルダ・第二ガイド・第一ガイドというようにまとめあげていく方法をいう。

なお，ファイリング細部手続きは別途定めるファイリングシステムの手引き（業務所標準A14-03）によるが，主要項目は次のとおりとする。

5.1 保管

⑴ 文書の保管は，原則として，ファイリングキャビネットによるバーチカル（垂直）方式とする。

⑵ 社規類集，標準類集などバインダを使用して保管する文書は原則として，書架・書棚・保管庫によるたて式保管とする。

5.2 保存

⑴ 保存期間の区分は，永久・10年・５年・３年の４種類とする。

⑵ 保存期間の起算日は，置きかえの日（書庫へ移す日）とし，原則として４月１日とする。

○○株式会社

(3) 保存期間は，保管単位の長がフォルダ単位で，社標準「14-08文書保存期間基準表」に基づいて決定する。

(4) 所内で流通する文書の保存は，原則として主管部門（発信側）が行ない，主管部門は，発信文書に自課の保存期間を記入するものとする。

(5) 主管部門は，必要に応じ関連部門（受信側）に保存期間を指定することができる。

(6) 関連部門は主管部門から特に保存期間の指定がないときは，主管部門の保存期間内において，保存期間を定めるものとする。

(7) 所内間で流通する文書の保存期間の表示方法は次による。

　(a) 場所：原則として文書の右下担当者欄の左

　(b) 形式：

保存	主管	関連
期間		

の枠印または，印刷による。

寸法：15〜20×35〜40mm の横長とする。

　(c) 記入：主管（主管部門）関連（関連部門）の下に，永（永久），10（10年），5（5年），3（3年），継（継続保管）の別を記入する。

(8) 保存文書は，保存期間ごとに文書保存箱に納め，保存文書目録を作成のうえ書庫に格納する。

(9) 保存箱には，保存文書の内容期間など必要事項を明記する。

5.3　廃棄

(1) 文書の廃棄は，原則として，年2回5月，11月に事務局の指示により所一斉に定期廃棄を行う。

(2) 各保管・保存単位では，前項以外のときでも，必要に応じ適宜文書の廃棄を行ってさしつかえない。

〇〇株式会社

（　　）

6．ファイリングシステムの維持管理

⑴ 文書整理は，年2回5月，11月に定期的に行ない，各部課は次の事項を実施する。

実 施 項 目	5月	11月
1．不要文書の廃棄	○	○
2．移しかえ	○	
3．置きかえ	○	
4．分類整理の見直し　（ファイルの並べ方・区分・見出しなど）	○	○
5．ファイル基準表の見直し作成	○	○
6．書庫の整理	○	

⑵ 所管理責任者は，年1回（5月の文書整理実施後）全所のファイリングシステム実施状況を点検する。

⑶ 部ファイリング責任者は，年1回（11月の文書整理実施後）部内ファリングシステムの状況を点検し，実施状況を事務局に報告する。

⑷ 管理責任者による，ファイル点検項目および部ファイリング責任者による，ファイリング状況報告事項は「付表2」による。

7．ファイリング用具・設備等の選定調達

7.1　選定

ファイリング用品（フィルダ類）および器具（キャビネット・書棚など）の標準機種の選定は事務局が行なう。

7.2　調達

次の備品，設備の調達にあたっては，事務局経由予算申請を行なうこと。

なお，予算申請，調達手続きは「付表3」による。

⑴ ファイリングキャビネット

⑵ 書架および書棚

○○株式会社

(3) 保管庫

(4) その他文庫・図書などを格納するための用具

(5) 書庫の新設，書庫内装設備の改装

7.3　ファイリング関係費処理

　原通71162（47-7-25）により処理し，次のとおりとする。

(1) 予算伺出・要求元は課および部単位で総務課へ予算申請し，総務課は一括して原価課へ
　　伺出のこと。

(2) 費用負担・要求元とする。従って原価課は総務課からの一括伺出額を審議のうえ承認額
　　を各要求元別に予算織り込みのこととする。

(3) 購入手続・ファイリングの担当部署は総務課であり，総務課は所全体の管理の必要があ
　　るので，備品等の購入にあたっては要求元は総務課へ購入依頼し総務課が購
　　入手続きをする。

　　なお，実績は各要求元に計上する。

○○株式会社

「付表1」　（　）

			部課係ファイリング推進者の数・資格および所掌業務
所管	数	資格	所掌業務
部	1	係長クラス以上	部全般のファイリングシステムシステム確立，推進，維持，取りまとめに関する次の事項 1．部全体のファイリングシステムに対する教育 　（課係推進者への教育，指導を含む) 2．部文書整理実施計画および改善計画の立案，推進および取りまとめ 3．所事務局との窓口業務およびファイリングシステム連絡会議への出席 4．部全体の文書保管状況の点検および改善事項の指導 5．書庫の管理，保存目録の保管 6．部内ファイリング用具に対する調整および予算のとりまとめ
課	1	係長クラスまたはこれに準ずる者	課全体のファイリングシステム確立，推進，維持に関する次の事項 1．課全体のファイリングシステムに対する教育および実務指導 2．課文書整理実施計画および改善計画の立案 3．課保管状況の点検および改善事項の指導 4．ファイル基準表取りまとめ保管 5．保存目録の作成保管
係	1	中堅社員	係またはグループのファイリングシステムの確立，推進，維持に関する次の事項 1．係員に対するファイリングシステムの実務指導 2．係内の実施状況点検，指導および改善 3．ファイル基準表の作成保管

○○株式会社

「付表2」

（　）

年　　月　　日

点 検 項 目
ファイリングシステム実施状況報告書

部　　　　課

点　検　項　目	判　　　定		備　　考
１．ファイル基準表は	１．ある	２．ない	
２．キャビネットの見出しカードは	１．ある	２．ない	
３．キャビネット内の状況			
⑴ 文書以外の異物が入って	１．いない	２．いる	
⑵ 個別フォルダを使って	１．いる	２．いない	
⑶ 懸案フォルダを使って	１．いる	２．いない	
（未処理文書用として）			
⑷ フォルダおよびタイトルは	１．汚れていない	２．汚れている	
⑸ ラベルを貼って	１．いる	２．いない	
⑹ ファイルの中の文書の量は	１．適当	２．不適当	
４．机の引出に公文書が入って	１．いない	２．いる	
５．管理者のキャビネット内の整理は	１．よい	２．わるい	
６．書架保管庫の整理は	１．よい	２．わるい	

（注）判定は，課全般の実施状況により行って下さい。

○○株式会社

「付表3」

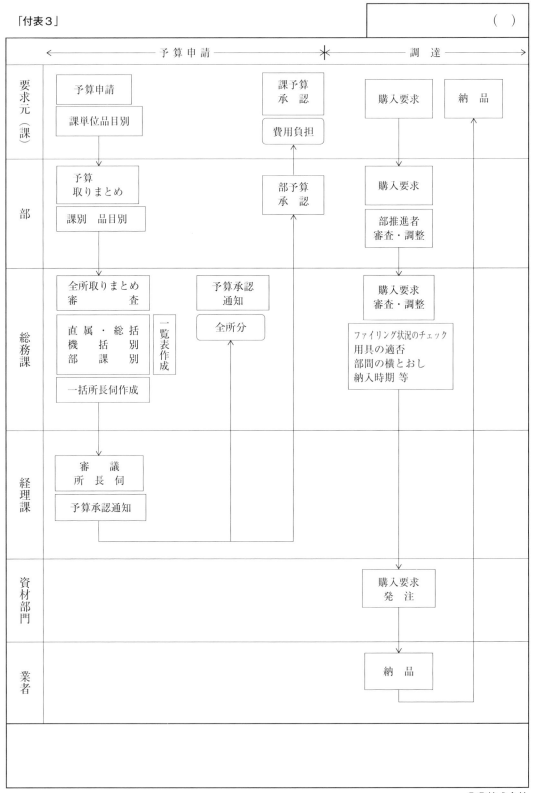

〇〇株式会社

「付図」   （　）

管　理　機　構　図

所ファイリングシステム管理責任者（直属部門担当副所長）
　　　　　├── 所ファイリングシステム事務局
　　　　　　　　　　（総務課長）

ファイリング責任者（部長）
　　　　　├── 部ファイリング推進者
　　　　　　　　　　（部長任命　事務局へ登録）

課ファイリング責任者（課長）
　　　　　├── 課ファイリング推進者
　　　　　　　　　　（部長任命　事務局へ登録）

係ファイリング責任者（係長）
　　　　　├── 係ファイリング推進者
　　　　　　　　　　（部長任命　事務局へ登録）

各業務担当者

○○株式会社

[附録４]

20xx 年 xx 月 xx 日制定

電子メールの運用管理規程（モデル）

（目的）

第１条　この内規は，○○○○株式会社（以下「当社」という。）の「情報システム運用管理に関する規定」（以下「システム規程」という。）に基づいて，当社が管理するメールサービスについて，適正な利用を図るため，必要な事項を定めるものとする。

（定義）

第２条　この内規において，次の各号に掲げる用語の意義は，それぞれ当該各号の定めるところによる。

（1）「情報管理統括責任者」は，システム管理規程第○条により定める○○とし，本規定遵守のために必要な決定権を有し，必要な監査義務を担う。

（2）「情報システム管理者」は，情報管理統括責任者から任命され，情報システムへのアクセス管理と，電子メールの利用管理，教育指導を行う。

（3）「利用者」は，システム規程第○条により，当社メールシステムへのアクセス権を付与され，電子メールを利用する者をいう。

（4）「メールアドレス」は，電子メールを送受信する際の宛先及び送信者を特定するシステム上の識別符号をいう。

（5）「メールソフト」は，電子メールの送受信及び管理等を行うソフトウェアをいう。

（6）「業務アドレス」は，業務の必要上設定された，問合せや受付アドレスをいう。[注1]

（電子メールの取扱い）

第３条　利用者は，本規定を遵守すると共に，情報システムの運用管理に関する規定（以下「システム規程」）第○条（法令の遵守），第○条（社内規程等の遵守）や個人情報の保護等に留意し，送信先のアドレス確認，送信文書の内容確認，添付ファイルの内容確認，CC や BCC 先の確認など，誤送信を防止するための確認を，充分に行わなければならない。

（情報システム管理者）

第４条　情報システム管理者は，システム規程に基づき，電子メールの適正な管理及び運営に努めなければならない。

２．利用者のアカウントを適切に管理しなければならない。

３．定期的に利用者に対し，電子メールの適切な運用管理と禁止事項について，教育指導を行うものとする。

電子メールの運用管理規程（モデル）　｜　*233*

（メールアドレス等の管理）

第5条　利用者のメールアドレス設定など，電子メールの送受信に必要な情報等の管理は，情報システム管理者が行うものとする。

2．退職者のアクセス権は退職日に削除するが，受信メールは○ヵ月間，新担当者に転送し，その後クローズする。注2

（電子メールの送信）

第6条　役職員等が，代表取締役名による法人関係文書を電子メールで送信する際には，文書情報取扱規程により，あらかじめ送信先・送信内容・添付内容・添付書類について決裁者の承認を得て，送信するものとする。送信時には，決裁者にもCCする。

2．部課名で送信するメールについては，情報システム管理者または担当役職員が，送信先・送信内容を作成し，情報管理責任者または該当する文書情報ファイル承認者の事前承認を得て，送信するものとする。配信時には承認者にもCCする。注3

3．その他，利用者が業務上必要な情報を電子メールで送信や返信を行う場合は，送信先・送信内容・添付文書内容を，充分に確認検証したうえで，送信するものとする。送信や返信時には，軽微な内容を除き，上長と関係者にCCする。注4

4．一斉送信メーリングサービスを利用せずに，複数者に同時送信する場合には，BCC（Blind Carbon Copy）で送信し，送信先情報を開示しないように措置しなければならない。

5．利用者は，業務に関係のない電子メールを当社のメールシステムから送信してはならない。また業務上のメールを個人用メールアドレスを使用して送信してはならない。但し事故・災害時やリスク発生時で，他の連絡手段がない場合は，この限りではない。また既知の送信者への，軽微な返信も認める。注5

6．電子メールの最後に，会社名称・部課・役職・氏名・メールアドレスを記載したメール署名を付けて送信すること。但し社内連絡等は役職員の姓のみも可とする。部課名で送信するメールには，会社名称・部課・役職・氏名・メールアドレスを記載したメール署名をつけて送信すること。注6

（電子メールの受信・閲覧）

第7条　利用者は，毎日定期的に受信メールを閲覧し，必要な処理を行うものとする。

2．担当外のメールについては，主担当者に転送処理を行うこと。

3．業務アドレスへの受信メールについては，担当する役職員等が，必要な処理を行うものとする。注7

4．利用者は，業務に関係のない受信メールは，削除その他必要な処置をとらなければならない。

5．送信者不詳または信頼できない受信メールは，開封せず削除しなければならない。

6．既知の送信者からのメールを閲覧した場合でも，明らかに内容が不審な場合には，電話等他の手段で送信者に直接確認を行い，安全性が確認されるまで，添付ファイルや本文中のURLにより誘導されるサイトの閲覧は，決して行ってはならない。注8

7．その他の安全性の確認ができない受信メールや，閲覧した添付ファイルに疑義が生じた場合には，速やかに情報システム管理者に連絡し，その指示に従うものとする。

8．ウィルスに感染したと思われる場合には，速やかにネットワークから切り離し，情報システム管理者に連絡し，その指示に従うものとする。

（電子メールの保存）

第8条　利用者は，送信済みメールの全てと，業務に関係するすべての受信メールを，訂正削除することなく，電子メールソフトで，○年間保存するものとする。[注9]

2．電子メール（添付ファイルを含む）を保存する場合は，本文，添付ファイル，ヘッダ情報，以上3点をセットで保存するものとする。

3．その内，見積依頼，見積回答，受発注，契約，納品，請求，領収など国内外の取引に関して受発信（CCで受信したメールは除く）した電子メールは，電子帳簿保存法・関税法に拠り，（受発信の都度，遅滞なく当社指定のタイムスタンプを付与し，保存担当者の氏名を付記して）添付ファイルも含めて訂正削除することなく，共通メール保存サーバの「年度別電子取引ファイル」に移行して，決算終了3ヶ月経過後から7年間（決算繰越の場合は10年間）保存する。

4．業務処理上，やむを得ない理由によって，保存している前項の取引関係メール情報を訂正または削除する場合には，「取引情報訂正・削除申請書」に以下の内容を記載の上，

情報管理責任者へ提出すること。

　　　①申請日　②取引伝票番号　③取引件名　④取引先名　⑤訂正・削除日付　⑥訂正削除内容
　　　⑦訂正・削除理由　⑧処理担当者名

情報管理責任者によって承認された場合のみ，情報システム管理者によって取引関係メール情報の訂正及び削除を行うことができる。

5．情報システム管理者は，取引関係メール情報の訂正及び削除を行った場合には，「取引情報訂正・削除完了報告書」を情報管理責任者に提出すること。

6．「取引情報訂正・削除申請書」と「取引情報訂正・削除完了報告書」は，訂正削除の対象となった「年度別電子取引ファイル」内で，当該ファイルの保存期間満了まで保存する。[注10]

7．添付ファイルにパスワードがかかっている場合には，パスワードは外して閲覧可能な状態で保存しなければならない。[注11]

第9条　電子メールの廃棄

保存期間が満了した電子メールは，原則として情報システム管理者の確認と指導によって，利用者が廃棄する。

2．退職者や取引関係メールは，情報管理統括責任者の承認を得て，情報システム管理者が廃棄する。

3．廃棄を行った者は，「○年度電子メール廃棄記録」ファイルに，廃棄したメールの範囲と件数を記載し，情報システム管理者に提供する。

（閲覧・監査）

第10条　情報システム管理者は，情報管理責任者の指示または承認を受けて，利用者が受発信し保存している電子メールを，検索・閲覧することができる。

電子メールの運用管理規程（モデル）　│　*235*

２．利用者は，情報システム管理者が行う前条の閲覧を，正当な理由なく拒否又は妨害してはならない。注12

（附則）

第11条　この内規の改廃は，○○○○決裁による。

２．この内規は，○○年○○月○○日から施行する。

出典：JIIMAからの提言「電子メールの運用管理と保存－モデル社内規程の提案－」　Ver.1.0，2017年10月，公益社団法人日本文書情報マネジメント協会　政策提言プロジェクト　電子メール規程　提案タスクフォース

補足説明

注１：営利目的で企業が広告宣伝を行うための手段として送信する場合には，「特定電子メールの送信などに関するガイドライン」（総務省消費者行政課・消費者庁取引対策課）に準拠して行う必要がある。

注２：特に退職者のメール管理については，退職日に受発信ともクローズする原則が適用できない場合でも，曖昧にならないよう，規定を定めておく必要がある。

　　　退職希望が報告された日以降は，管理者によるログ監視を行う規程を定める等により，機密漏えいを未然に防止する措置にも，考慮する必要がある。

注３：法人文書や組織発信メールは，重要文書相当として，誤発信や添付文書誤り防止のため，発信前に未承認者のダブルチェックを義務化する。

注４：適正なメール慣行の維持と事故の拡大防止のため上長宛にCCで送信することを義務付ける。さらに内部での結果確認メール等であっても，外部相手先側にもCCを加えることによって，内容の信頼性を高めることもできる。

注５：「合理的な範囲内で私的な通信の社会通念上，許容される」判決もあり，業務専念義務に反しない範囲として，「軽微な返信も認める」とした。

　　　逆に，業務上の連絡を個人のスマートフォン等で行うことは，原則禁止する規程も必要である。

　　　なお，規制緩和で許容された個人立替領収書のスマートフォンによる撮影記録を行う場合には，例外規程を設けて運用する必要がある。

注６：社外へ発信する前提で，メール署名を義務化している。なお住所や電話番号などを含める場合は，必要以上に情報を開示しないよう注意をする。

　　　部署／役職の業務内容によっては，社外発信メールを全て禁止する場合がある。また，電子署名付き発信を義務化する場合もあり，これらは組織のセキュリティ方針に準じて定める必要がある。

注７：例えば「お客様センター」の受信メール等，対応が放置されない措置が必要である。

注８：偽名メールによる被害防止のため，必要な項目である。特に，経理・財務・営業部門には，至急送金指示や振込口座変更等のメールについては，特に注意して指定書式や電話確認等，別手段による再確認を義務化しておく必要がある。

注９：法律上，電子メールは准文書として解されるので，保存期間は文書情報管理規程に準じて設定することが望ましい。

　　　一般的にメール保存は，利用者のPC端末内で保存するケースが多いが，本来は，決算後にメール保存サーバに移行して保存することが望ましい。

注10：4，5，6は，取引関係メール情報の保存に当たり，タイムスタンプ付与を行わず，訂正削除の防止に関する事務処理規程で対応する場合のモデル規程である。

　　　EDI取引等を含む場合等で，独立して「訂正削除の防止に関する事務処理規程」を定める場合は，国税庁

「電子帳簿保存法一問一答　電子取引関係　問58」を参照。「電子取引データの訂正及び削除の防止に関する事務処理規程」https：//www.nta.go.jp/shiraberu/zeiho-kaishaku/joho-zeikaishaku/dennshichobo/jirei/pdf/denshihozon_torihiki.pdf，（参照2017-10-14）

注11：保存する媒体（ファイルサーバやメディア等）は，閲覧権限を持つ情報システム管理者のみがアクセス可能とする等の安全管理措置を要する。また，保存媒体の保管管理も必要となる。

注12：情報システム管理者は，組織文書としての業務点検の必要に応じて，電子メールを閲覧し，監査する権限があることを織り込んでいる。クラウドを利用したメールシステム等で，情報システム管理者権限でも閲覧できない場合は，閲覧監査ができるような措置を利用者に義務付ける規程の整備も必要である。（google male, hot male, yahoo mail 等注意）

索引

►あ行

アーカイブズ　20, 47, 82, 86, 129, 150
アーカイブズ・カレッジ　155
アーカイブズ関係機関協議会　49
アーカイブズ制度　135
アーキビスト　29, 40, 152, 155
アーキビスト養成と資格制度　150
アカウンタビリティ　140, 146
アメリカンクラブ　89
アルケイオン　161
イギリス国立公文書館（TNA）　164
一件一枚主義　124
移民法　96
イン・バスケット方式　92
インターネット　139
インターネット時代　18
インフォーマコ社　26
インフォメーション・スリップ　111
インポータント　31
上野陽一　9, 24
ウォールキャビネット　28
永久保存文書　74, 152
オフィス・マネヂメント　62
オフィスレイアウト　10
オフィスワーク　13
音声データ　38

►か行

カーデックス　125
会計検査院　44
ガイド板　15
科学的管理法　10, 50, 58, 71
学芸員　48
学習院大学大学院　155
割拠管理　63
カナ文字運動　9
金子利八郎　61
上川陽子　143
間接統治　101

関東大震災　19
機関委任事務　139
危機管理システム　164
記号　73
議事録　17, 38
議事録の取り方　94
旧文書移管竝に破棄　65
共栄工業　20, 21, 23, 125
行政改革大綱　145
行政管理庁　45
行政事務刷新　61
行政事務能率増進　77
行政整理　63
業務フローチャート　109
記録　151, 157
記録・文書・情報　12
記録管理　12, 52
記録管理学会　45
記録管理教育　50
記録管理大学校　45, 156
記録管理庁　45, 156
記録処分法　29
記録と文書の相違点　158
記録の4条件（ISO15489-1）　157
記録媒体相互間で互換性　40
記録部局　58
記録連続体　163
金融商品取引法　17
組わけ式記号法　73
クラウド　33, 37, 45
クロス・レフェレンス　120
黒塗りの教科書　87
軍事部門10進分類表　122
経営家庭教師　23
検閲運用報告書　108
検閲指令　99
検閲対象項目25　111, 113
検閲対象の重要事項指示書　113
「検閲」の法的概念　83
言語　159
原本　31
現用・半現用文書　150

現用文書　151
高度経済成長　135
公文書　42, 53
公文書館法　48, 131, 132, 133, 150
公文書管理　131
公文書管理法　17, 143, 143, 150
公文書公開制度　136
公文書の保存　41
公民権運動　95
コーポレート・リスポンシビリティ　22
国立公文書館　41
国立公文書館設置法　141
国立国会図書館　83
個人情報保護法　16, 43
個人文書　44
個人メモ　38
個別フォルダー　125
コミュニティ　132
コメント・シート　111
古文書　153
コンピュータ・リテラシー　47
コンプライアンス　144

►さ行

サーヴィス管理　64
在日米軍のレコードセンター　24
索引　73
産業合理局　78
産業能率短期大学　24
30年保存　141
3ム主義　20
司書　48
市町村合併　153
指定管理者制度　49
私文書　42
事務管理　11, 58, 60, 61, 62
事務の「割拠性」　76
社会的認知　156
社会的利益　53
終活の整理　52

集中管理　76
主題別10進分類　124
順番式記号法　73
証拠　20
証拠能力　35
証拠の保全　35
情報公開条例　142, 143
情報公開法　16, 140, 143, 146, 150
情報資産　12, 164
情報資産管理　12
情報自由法　30
職務記述（Job Description）　116
初等教育　45
処罰規程　151
指令文　103
人事院　12
ずさんな管理　142
スチール家具　22
捨てる技術　14
政策的自立　139
整理整頓　51
セキュリティ　37
説明責任　121, 150, 151
セントラル・ファイリング方式　50
選別対象　134
専門家　76
専門職　133, 162
専門職員　49, 145
属僚管理　64
組織共用文書　141
ソフトウェア　32

►た行
大東亜共栄圏　88
タイムスタンプ　36, 163
断捨離　51
置換え移換え　12
チャット　33, 36
中間書庫　40
朝鮮戦争　22
ツミアゲ方式　11
テイラー（Frederik Winslow Taylor）　59
データベース化　138

デジタルアーカイブ　130, 162
デシマル（十進法）　64, 77
デューイの十進式記号法　73
テレワーク　37
電子化　18
電子記録管理　54
電子記録の信頼性　54
電子署名　36, 163
電子メール　32
東京中央郵便局　107
当座使用文書　74
特定秘密保護法　154
図書館　48
図書館の検索カード　51

►な行
内閣府　41
内部統制　12, 164
ナレムコの統計　30
日米会話学院　127
日興産業　23, 125
日本アーカイブズ学会　49, 150
日本学術会議　132
日本経営協会　155
日本国憲法　100
日本版 NSC　154
日本レコードマネジメント　28
ニューオフィス推進協議会　17
ネセサリー　31
能率増進運動　59
能率道　71

►は行
バーチカルキャビネット　10, 15
ハードディスク　32
バイタル　31
バイタルレコード　19
バインダー　14, 51
博物館　48
働き方改革　37
バックアップ　38, 153
発信部局　124
ハンギング・フォルダー　125
阪神淡路大震災　19
東日本大震災　19

光ディスク　18
非現用記録　152
非現用文書（歴史的資料）　161
ビジブルレコーダ　23
ビッグデータ　55
備忘追求役（Tickler File Service）　67
秘密保護　145
評価選別　152
標準課　76
標準局　76
5GY　22
ファイリング　13, 159
ファイリング・キャビネット　92
ファイリング・クリニック　27
ファイリング・サプライズ　22, 50, 125
ファイリング区分とアーカイブズ資料のタグ付け　120
ファイリングクラーク　10, 50
ファイリングシステム　9, 125, 159
ファイル・メンテナンス　160
ファイル管理簿　137
ファイル基準表　137
ファイル区分　95
ファイル責任者　137
ファイルボックス　28
フィランソロピー　127
フーバー委員会　30
フォームマネジメント　10
フォルダー　15, 16, 159
福田康夫　143
淵時智　66
分化合成事務管理組織　64
文書　158
文書館　48
文書館の仕事内容　154
文書管理　12, 160
文書管理研修　42
文書整理　58, 61, 160
文書整理部　75
文書提出命令権　16
文書取扱主任　137
文書番号　124, 128
文書保管事務　64

文書保管設備　65
文書保管手続　65
文書保存基本法　156
分類　73
分類体系　18
分類番号　124
分類を利用する目的　123
ボーン・デジタル　161
保管文書の分類　65
ホストコンピュータ　14
保存・保護スペース　153
保存環境　163
保存期間　18, 152
保存年限　42
保存文書索引　137

▶ま行
マイグレーション　36, 39, 163
マイクロフィルム　17, 39, 153
マウス　18
マニュアル　94
マニラフォルダー　92
丸の内中央郵便局　89
三沢仁　9, 23, 81
民事訴訟法の改正　16
メンテナンス　13
持ち出しフォルダー　125
森五郎　20

▶や行
八幡製鉄　23
用語の定義　21

▶ら行
ライフサイクル　134, 152, 155
ライフサイクル管理　36
ライブラリアン　50
ラテラルキャビネット　27

リクルート事件　146
リスク分散　153
リテンション・スケジュール（＝
　　レコードスケジュール）
　　　　　　　　　126, 144, 161
臨時産業合理局官制　60
歴史協会のアーカイブズ保存活動
　　　　　　　　　　　　　78
歴史的公文書　134
歴史的資料　121
レコード・コンティニュアム
　　　　　　　　　　　　　30
レコード・マネジメント　160
レコードキーピング　161, 163
レコードキーピング・システム
　　　　　　　　　　　　　12
レコードセンター　121, 122
レコードマネジャー　29, 40,
　155, 161
レターサイズ　51
レミントンランド　11, 50, 125
レミントンランド製　92
『連合国軍関係使用人給与規程』
　　　　　　　　　　　　　117
連邦記録法　30
労務管理　113
ロックフェラー財団　127

▶わ行
ワークフロー　39
ワークフロー・システム　36
ワープロ　18
ワリツケ方式　11

▶アルファベット
Active（現用）　92, 120
Archives　68
BCM　19
BCP　19, 31
BOP 事業者　54
Chronological Order（時系列）
　　　　　　　　　　　　　92
Dead File（非現用）　92, 120
e 文書法　16
GDPR　54
GHQ　22
GHQ／SCAP　81
ID スタンプ　114
IN（受信）　119
Inactive（半現用）　92, 120
ISAD（G）　162
ISO15489-2　158
IT 化　139
JIIMA　33, 155
JIS 規格　27
Job Description　94
Master File　95
MLA 連携　47
NARA 記録管理局　11, 29
OA 化　138
OA 時代　18
OCR　41
OEM　23
PDCA　12
Pending（保留）　119
PL 法　16
SNS　32, 34
SOX 法　17
Subject File（案件別）　92
Tickler File　95
UNIVAC コンピュータ　50
Windows95　18

監修者紹介

高山正也（たかやま・まさや）

慶應義塾大学名誉教授，独立行政法人国立公文書館前館長。

1966年慶應義塾大学商学部卒業。1970年慶應義塾大学大学院文学研究科図書館・情報学専攻修士課程修了（文学修士）。1980年慶應義塾大学大学院文学研究科図書館・情報学専攻博士課程単位取得退学。1970年東京芝浦電気(株)入社，技術情報センター勤務。1976年慶應義塾大学文学部図書館・情報学科助手就任，専任講師，助教授を経て，1985年教授，1987年文学研究科委員。2006年慶應義塾大学退職，慶應義塾大学名誉教授就任，(独)国立公文書館理事就任，2009年(独)国立公文書館館長，2013年(独)国立公文書館フェロー，2017年(独)国立公文書館退職。

最近の主な著作：『公文書ルネッサンス＝新たな公文書館像を求めて』（監修・著，国立印刷局，2005），「日本における文書の保存と管理」『図書館・アーカイブズとは何か』別冊環15（藤原書店，2008），「国立公文書館の現状と有識者会議最終報告に基づく改革に要する課題」Jurist，No.1373（有斐閣，2009），『歴史に見る日本の図書館：知的精華の受容と伝承』（勁草書房，2016），『改訂図書館概論（監修・編著，樹村房，2017）。

執筆者紹介

壺阪龍哉（つぼさか・たつや）

オフィス・マネジメントコンサルタント。

1958年慶應義塾大学経済学部卒業。鐘紡(株)を経て，共栄工業(株)に転職。産業能率短期大学の三沢仁に師事。ファイリングシステムを研究し，スチールキャビネットの拡販に従事。その後ニューヨークのオフィスコンサルタントの指導のもとに，ロッキード社，ボーイング社など10数社でコンサルテーションの実際を学び，米国生まれの記録管理手法をわが国に導入・定着させるため，1980年ファイリング・クリニック(株)を設立，全国の主要企業を中心に，活動を展開。その間，ファイルボックスを開発し「シンプルファイリング技法」「総合文書管理システム」や，オフィス業務のムダ取りに役立つ「オフィスワーク・リエンジニアリング＝オフィス版トヨタ生産方式」を創出。1990年(株)トムオフィス研究所を設立。クライアント数約300（官公庁，自治体，民間企業）。並行して駿河台大学学部・大学院で，オフィス・マネジメント論，記録管理論について10年間教鞭をとる。記録管理学会3代目会長。日本経営協会審査委員（グッドファイリング賞，トータル・ファイリング賞），同協会各種検定の創設及び検定委員，テキスト執筆（ファイリング・デザイナー検定，電子ファイリング検定，公文書管理検定），著作50冊，メディア執筆，講演約3,000回超。

齋藤柳子（さいとう・りゅうこ）

レコード・マネジメント（RM）コンサルタント。

明治学院大学文学部英文学科1972年卒業。輸出業務，外資系企業役員秘書を経て，1980〜81年，米国RMコンサルタントより導入手法をOJTで学び，旧姓石堂で30年間コンサルタントとして活動，27企業，3自治体，2法人実施。2012年学習院大学大学院人文科学研究科アーカイブズ学専攻修了・修士。2015年同博士後期課程単位取得退学，独立開業。4企業，1法人実施。RMからアーカイブズまで一貫したレコードキーピング構築の普及活動中。

著作：『アート・アーカイブ　キット』（出版監修，ART ＆ SOCIETY RESEARCH CENTER,

2013），『レコード・マネジメント・ハンドブック』（分担翻訳，日外アソシエーツ，2016），「海外先行事例に関する調査，イギリス：Discovery」『平成28年度歴史公文書等の所在把握及び所在情報の一体的提供を目的とした調査・検討報告書』（担当報告，一般財団法人行政管理研究センター，2017）。

日本アーカイブズ学会登録アーキビスト。文書情報管理士，個人情報保護士。

清水惠枝（しみず・やすえ）

静岡大学情報学部非常勤講師，アーカイブ管理論担当。

福井県生まれ。佛教大学通信教育課程文学部史学科1995年卒業。埋蔵文化財の発掘や古文書解読のアルバイトを通じて地元の歴史に親しむ。福井県文書館で文書調査員として勤務するかたわら，2004年，佛教大学通信教育課程大学院文学研究科修士課程修了。学業に専念するため退職し，2008年，静岡大学大学院情報学研究科修士課程修了。2014年，学習院大学大学院人文科学研究科アーカイブズ学専攻博士後期課程単位取得満期退学。これまで複数の自治体で歴史的公文書の業務に従事。2017年より現職。

著作：「公文書館の概念変化について―歴史資料の保存庫から情報公開の窓口へ」『レコード・マネジメント』No.54（記録管理学会，2007），「地方分権時代の文書管理」『記録と史料』22号（全史料協，2012）。

日本文書情報マネジメント協会文書情報管理士1級。日本経営協会ファイリング・デザイナー検定1級，同電子ファイリング検定A級，同公文書管理検定マネジメント編合格。

渡邉佳子（わたなべ・よしこ）

学習院大学非常勤講師。

1973年立命館大学文学部人文学科卒業。1970～2010年まで京都府庁に在職。行政事務に従事後，2010年まで，京都府立総合資料館（現京都府立京都学・歴彩館）で勤務し，京都府公文書のアーカイブズに携わる。その間，京都府職員海外派遣研修生として，1992年のICAモントリオール大会に参加，アメリカ，イギリスの公文書館を視察。定年退職後，学習院大学大学院人文科学研究科アーカイブズ学専攻博士後期課程で学び，2013年に単位取得退学。2017年，博士（アーカイブズ学）の学位を取得。

共著：安藤正人・久保亨・吉田裕編『歴史学が問う公文書の管理と情報公開　特定秘密保護法下の課題』（大月書店，2015），安藤正人・青山英幸編著『記録史料の管理と文書館』（北海道大学図書刊行会，1996），国文学研究資料館史料館編『アーカイブズの科学』（柏書房，2003）。

日本アーカイブズ学会登録アーキビスト。

文書と記録 日本のレコード・マネジメントとアーカイブズへの道

2018年6月26日　初版第1刷発行

監 修 者	高　山　正　也
著　者 ⓒ	壺　阪　龍　哉
	齋　藤　柳　子
	清　水　惠　枝
	渡　邉　佳　子
発 行 者	大　塚　栄　一

〈検印省略〉

発 行 所　株式会社　樹　村　房
JUSONBO

〒112-0002
東京都文京区小石川5-11-7
電　話　　03-3868-7321
ＦＡＸ　　03-6801-5202
振　替　　00190-3-93169
http://www.jusonbo.co.jp/

印刷・製本／亜細亜印刷株式会社

ISBN978-4-88367-305-6　乱丁・落丁本は小社にてお取り替えいたします。